本书得到"北京市社会科学基金2020年青年项目"
"中央高校基本科研业务费专项资金后期资助项目"资助

高尚 著

案例在裁判说理中的运用

中国政法大学出版社
2025·北京

推荐序

《案例在裁判说理中的运用》是高尚副教授多年来潜心研究的学术成果；是作者立足司法实践，深刻反思案例与裁判说理中的法律问题，尝试性地提出解决司法实践中亟待解决问题的有益尝试。该书主要针对类似案件类似审判这个具有极强现实面向和实践旨趣的问题。我国案例指导制度于21世纪初大体成形，党的十八大以来最高人民法院多次强调和倡导"加强裁判文书释法说理"，在这样的语境和背景中，案例、特别是类似案例的效力与应用逐渐成为理论界和实务界越来越关注的议题。

党的二十届三中全会《中共中央关于进一步全面深化改革推进中国式现代化的决定》提出"深化和规范司法公开，落实和完善司法责任制"的改革任务。裁判文书承载着社会公平与正义，影响着人民群众切身利益，是履行司法责任的重要载体，是深化司法公开的重要形式。加强裁判文书释法说理，是实现以审判工作现代化支撑和服务中国式现代化的大目标的重要路径选择。对此，最高人民法院党组书记、院长张军以"深入践行习近平法治思想，加强释法说理，提升司法公信"为题，在2024年国家法官学院秋季开学典礼暨"人民法院大讲堂"授课中指出,"老百姓打官司不仅仅是要个裁判结果,更是一个有理有据、可感可知、令人信服的'说法'"。人民法院贯彻落实既解法结、又解心结的中央重要指示精神,就必须强化政治担当、提高说理能力、加大裁判文书的说理力度,真正做到辨法析理、胜败皆明,努力让人民群众在每一个司法案件中感受到公平正义。在司法实践中,还有判决因为法官认识不够等原因,导致不说理、说错理的问题。作为对这一议题的回应的一部分,高尚副教授就司法案例如何成为裁判文书的说理依据、案例成为说理依据与成为裁判依据之间的联系与区别,司法大数据时代的到来对于案例制度的呼唤,以及如何借助案例助力和实现能动司法等问题展开了深入系统的研究,得出了颇具启发和有借鉴意义的结论,值得关注案例制度如何真正扎根中国大地的法律界人士思考借鉴。

以案例运用为切入口探讨释法说理问题,反映了研究者独到的学术视野、极强的现实关照及良好的学术积累。在对本书主题的研究写作过程中,作者一方面注重实证研究,以北京、上海等地区法官在审判活动中对于案例推送、类案比较、以案说理方面取得的成绩、存在的问题及影响因素进行深入剖析,指出裁判说理中亟须解决的问题;另一方面也重视对英国、美国、德国、日本、以色列等域外裁判说理中案例的应用方式进行比较分析,借鉴他山之石,使得此研究更有理有据,有血有肉。

该著作能够围绕司法案例何以以及如何作为司法裁判的说理依据进行的深入系统的研究,得益于时代的呼唤;作者对相关问题的持续关注以及长期以来积累的丰富而宝贵的一手资料为本研究提供了创作灵感和智识资源。通过加强释法说理提升司法公信，真正做到辨法析理、胜败皆明的理想追求，是作者致力于该研究的根本动力。这种努力值得嘉许。

是为序。

张　骐
北京大学法学院教授、博士生导师
中国法学会法理学研究会副会长、比较法学研究会副会长、案例法学研究会副会长
最高人民法院案例指导工作专家委员会委员

序 言

类似案件是否一定要类似审判？这似乎是一个不言自明的问题。在面对为何要遵从先例的问题时，我们习惯了诸多义务论的证成，似乎平等对待的道德义务本身就构成答案的全部。然而，英国伦敦政经学院的尼尔·达克斯伯里教授坦诚地告诉我们，其实我们在真实生活中从未被完全平等地对待过：期刊编辑会以本刊刚刚发表一篇同类型文章为由拒绝掉他人新的来稿；父母会因为给姐姐买了手机作为生日礼物但是影响了她的学习成绩为由，拒绝在妹妹生日那天买手机作为生日礼物。[1]而张艺谋导演在龙年新春的大热电影《第二十条》中更是用一种发人深省的方式向法律人提出诘问：先例就一定是对的吗？如果改变先例会更好呢？真实的世界总是要求人们在平等对待与个案正义之间寻求平衡、做出取舍。

德国法学家考夫曼说：正义的核心是平等。这句话同时也意味着：当平等被视为正义之核心时，则平等明显不是正义的全部。[2]

---

[1] Neil Duxbury, *The Nature and Authority of Precedent*, Cambridge University Press, 2008, p.173.

[2] [德] 阿图尔·考夫曼：《法律哲学》（第2版），刘幸义等译，法律出版社2011年版，第175页。

序　言

某种意义上讲，形式逻辑的重要性是实践性的，[1]人们常说的类似案件类似审判有极强的现实面向和实践旨趣。从21世纪初我国开始大力发展案例指导制度起，到党的十八大以来最高人民法院多次强调和倡导"加强裁判文书释法说理"，案例、特别是类似案例的效力与运用一直是理论界和实务界极为关注的议题。司法案例如何成为裁判文书的说理依据？案例成为说理依据与成为裁判依据之间的区别在哪里？司法大数据时代的到来对于案例制度又将意味着什么？如何借助案例助力和实现能动司法？这些问题决定着案例制度未来能否真正扎根中国大地。

本书旨在回答法官在进行裁判说理时应如何运用案例，也即案例作为裁判文书的说理依据及其作用方式问题。本书实证分析部分以北京、上海等地区法官在审判活动中对于案例推送、类案比较、以案说理方面的现状、问题及成因作为素材，兼以英国、美国、德国、日本、以色列等域外裁判说理中案例的运用方式进行比较研究。在建构性部分，将案例区分为指导性案例、公报案例、典型案例、高级法院案例、上级法院案例、本法院先例、其他法院案例共七种案例，依其效力进一步划分为具有拘束力、具有参考意义和不需要回应和参照的三类案例，从而分析不同范畴和类型的案例是否有必要和可能成为裁判文书说理的依据，最终对不同类型的案例作为裁判文书说理依据及发挥作用的可能性和方式进行规范性研究。

本书围绕司法案例能否以及如何作为司法裁判的说理依据进行系统研究。除序言与结语等外，正文部分共由八个章节组

---

[1]〔荷〕伊芙琳·T. 菲特丽丝：《法律论辩导论——司法裁决辩护理论之概览》（原书第2版），武宏志、武晓蓓译，中国政法大学出版社2018年版，第58页。

成：第一章是案例的含义、性质与功能，主要对司法案例、先例以及类案等概念进行辨析，并且对案例的本质和功能进行论证。第二章是案例成为说理依据的理论与实践，主要包含三个部分：其一探讨裁判为何必须说理，其二讨论案例作为说理依据的必要性和价值，其三说明案例在具体化说理中的作用过程。第三章是说理依据的运用，从普通法系国家和大陆法系国家多样化裁判说理的角度入手，辨析裁判依据和说理依据之概念异同，并进一步探讨说理依据的种类，最后介绍中国案例制度的演进过程。第四章是以案说理的实证研究，在对研究中样本选择、统计分布、文本分析作出说明的基础上，针对北京以案说理的问题提供相应的对策建议。第五章至第七章是以案说理的方法论。第五章是类似案件的检索，包含类案需要检索的适用情形和方法等。第六章是类似案件的判断，主要介绍类案在应用中面对的主要问题，包括类案的判断标准及其运用。第七章是类似案件的冲突与解决，通过对实践中类案冲突进行分析，指出类案冲突的解决思路在于综合确立自发层面和建构层面的方法，为法官提供选取类案的原则和标准。第八章是数字时代以案说理如何走向深处，从智慧司法的特点出发，对数字时代之于类案说理的赋能和解构进行了预判和分析，包含智慧法院中的类案检索工作和类案检索的实践。

本书得以面世，受益于中国政法大学中央高校基本科研业务费专项资金后期资助项目"司法类案作为裁判说理依据之研究"（2023）、北京市社会科学基金2020年青年项目"司法类案作为裁判说理依据的机制研究——以北京法院为个案"（20FXC017）以及"智慧法院建设与发展"课题组（2022）的慷慨资助。中国政法大学法学院法理学专业硕士研究生梁诗逸同学为本书第四章北京、上海地区法院案例运用情况提供数据分析；梁诗逸、华梦莹、徐瑞阳同学为本书第五章第二节、第三节关于司法大数据时代类案检索部分收集了大量素材；梁诗逸、华梦莹同学为本书制作了大量精美的图表，以方便读者清晰、直观了解类案检索的工作流程和作用方式。部分相关内容曾收录于本人研究团队于2022年撰写的"智慧法院建设与发展"课题报告《司法大数据与类案检索》。

　　本人自学生时代起先后在最高人民法院研究室案例指导与司法解释办公室、中国应用法学研究所《人民法院案例选》编辑部从事案例研究工作，所积累的宝贵一手文献和工作经历极大地助力了本书的写作；感谢德国基尔大学罗伯特·阿列克西教授、英国伦敦政经学院尼尔·达克斯伯里教授以及牛津大学蒂莫西·恩迪克等教授的信任，本人得以有幸先后参与翻译了上述作者多部（篇）关于先例制度的最新和最为权威的作品，文中很多素材与灵感来源于此，在此也一并感谢同门师兄弟孙海波、赵英男、谢可晟、王威智、樊一江等翻译小组伙伴的支持和陪伴；在雷磊老师的信任下，本人有幸担任中国政法大学"法律思想"读书小组的指导教师，在与读书小组师生一起学习的过程中，对欧洲大陆的司法裁判理论，特别是对于法律渊源如何转化、司法裁判的说理如何理性化等问题有了更为全面甚至是全新的认识，这些认识部分体现在了本书关于案例如何指导裁判的内容里。感谢中国政法大学出版社冯琰老师及其编辑团队的专业与尽责。在此向曾经指导和帮助本人研究的同事和同学们表示感谢。

感谢我的恩师张骐教授和胡云腾大法官,他们为本书的话题能够成为中国法治道路上的一个真问题作出了开拓性与奠基性的贡献。

本书是我多年诸项研究交融碰撞的结晶,我将它献给我的家人,特别是我的女儿,是他(她)们让很多事情拥有了意义。

高 尚

2024年6月于北京

目 录

推荐序 ………………………………………………… 001

序 言 ………………………………………………… 004

第一章 案例的含义、性质与功能 …………………… 001
    一、概念之界定 ……………………………………… 001
    二、案例的性质 ……………………………………… 003
    三、案例的功能 ……………………………………… 007
    四、本书之前提 ……………………………………… 020

第二章 案例成为说理依据的理论与实践 …………… 024
    一、裁判为何必须说理？ …………………………… 025
    二、案件何以纳入说理？ …………………………… 028
    三、案例作为说理依据的方式 ……………………… 037

第三章 说理依据的运用 ……………………………… 066
    一、说理依据的多样化探索 ………………………… 066
    二、案例作为说理依据的域外实践 ………………… 079
    三、中国的案例制度演进 …………………………… 100

第四章　以案说理的实证研究 …………………… 112
一、样本选择 ……………………………………… 112
二、统计分布 ……………………………………… 115
三、围绕裁判文书的文本分析 …………………… 120
四、对于类案的回应与说理 ……………………… 126
五、以案说理的问题与对策 ……………………… 131

第五章　以案说理的起点：类似案件的检索 …… 135
一、需要类案检索的情形 ………………………… 135
二、类案检索的方法 ……………………………… 137
三、类案检索在实务界的应用 …………………… 153
四、我国类案检索报告机制的构建与完善 ……… 159
五、类案检索研究趋势 …………………………… 164

第六章　以案说理的关键：类似案件的判断 …… 169
一、"类似"案件的认识论基础 ………………… 170
二、类案的判断标准 ……………………………… 172
三、判断标准的运用 ……………………………… 178
四、注意的问题 …………………………………… 184
五、类案判断的实例分析：以借名买房类案件为对象 … 191

第七章　以案说理的困境：类似案件的冲突与解决 … 199
一、实践中的类案冲突 …………………………… 202
二、类案冲突的原因 ……………………………… 209

  三、类案冲突的解决进路：行政建构还是自发演进 … 212
  四、德国对偏离先例的监督与救济 …………………… 223
  五、类案冲突解决的综合配套机制 …………………… 232

第八章　面向未来：数字时代以案说理如何走向深处 … 250
  一、数字时代的司法变奏 ……………………………… 251
  二、智慧法院的数字化建设 …………………………… 261
  三、在形式正义的意义上赋能类案说理：数据的获得
    更加容易 ……………………………………………… 278
  四、在实质正义的意义上解构类案说理：价值判断的
    理性化与客观化 ……………………………………… 281

结　语　向青草更青处漫溯 ………………………………… 287

附件 1　上海市第一中级人民法院类案总结表 ………… 291

附件 2　德国背信罪判决所引用先例情况 ……………… 296

附件 3　借名买房类案件的比较分析 …………………… 302

附件 4　知假买假类案件中对类案类判讨论的说明 …… 304

附件 5　刑事案件中存在类案类判讨论的裁判文书 …… 307

参考文献 ……………………………………………………… 311

第一章
案例的含义、性质与功能

一、概念之界定

2011年案例指导制度在我国正式确立，彼时学界和实务界掀起了对案例研究的高度热情。为了区别以往的"判例"或"先例"，国内在建立这一制度的过程中衍生出了许多近似的概念，如类似案件、类案、类型化案件、关联案件等。其中，使用最为普遍且含义最为中性的当属"案例"一词。案例，顾名思义，是指新近出现在某一案件中的需要进行判定的法律问题已经由法院在之前的另一案件中针对同样的法律问题作出了决定的判决。不同于"案件"，案例一词包含了某种程度的规范效力，特指具有一定示范效果的先前案件，具有领域无涉、不必然依托特定法律制度和司法传统的特点。与此同时，案例区别于人们更为熟悉的判例或先例，后者发源于普通法传统，依赖判例制度的历史和制度土壤，预设着更强的规范性和法效力。

此外，近年来颇多见于司法实践中的概念是司法"类案"。司法类案一词在我国当前司法体制的语境下，大体上有两种理解和使用方式：一种是广义的理解，即"类型化案件"。此时的"类"字强调"类型"，这是从现代社会"类型学"理论的思路出发，通过研究过渡性和可变性，对各种变量和转变中的各种情势进行的研究。[1]其对应的研究思路被称为"分支法"："每个上一层级节点的满足都依赖于下一节点之满足，这就要求对每个层级的节点又下分为更低层级的节点，如此往复以至无穷。"[2]比如醉酒驾驶类案件、职业打假类案件、借款担保类案件、枪支犯罪类案件等。此时的"类案"指的往往是同一种案件类型或同一案由，有时会在案由相同的基础上进行分案，再层层细分，直到细化至某一具体类型的案件。此时使用"类案"这一概念，并不必然指其中各个案件彼此之间都具有"同案同判"意义上的相似性。另一种是狭义的理解，是指与待决案件具有相关类似性的先前案件，强调的是一种彼此之间相类似的关系。此时的"类"字强调"类似"。也即"同案同判"引申为"类似案件类似审理"后，对类似案件这种相似关系的简称。从《最高人民法院司法责任制实施意见（试行）》（以下简称《司法责任制实施意见》）的表述上看，要求法官在裁断案件时对"类案和关联案件进行全面检索，制作类案和关联案件检索报告"，此时，将"类案"与"关联案件"并列起来，是采取了类案概念的狭义含义，也即要求法官在审理案件时对与之相类似的先前案例进行检索和比对。[3]本书在使用类案时一般是在狭义的意义上使用。

从诸多含义相近但指向略有不同的概念中，本书最终选择

---

[1] 张骐：《论类似案件的判断》，载《中外法学》2014年第2期。

[2] 黄泽敏、张继成：《案例指导制度下的法律推理及其规则》，载《法学研究》2013年第2期。

[3] 高尚：《司法类案的判断标准及其运用》，载《法律科学（西北政法大学学报）》2020年第1期。

其中范畴最为广泛、含义最为明确且语义最为中性的"案例"一词来包摄其他相关和相近的概念，以求能够更广泛地涵盖包含我国案例指导制度、类案检索机制以及国外判例制度等与案例制度相关的实践。但在特定领域和问题的阐述中，仍会视具体情况沿用先例（如遵循先例或先例原则）、判例（如判例制度）、类案（如类案检索）等概念。

二、案例的性质

案例应当参照，这是整个案例制度的逻辑起点。而案例的本质或性质究竟是什么，不仅关涉到案例应当被参照的理由是否充分，也涉及案例究竟应当以怎样的方式出现在裁判的说理环节。针对这一问题，理论界存在不同认识：

第一，案例等同于裁判规则。所谓裁判规则是指在诉讼活动中用于解决案件争议问题的规则，即法官处理同类纠纷问题所使用的判案标准。[1]裁判规则源于法律规范，但又抽象和剥离于既有的书面法律条文，是法官在审理当下案件时所参照和提炼出的一种据以裁判的规则。因为法律理论中不允许有完全自主的单独判决，案例发挥作用需要依赖裁判规则作为依托，因此国内学者倾向于认为司法案例中发挥实际作用的就是其中的裁判规则。即便在遵循先例的普通法国家，法院只能根据可适用于某类相似纠纷的一般规则对特定纠纷作出判决。

第二，案例的本质是理性或理由。当法官"自由地——实际上是被迫——对无规则可用的全新案件作出判决，他们在作

---

[1] 刘成安：《论裁判规则——以法官适用法律的方法为视角》，法律出版社2012年版，第25页。

出判决时至少要制定一项规则"。[1]普通法理论中，尼尔·达克斯伯里教授曾用"Precedents as Reasons"为其《先例的性质与权威》的第三章命名。其中，"reason"一词被在多重含义下使用，在很多语境下都与构成判决理由（拉丁文：ratio decidendi）中的理由（拉丁文：ratio）作同义使用。[2]这些研究侧面表明，先例在普通法国家能够构成后案判决的裁判依据是因为先例的背后以理性为基础的理由。而且事实证明，法院判决中的理由（ratio）常常可以提供一个明确的规则或答案。例如，吉尔汉姆诉司法部案（Gilham v. Ministry of Justice）中地区法院的法官是否属于1996年《就业权利法》中所称的"工人"，该案件直接决定了法官是否有权享受该法规对举报人的保护。[3]

关于案例（或先例）的性质问题，各个国家无数学者都在进行着思索和争论，直到人们开始尝试着探索案例自成一体的性质和属性，即达克斯伯里所说的先例应当具有一种独特的约束性。[4]罗纳德·德沃金在其早期的一些著作中认识到了这个问题，并提出了一种区分来捕捉先例约束的特殊性质和范围：先例的法规效力（enactment force）与牵引力（gravitational force）。[5]实践中人们也认识到了将先例的性质独立出来的必要性。根据

---

[1] [美]卢埃林：《荆棘丛——关于法律与法学院的经典演讲》，明辉译，北京大学出版社2017年版，第51页。

[2] Neil Duxbury, *The Nature and Authority of Precedent*, Cambridge University Press, 2008, p.58.

[3] Gilham v. Ministry of Justice [2019] UKSC 44.

[4] Neil Duxbury, *The Nature and Authority of Precedent*, Cambridge University Press, 2008, pp.59-60.

[5] Ronald Dworkin, *Taking Rights Seriously*, London: Duckworth, 1978, pp.110-123.

德国联邦宪法法院的意见,先例可以被视为一种介乎具有法律上的拘束力与不具有法律上的拘束力之间的第三类型:先例不具有规范意义上的正式拘束力,但又并非没有效力,而是具有一定的说服力、指导性或者支持性,能够为判决提供进一步的支持。[1]德国联邦宪法法院曾经指出,最高审级法院的裁判不是制定法,因此不会产生同等的法律拘束力,它们对于超越个案之外的效力只是基于其裁判理由的说服力以及法院的权威和职能。[2]在这种背景下,德国学者发展出了认为案例本身构成特殊个案规范(德文:Fallnorm)的理论。

第三,案例构成一种特殊的个案规范。"个案规范"理论由德国民法学家沃尔夫冈·费肯杰教授提出,是指从先例中提炼和归纳的一种具有裁判规则性质的、通过具体案件事实展现出来的法律规则。德国关于判例的性质与效力有诸多种学说[3],其中费肯杰发展的个案规范理论被认为旨在"探索一条连接制定法

---

[1] 雷磊、高尚、段沁:《德国判例制度研究》,法律出版社2023年版,第38页。

[2] 参见张倩:《自成一体的德国判例制度》,载《人民法院报》2016年2月26日,第8版。

[3] 包括卡尔·拉伦茨认为判例具有"事实约束力"、卡纳里斯的漏洞填补规则、克黑勒以及罗伯特·阿列克西主张判例具有"推定约束力",即"容许背离,但须说理"的论证负担等。相关文献参见 Claus-Wilhelm Canaris, Die Feststellung von Lücken im Gesetz, 2. Aufl., Berlin: Duncker & Humblot 1983; Karl Larenz, Über die Bindungswirkung von Präjudizien, in: Hans W. Fasching/Winfried Kralik (Hrsg.), Festschrift für Hans Schima zum 75. Geburtstag, 1969, S. 247-264ff; Karl Larenz, Methodenlehre der Rechtswissenschaft, 6. Aufl., Berlin: Springer, 1991, S. 366; Martin Kriel, Theorie der Rechtsgewinnung, Berlin: Duncker & Humblot, 1976, S. 243, 247f; Robert Alexy, Die Gewichtsformel, in: Joachim Jickli, Peter Kreutz, Dieter Reuter (Hrsg.), Gedächtnisschrift für Jürgen Sonnenschein, Berlin, 2003, S. 773ff.

和先例法的思维的新道路"[1]，解决了成文法国家既不能不惜代价地使用旧法，也不能被不令人满意的先例所约束[2]局面时的一种突破性的理论尝试，被誉为"当代德国法学理论中最重要的概念之一"。[3]这个词汇的组合方式反映了案件与规范、实然与应然之间的某种内在联系。从表现形式来看，个案规范就是已判决案件的判决理由，其实质上仍是一种法律规则，具有"实在法"特征。"费肯杰的个案规范理论十分强调涵摄的重要性，但是这种涵摄并非发生于制定法规范之下，而是源出于个案规范的体系之中。"[4]

在上述几种理论中，普通法系国家判例制度中的判决理由与大陆法系判例理论中的个案规范理论在对裁判规则与案件事实关系的处理上存在相同之处：二者都指向一种据以裁判的规则，这种裁判规则之于法律规范，更像是柏拉图所谓的"理念"之于其现实的载体和投射。当然，基于法律问题与事实问题之间复杂而密切的关系，裁判规则也必然呈现与案件事实千丝万缕的联系。实质性事实的判断确实难有准确、可描述的标准，因此需要围绕事实与法律之间的分析性关联来抽象出裁判规则，而事实本身也构成了搭载裁判规则的载体。

以上关于案例性质的讨论都是基于案例在裁判中不同环节

---

[1] Wolfgang Fikentscher, Eine Theorie der Fallnorm als Grundlage von Kodex-und Fallrecht (code law and case law), Zeitschrift für Rechtsvergleichung (ZfRV), 1980, 162.

[2] Wolfgang Fikentscher, Eine Theorie der Fallnorm als Grundlage von Kodex-und Fallrecht (code law and case law), Zeitschrift für Rechtsvergleichung (ZfRV), 1980, 161.

[3] Karl-Friedrich Lenz, Zukünftiges Recht: Eine Allgemeine Prozessrechtslehre, 2002, 100.

[4] [德] 阿图尔·考夫曼：《法律获取的程序——一种理性分析》，雷磊译，中国政法大学出版社2015年版，第9页。

的具体面向而言。而从法官在裁判说理的角度出发，如何运用案例进行分析论证则涉及案例的规范性，具体而言涉及案例作为法律渊源中的哪种渊源类型。相关内容将在下一章进行讨论。

三、案例的功能

无论在普通法系还是大陆法系国家，案例或先例都发挥了重要的功能和作用。哈佛大学亨利·哈特教授和阿尔伯特·萨克斯教授在其关于法律程序的书中对于判例制度在普通法体系中所实现的价值进行了罗列：

第一，使个人能够合理安排生活：（1）使人们在准备开始行动前对自己行为的安排能有最大的信心：只要他按照已经确定的法律规则或者可以合理预见到未来所确定的法律规则，他将不会卷入诉讼中。（2）律师能够尽可能地有稳固的推理基础：从社会效率的角度考虑，法律职业群体对于预防和减少社会冲突的作用是很大的；而律师要起到这种预防和减少社会冲突的作用就必须依赖于先例已经确定的法律规则。（3）从司法救济的角度来看：可以减少当事人寄希望于不同法官将得出不同结论的动机。

第二，可以促进公平和有效率的司法裁决：（1）从当事人的角度来看，可以让当事人提前评估是否有必要就类似的相关问题提起诉讼让司法机关再次裁决，从而减少诉讼和降低诉讼费用。（2）从司法机关的角度来看，可以减少工作量——事实上，对于同类的法律问题，一般没有必要和可能再次进行审理。（3）降低了因法官人事变动引起的诉讼爆炸的可能。(4) 从对当事人公平的角度来看，可以保证在整个司法体系中判决结果在任何时间或者一个时期能够合理地一致。(5) 降低司法判决中的个人自由裁量因素，并使得外界对司法判决的审视和批判更容易。(6) 对前任法官判决结果的合理尊重。(7) 减少个人在刚开始安排自己行为时对司法不同的担心。

第三，增强社会公众对司法的信心：(1) 最大可能地增加了司法判决被接受的程度，并且更为重要的是，使得社会大众和法律职业群体对以下两方面有信心：一是司法判决的非个人化；二是法官在判决中的推理过程和理由可以被同时期的法官和后来的法官检视证实。(2) 考虑到我们的体制对司法权力只有极有限的监督，人民通常也不会通过投票对法官进行有效的政治监督，先例原则保证了对法官的约束和限制，以使得法官应当合理地适用和创设法律规则，以经得起整个法律职业群体的检视和批评。

与此同时，法官造法和先例原则也存在一些负面因素，对前述积极因素存在一些抵消：

(1) 过分强调单个判例的重要性。

(2) 判例创设的法律制度可能会对事先有不同期待的人在没有事先通知的情况下造成影响。

(3) 整个司法体系可能还受制于个案的诉讼质量。一个不好的判决可能会作为法律被适用多年。

(4) 它更多的是往后看，且显得有些保守，因此对于情势变化的新需求反应过慢。

(5) 如果上诉法院或者上院就某一法律问题作出裁决，不论其确定的法律规则与实际是否适应，它在相当一段时间内都是有约束力的法律。

(6) 因为在一个判例中，经常有不同的法官各自作出判词，必然带来一个技术上的问题，即很难确定该判例的判决理据。有时，同一个法官会就其结论给出多个理由，这种情况下，判决理据也很难确定。并且，先例的数量过多有时也让律师很难准确地确定法律规则到底是什么。

(7) 先例原则着重于案件之间的细微差别，导致法律原则和政策的整体考虑被忽视。[1]

上文尽可能全面地罗列了人们在关于判例制度方面的所有考虑和顾虑。其中大部分考虑不仅适用于普通法国家，同时也适用于所有的法律体系和法治传统。

除此之外，大陆法系国家的判例制度又表现为与成文法相互交融、互相成就的合作方式。以与我国同为成文法国家的德国为例，尽管其主要的法律渊源是成文法，但在德国司法判决中很少有完全不援引先例的情况。[2]造成这种现象的既有整个法治国环境的制度性原因，同时也是先例自身在司法实务中所扮演的功能性角色使然。考察先例在成文法国家司法裁判中的

---

[1] Henry Melvin Hart & Albert Martin Sacks eds., *The Legal Process: Basic Problems in the Making and Application of Law*, tentative edition, Foundation Press, 1958, pp. 587-588; 参见［英］迈克尔·赞德：《英国法：议会立法、法条解释、先例原则及法律改革》（第6版），江辉译，中国法制出版社2014年版，第502~504页。

[2] Robert Alexy, Ralf Dreier, Precedent in the Federal Republic of Germany, in: Neil MacCormick & Robert S. Summers eds., *Interpreting Precedents: A Comparative Study*, Dartmouth Publishing Company, 1997, p. 16.

作用，既需要从法治的整体思路出发，即先例对于平等对待、法的安定性和信赖保护角度来理解；同时也不能忽视先例在补充成文法、积累司法裁判智慧、加强论证等方面的作用。下面试以德国的实际情况为例说明先例在整个司法体制中的功能。

（一）践行法治国原则

第一，平等对待诫命（德文：Gleichbehandlungsgebot）。正义包含两种要素：平等的正义和实质的正义，其中前者强调合法则性（Gesetzmäßigkeit），要求同等事务相同处理；后者则侧重于事理上的正义或实质正义（Sachgerechtigkeit）。拉伦茨认为，在某些意义上，法学更多是在探讨人们如何恰当地确定平等性的学问，而不是从根本上研究什么是平等。[1]由于在法律判决的证成中必然要求在所有案件中回顾其普遍性的前提，从而导致对形式正义原则的要求——相同案件相同对待，因此对这一原则的考虑是合理的法律论证所不能放弃的条件。[2]

《德国基本法》第3条第1款规定"法律面前人人平等"。这一宪法要求在德国法学界被称为"平等对待诫命"，它要求法律在没有充足理由不同等对待时，需要同等对待两个案件事实。当某一法院想要偏离先例作出裁决时，需要慎重考虑其是否有充足的理由能够对两个案件做不同处理。当然，平等诫命本身不构成对独立审判的限制：如若法官所作出的偏离判决在内容

---

[1] [德] 卡尔·拉伦茨：《法学方法论》（全本·第6版），黄家镇译，商务印书馆2020年版，第211页。Pawlowski, Hans-Martin, Methodenlehre für Juristen: Theorie der Norm und des Gesetzes: ein Lehrbuch, Heidelberg: Müller, 1981, Rn. 345.

[2] Neil MacCormick, *Leigal Reasoning and Legal Theory*, Clarendon Press, 1978, p. 73.

上具有充分理由（inhaltlich vertretbar），此时法官可以依照《德国基本法》第 97 条第 1 款 "法官享有独立的地位，只服从法律"的独立审判条款规定，以之作为不同等对待的法定辩护理由。[1]法官在作出裁判时，往往需要在不同的论据和解释准据中进行权衡，例如从文义解释、体系解释和立法者原意解释出发，不同的解释会得出不同论证结果。因而在对各种论据和解释准据进行权衡的过程中，法官就会获得更多的判断空间。[2]此时，依托判例构成了实现平等性诫命的保障和手段。这也解释了类似案件类似审判作为一种形式正义，之所以能够跨越时代、国界乃至法系，是因为类似案件类似审判原则是实现形式公正的基本要求，是司法公正的构成性因素，有助于规范法官的自由裁量权，限制司法专横，保证判决合理。[3]

第二，法的安定性诫命（德文：Gebot der Rechtssicherheit）。德国法学家古斯塔夫·拉德布鲁赫指出，任何一种实在法，若不考虑其内容，自身均有安定性的价值。[4]要为社会提供公共行动的判断标准，法律就必须具有安定性。法的安定性包含两个层面：一是可预测性（德文：Vorraussehbarkeit），主要面向是普通公民，即法律应当保障普通公民能够预见到具体法律决定

---

[1] Daniel Effer-Uhe, Präjudizienbindung, Rechtssicherheit und Vertrauenschutz, in Jahrbuch des Öffentlichen Rechts der Gegenwart, Neue Folge/ Band 68, Mohr Siebeck, 2020, S. 45.

[2] Daniel Effer-Uhe, Die Bindungswirkung von Präjudizien-Eine Untersuchung aus dem Blickwinkel von Prinzipientheorie und Fuzzy-Logik, 2008, Rn. 30, 36.

[3] 参见张骐：《论类似案件应当类似审判》，载《环球法律评论》2014 年第 3 期。

[4] ［德］古斯塔夫·拉德布鲁赫：《法律的不法与超法律的法》，舒国滢译，载雷磊编：《拉德布鲁赫公式》，中国政法大学出版社 2015 年版，第 9 页。

的可能；二是对裁量权的约束（德文：Bindung des Ermessens），主要指向法官和其他政府官员，是指法官和政府官员必须以事前确定的一般规范作为司法和执法的依据，[1]避免享有过大的裁量权。法的安定性是形式法治的重要内容。无独有偶，英美法理论中，在朗·富勒教授所勾画的法律的八项内在道德中，稳定性也具有重要的地位，因为频繁改变的法律和溯及既往的法律具有同样的危害性，会表明立法的动荡性。[2]约瑟夫·拉兹也提出法律应当相对稳定，这是保障法律权威性的重要原则之一。[3]

在德国法律框架下，法的安定性诫命之宪政基础是《德国基本法》第20条第3款"立法应遵循宪法秩序，行政和司法应遵守正式法律和其他法律规范"（"法治国原则"）以及由其推导出的法律应具备可识别性和可信赖性（Erkennbarkeit und Verlässichkeit des Rechts）要求[4]。除《德国基本法》的法治国原则条款外，德国在司法运行机制上进行了设计和改革，制定多项具体的法律办法：譬如《德国法院组织法》（Gerichtsverfassungsgesetz, GVG）第132条第2、4款的分歧提交和原则提交规定；以及1968年颁布的《德国保障联邦各最高法院司法裁判一致性法》(Gesetz zur Wahrung der Einheitlichkeit der Rechtsprechung der obersten Gerichtshöfe des Bundes, RsprEinhG) 中第2、11、16条

---

〔1〕 雷磊：《法律方法、法的安定性与法治》，载《法学家》2015年第4期。
〔2〕 [美]富勒：《法律的道德性》，郑戈译，商务印书馆2005年版，第55页及以下。
〔3〕 [英]约瑟夫·拉兹：《法律的权威：法律与道德论文集》，朱峰译，法律出版社2005年版，第215页。
〔4〕 Schmidt-Aßmann, Demokratische Willensbildung-Die Staatsorgane des Bundes, in: Josef Isensee und Paul Kirchhof (Hrsg.), Handbuch des Staatsrechts der Bundesrepublik Deutschland, Band II, 3. Aufl., 2004, §26 Rn. 81.

规定了联邦各最高法院在司法裁判发生冲突时的提交和解决途径。上述规定确保了大审判庭和联邦大审判庭对司法发展的掌控,其目的有两方面:一是通过提供将分歧向上提交的渠道,从而保障法律续造的可能性,在法律稳定性和灵活性之间寻求平衡。譬如,在"帝国遗产与联邦"(Reichsvermögen und Bundesrepublik)一案中,联邦最高法院明确表示:德国联邦最高法院大审判庭承接续造法律之任务,与宪法要求法官遵从法律这一约束并不违背。[1]二是通过保障联邦最高法院判决的一致性来维护法院裁判的安定性和可预见性。从对司法的经济和效率来分析,法律的可预见性能够帮助避免多余的程序。可预见性越强,法律的一致性也就越高。[2]

第三,确定性诫命(德文:Gebot der Bestimmtheit)。所谓"确定性诫命"是指司法机关有对刑法规定的内容加以明确化,并限定其范围之任务。[3]由于《法国基本法》对法律规范提出的确定性诫命要求法律规范的内容必须清晰确定,能够无歧义地适用于生活场景,而先例依其能够将事物分类讨论的"类型化功能",使得其能够辅助司法机关推进这一确定性。确定性诫命的要求源自《德国基本法》第103条第2款,是由"罪刑法定"原则引申出来,其目的在于保障公民权利,使公民能够知悉其行为是否触犯刑法。宪法法院虽然笼统地将对不确定法律

―――――――

[1] BGHZ 3, 308.
[2] Daniel Effer-Uhe: Präjudizienbindung, Rechtssicherheit und Vertrauenschutz, in Jahrbuch des Öffentlichen Rechts der Gegenwart, Neue Folge/ Band 68, Mohr Siebeck, 2020, S. 46.
[3] BVerfGE 4, 352 (357f).

概念的解释视作刑事审判机关的职责，[1]但在具体案件刑法的构成要件及其相对模糊的构成要件要素需要通过司法加以精确化，通过对不明确的构成要件给予确定的定义使公民得以更好地知悉和了解其行为是否可以被涵摄在刑法构成要件之中。而且早在1955年，德国联邦宪法法院就提出，即便是刑法中也仍然可以适用那些具有一般性和开放解释性（interpretationsoffener）的法律概念。[2]大量判决表明，德国联邦宪法法院在对不确定法律概念作出宪法上的具体化方面发挥了重要作用。[3]

第四，融贯性要求。融贯性（德文：Kohärenz），也可以理解为协调（Stimmigkeit）。[4]主要通过表明该裁定与主流法律秩序相一致来辩护司法裁决。[5]无论是从法学理论、神经科学抑或是社会学进行讨论，融贯性都是人们追求生活，尤其是追求司法判决中应当包含的重要艺术。从社会心理学来讲，主体间的确认与合意是团体融贯性的表现：团队的凝结度越高，团队的融贯性和一致性就越强，个人也就愈发依赖主体间确认。[6]法官作为看似彼此独立，但实际上共处一个关系极为紧密的职业共同体中，无论是出于规避个人职业风险，还是从满足公众

---

[1] BVerfGE 50, 205 (216).

[2] BVerfGE 4, 352 (357f).

[3] Mehrdad Payandeh, Judikative Rechtserzeugung: Theorie, Dogmatik und Methodik der Wirkungen von Präjudizien, Mohr Siebeck, 2017, S. 337.

[4] Hans-Joachim Strauch, Die Bindung des Richters an Recht und Gesetz-eine Bindung durch Kohärenz, Kritische Vierteljahrsschrift für Gesetzgebung und Rechtswissenschaft 85, 2002, S. 320.

[5] [荷] 伊芙琳·T. 菲特丽丝：《法律论辩导论——司法裁决辩护理论之概览》（原书第2版），武宏志、武晓蓓译，中国政法大学出版社2018年版，第128～129页。

[6] M. Sader, Die Phychologie der Gruppe, 2. Aufl., 1991.

对于司法裁决一致性的期待,都要求法官作出的裁决应有内在的融贯性。而融贯性的决定性标准是开放的,因而论证中逻辑的严谨程度只是判断法官裁决的要素之一。司法裁判应当能够合理说服,但仅仅符合逻辑并不足以证明裁决是正确的。[1]

德沃金在《法律帝国》中将一个社会所需要的政治美德阐释为若干个共同的政治理想:公平、正义、程序性正当程序,以及对类似案件予以类似处理的"特殊理想"。它要求政府对所有公民,"必须以一个声音说话、以一个具原则性且融贯的方式来行动,把自己对某些人所使用的公正或正义之实质性标准,扩张至每一个人"。[2]德沃金将这种在处理形式上不同的问题时要贯彻一种实质上相同的原则和标准这种特殊要求称为政治整全性美德。德国虽然具有成文法传统,但是在法学理论和司法实践中总结出了非常丰富的先例理论,这一方面可归因于法律人对法律解释和法律续造之于司法裁判重要性,以及统一的法律解释和法律续造对于法的安定性的自觉认识;另一方面受制于类似案件应类似审判的法的平等性诫命要求。

(二)作为司法裁判辅助

先例往往成为解释制定法、法典和宪法的载体,而由于上述平等性、安定性、确定性及融贯性诫命的要求,后案法官在遇到类似案件时常将先前判决作为参考,由此成为司法裁判的

---

[1] Hans-Joachim Strauch, Die Bindung des Richters an Recht und Gesetz-eine Bindung durch Kohärenz, Kritische Vierteljahresschrift für Gesetzgebung und Rechtswissenschaft 85, 2002, S. 321.

[2] [美] Ronald Dworkin:《法律帝国》,李冠宜译,时英出版社 2002 年版,第 174 页。

辅助。先例在德国各个法律领域中都扮演重要的角色，但是其重要性有所区别。德国劳动法中的许多主要规定都是由法官造法组成的；在行政法领域，1976年行政法典制定之前，先例是其主要的法律渊源；[1]而在宪法领域，由于《德国基本法》中关于基本权利以及其他宪法性原则部分具有概括性和抽象性强的特点，先例在宪法领域扮演着具体化的作用。《德国联邦宪法法院法》第31条第1款规定了联邦宪法法院裁判的拘束力："联邦宪法法院之裁判，拘束联邦及各邦之宪法机关及所有法院与官署。联邦宪法法院就第13条第6款、第6款之一、第11款、第12款及第14款案件所作裁判，具有法律效力。联邦宪法法院就第13条第8款之一案件，宣告某一法律违反基本法、不违反基本法或无效时，亦同。某一法律经宣告违反、不违反基本法或其他联邦法或无效时，其裁判主文应由联邦司法部长于联邦法律公报中公布之。就第13条第12款及第14款之案件所为之裁判主文，亦同。"该条款明确规定联邦宪法法院的判决具有约束力，并且在某些情况下具有制定法的地位，使得宪法先例与其他法律领域先例的效力存在根本区别。在其他法律领域中，先例至少在司法审判环节发挥了大量的作用：

第一，司法智慧的积累。温德沙伊德说过："对于一个历史法学家来说，法典仅仅是历史发展长河中一个片段，它并不比溪水涟漪更加切实确定，其充其量也仅仅是溪水中的一圈小小

---

[1] 参见 Mußgnug, R., Das allgemeine Verwaltungsrecht zwischen Richterrecht und Gesetzesrecht, in Richterliche Rechtsfortbildung, Festschrift der Juristischen Fakultät zur 600-Jahr-Feier der Ruprecht-Karls-Universität Heidelberg, 1986, S. 203, Heidelberg: C. F. Müller, 298ff.

涟漪而已。"[1]尽管进入现代以来，法典化成为人类法治实践的主流做法，但我们不能忽略法典化只是近代以降出现的产物，在德国乃至整个西方法治发展历程中只经历了短暂的阶段。作为历史法学的发源地，德国法学共同体在尊重成文法的前提下，尤为看重对法律智识和司法智慧的积累。这也解释了为什么很多在历史中形成的法律学说和审判理念，与当代要求相一致，而能够跨越时代固定下来。[2]

先例是对司法智慧的积累，而这种积累受到法律共同体所重视的一个重要表现就是当今德国法官仍然常常援引德意志帝国法院作出的先例。最常被提及和援用的帝国法院先例如：1897年德意志帝国法院刑四庭作出的"癖马案"，法庭的判决中衍生出一条新的法律原则——"假如行为人为违法行为时存在着为合法行为的可能性，此时具有期待可能性，行为人应当对违法行为承担责任；反之，如果不存在为合法行为的可能性，就不具有期待可能性，行为人就不应承担责任"。[3]该先例为"期待可能性"和注意义务理论的产生奠定了基础。当然，德意志帝国法院的巨大成就表现在其始终很谨慎地发展法律，将法律适用于不断变迁的新情形，但同时却又总能避免对法律连续性的破坏。[4]

---

〔1〕［德］温德沙伊德：《法律科学中的历史学派》，载《演讲及论文集》1878年，第66页。

〔2〕［德］莱因哈德·齐默曼：《德国新债法：历史与比较的视角》，韩光明译，法律出版社2012年版，第15页。

〔3〕何勤华主编：《德国法律发达史》，法律出版社2000年版，第439页。

〔4〕［德］莱因哈德·齐默曼：《德国新债法：历史与比较的视角》，韩光明译，法律出版社2012年版，第32页。

遵循往日的决定，不仅使我们从过去经验中获益匪浅，而且减轻了在每出现一件新事物时需思量再三的负担。这种对法律一贯性的自我规训式的重视，并非现代德国法律人的独创，而是一种根深蒂固的传统。早在德意志帝国法院时期的判决中，就能够找到很多表明传统法律与新颁布的法典之间存在某种或明显或潜在的连贯性之证据，如《德国民法典》。此外，除了具体的法律观念，早在德意志帝国时期，德国就为统一而有效的司法建立了简化高效的程序和组织框架，即四部"帝国司法程序组织法"，分别是《德国联邦宪法法院法》《破产法》《德国民事诉讼法》和《德国刑事诉讼法》。尽管这几部法律后来都已有所修订，但其中三部法律直到今天依然是以当时的制定法文本为基础的；另外一部《破产法》也是直到1999年才被新颁布的《破产重整法》所替代。[1]法律共同体努力维持这种连贯性的原因有两个方面：一是法官通常都会努力使自己的先例得到遵守，因此在疑难案件的说理正当性与合逻辑性方面有所偏重，具有被后来法官参照的实际价值；二是推动法律发展的智识资源可以在19世纪找到源头。因此，从历史的发生脉络上也可以解释为何遵从成文法与遵从先例的传统往往并存于德国法律文化之中。

第二，法典化的重要补充。先例通过补充和矫正法律成为人们适用成文法的重要辅助。齐默曼将成文法颁布后需要先例作为补充和矫正的情形总结为以下八种：①法律漏洞需要得到填补；②法律制度和起草中的过错必须予以纠正；③模糊不确定的法律概念必须予以明确；④对复杂的行为情形提供法律解

---

[1] [德]莱因哈德·齐默曼：《德国新债法：历史与比较的视角》，韩光明译，法律出版社2012年版，第19~20页。

决方案（不当得利中涉及三方当事人的各种情形）；⑤解决以前无法想象的新法律问题，如错误出生问题（wrongful birth）；⑥社会风俗观念变化，如节假日和休闲时间；⑦各种新型合同；⑧先例在基本原则的应用上发挥至关重要原则。[1]先例在法官决策时发挥的作用大小，主要取决于与案件相关的其他权威材料是否充足。如果法官可以依据法律的文义作出判决，那么即便法官援引案例，起到的也只是一种论证的补强作用；相反，如果没有相关的制定法，或者相关的制定法需要解释，则先例将发挥重要的作用。由于德国法律体系中的大部分法律都规定在制定法中，相较于补充性或者紧急立法式的先例，解释性先例扮演更重要的角色。在很多判决中，解释性先例比实质的推理、学术文章或者专业评论更重要。[2]正因如此，法官法的存在几乎被普遍承认，有争议的只是其范围以及是否具有约束力。

第三，论证功能。先前司法裁决无论是在普通法系国家还是在大陆法系国家，都具有重要的论证功能。先例的重要功能之一就是统一法律认识，在裁判理由中对某一法律问题作出答复，从而避免和减少法律理解争议。法律共同体对法律理解存在争议，不仅常常留下伤痕，并且旷日持久[3]，同时还常常带来昂贵的诉讼成本。为避免或减少法律理解争议，通过运用先例加强说理，从向对某一法律问题做出答复，是统一法律理解的必

---

〔1〕［德］莱因哈德·齐默曼：《德国新债法：历史与比较的视角》，韩光明译，法律出版社2012年版，第42~43页。

〔2〕 Neil MacCormick & Robert S. Summers eds., *Interpreting Precedents: A Comparative Study*, Dartmouth Publishing Company Limited, 1997, pp. 17-65.

〔3〕［德］迪特尔·梅迪库斯：《请求权基础》（第8版），陈卫佐等译，法律出版社2012年版，第4页。

由之路。依据先例对制定法作出的确凿解释是强有力的，而未顾及上级法院先例或与先例不合的论证则很难成立。[1]如果是各最高审级法院的裁判，则下级法院在绝大多数案件中常常都会萧规曹随。最高法院大多也不愿背离之前采取的法律见解。因为下级法院遵循上级法院的裁判先例以及后者维持自己的裁判见解之可能性事实上很大，因此当事人、公司和社团的法律顾问多半会考虑这种情况，并去适应这种情况。其导致的结果就是先例，特别是最高审级法院的先例，只要没有重大的矛盾，经年累月就被视同"现行法"。由此就慢慢形成一种补充和续造制定法的"法官法"。[2]

四、本书之前提

布兰德教授在分析普通法国家遵循先例实践背后的一般实质理由时，将其总结为六个方面：在类似案件类似对待的意义上保证了法律面前的平等；限制了偏见、专断等的范围；通过提供一个判决赖以作出的合理的、可预期的、稳定的法律框架，有助于当事人作出安排，增进信赖；有助于保障败诉方对于法律的遵守，因为他们更易于看到判决不是针对他们个人的，而是根据规则针对一类人的；通过节省重新调查每个案件所需的资源，劝阻潜在的当事人提起诉讼或上诉，提高了效率；通过促使法官在决断全新的问题时更仔细地考虑多种可能性，使得

---

[1] 雷磊：《法律方法、法的安定性与法治》，载《法学家》2015年第4期。
[2] [德]卡尔·拉伦茨：《法学方法论》（全书·第6版），黄家镇译，商务印书馆2020年版，第539页。

法官认识到自己负有的责任。[1] 先例制度的以上优势具有普遍性。本章重点阐述的事实构成了本书讨论的前提：

首先，案例或先例构成法律的认识渊源。基于正义的原因，先前案例至少被认为是法律的"认识渊源"，它涉及的是对特定法律问题在法律论证方式中的一次先前的尝试。在此，未来的法官在遇到提出同一法律问题的案件时，可以追溯至此。先例只能在特定的范围内节省其工作。一方面，有一些先前判决因为其公开的、不充分的论证而带有完全不正义的特征。另一方面，明显不正义的"法律认识"并不是真正的法律认识，而只是一种在法律认识上的失败尝试。因此，在将先前判决的事实先例部分适用于当前案件时，需要"始终谨慎地分析性审视"。[2] 换言之，对于先前判决的机械使用并不能恰当地代替评判者自身的法律思考。尽管如此，这些思考确实能够从"每个法律评判者在每个法律问题出现时都必须在问题的所有纵深上进行钻研"这一不可能完成之任务中获得一些解脱。

其次，案例或先例提供法律规则。相较于我国以往通过个案请示和司法解释的推动司法统一适用的方式，在一些判例制国家，法官和法律工作者可以通过先例总结出法律规则，作为对法律的补充和细化，成为重要的法律渊源。纯粹依靠法律的

---

[1] 参见 Karl N. Llewellyn, *The Common Law Tradition: Deciding Appeals*, 26 (Boston: Little, Brown & Co., 1960); Greenwalt, "The Enduring Significance of Neutral Principles", 78 *Col. L. Rev.* 982 (1978); [美] P. S. 阿蒂亚、R. S. 萨默斯：《英美法中的形式与实质——法律推理、法律理论和法律制度的比较研究》，金敏、陈林林、王笑红译，中国政法大学出版社 2005 年版，第 97 页。

[2] Franz Bydlinski, Grundzüge der Juristischen Methodenlehre, facultas wuv, 2. überarbeitete Aufl., Wien 2012, S. 117-118.

规定来推动法律的适用是困难的。在我国,通过类案指导实践最主要的功能是满足司法公平和审判效率的双重需求。发挥类案的指导功能是基于形式正义的要求。无论是实行判例制度的普通法系国家,还是实行成文法制度的大陆法系国家,公平正义的要求都包括了类似的人在类似的情况下应当得到类似的对待。用亚里士多德学派的术语表述,即要求裁判者"同案同判"。[1]德国法学家罗伯特·阿列克西则将"同样的事情应同样地对待"称为"作为形式条件的正义理念"。[2]美国现实主义法学代表人物卡尔·卢埃林将其归纳为"正义要求确立一般规则,并且要求公平适用规则"[3]。可以说,形式正义中包含了道德重要性。正因如此,类似案件应当类似裁判,长久以来作为正义的核心概念,人们将其与法治原则联系起来,视之为民主国家的核心特征。[4]

最后,类似案件的比较有助于说理。先例的意义是从类似案件的比较中展现出来的。"任何先例都不可能孤立地有意义!孤立地对待先例,不会给你们提供任何指引。"[5]说理的目的是让诉讼两造和社会公众产生案件审理符合公平正义要求的印象,此时比较正义的作用就极为突出,其中所谓"法律比较正

---

〔1〕 [美]杰弗里·布兰德:《法治的界限:越法裁判的伦理》,娄曲亢译,中国人民大学出版社2016年版,第254页。

〔2〕 [德]罗伯特·阿列克西:《法律论证理论——作为法律证立理论的理性论辩理论》,舒国滢译,中国法制出版社2002年版,第338页。

〔3〕 [美]卢埃林:《荆棘丛——关于法律与法学院的经典演讲》,明辉译,北京大学出版社2017年版,第52页。

〔4〕 David A. Strass, "Must Like Cases be Treated Alike?", in *Chicago Public Law and Legal Theory Working Paper*, No. 24, 2002, p. 1.

〔5〕 [美]卢埃林:《荆棘丛——关于法律与法学院的经典演讲》,明辉译,北京大学出版社2017年版,第61页。

义要求法官们对既定法律案件类型的每一个个例给予相同的处理"。[1]杰弗里·布兰德指出："这种法律比较正义具有一定的道德重要性……如果某人认为法院对他不如对一个在法律上无差别处境中的其他人友好，他可能会遭受情感痛苦。他可能会感到愤恨、沮丧、嫉妒，等等。他可能会对法律体系、司法机关、政府或他所身处的整个社会失去尊重，或质疑它们的合法性。"[2]通过法律比较正义事半功倍地实现说理的意图，是现代法治国家的共识和普遍做法。

---

[1] [美] 杰弗里·布兰德：《法治的界限：越法裁判的伦理》，娄曲亢译，中国人民大学出版社2016年版，第256页。

[2] [美] 杰弗里·布兰德：《法治的界限：越法裁判的伦理》，娄曲亢译，中国人民大学出版社2016年版，第255页。

第二章

案例成为说理依据的理论与实践

现代法律是一门自主且技术性较强的学科,随着现代民族国家的兴起,它需要完成的任务是为政治体系提供正当性。[1]在司法运行环节中,裁判是否说理常被视为是区别"非法强制"和"合法威权"的标准。因此,进入现代民主法治时代,裁判说理变成了普遍性的司法样态:告知判决理由被视为是民主国家的特征,承认国家的决定应当具有广泛的说理和论证义务也成为现代民主国家不可或缺的部分。[2]释法说理是裁判文书的重要功能。在我国,裁判文书的说理性在深化司法体制改革、推动全面依法治国的今天得到越来越多的重视。党的十八届三中全会提出"增强法律文书说理性,推动公开法院生效裁判文书";党的十八届四中全会进一步要求"加强法律文书释法说理";最高人民法院于2018年6月发布《关于加强和规范裁判文书释法说理的指导意见》(以下简称《释法说理的指导意见》)。裁判文书

---

〔1〕 [英]斯科特·维奇、[希腊]埃米利奥斯·克里斯多利迪斯、[意]马尔科·哥尔多尼:《法理学:主题与概念》(第3版),赵英男译,北京大学出版社2023年版,第93页。

〔2〕 Ulfrid Neumann, Juristische Argumentationslehre, Darmstadt: Wissenschaftliche Buchgesellschaft, 1986, S. 10.

中的说理部分能够反映裁判结论的形成过程和正当理由,因此,良好的裁判说理有助于提高裁判文书的可接受性,帮助当事人双方乃至整个社会更好地理解法律以及法律、司法裁判背后所反映的价值观念,实现法律效果和社会效果的有机统一。

与此同时,加强司法案例应用也已成为学界和实务界的共识,在司法裁判的过程中加强类案的检索和运用,有利于实现类案类判、统一法律适用和裁判尺度。案例虽不是司法裁判的依据,但它能否作为说理的依据仍然是一个存在争议的问题。从实践层面而言,如果案例不能作为裁判文书说理的依据,那么在当事人提出类似案件并据以主张自身权利时,法官有理由选择不予回应,但这种不回应势必会影响到裁判的说服力,致使当事人形成更强烈的上诉倾向,无法起到服判息诉的作用,从而影响司法的公信力和司法权威;反之,如果案例可以作为裁判文书的说理依据,也要面临大量实践中的苦难,如类似案件的冲突等问题,最终将落点在"如何运用类案进行说理",以及如何理性地辩护这一说理过程。

一、裁判为何必须说理?

(一)裁判结论的非唯一性

"你的裁判结果可能是对的,但你的裁判理由一定是错的。"[1]这句法谚背后折射出一个更为深刻而经典的法理学问

---

〔1〕 原出处:"我愿给法官一个建议:在判决书里绝不要附理由,因为你的判决可能正确,但理由一定会弄错。"陈新民:《公法学札记》(增订新版),法律出版社 2010 年版,第 357 页。

题：裁判到底是推理还是决断？如果所有的裁判都指向唯一正确答案，那么作出裁判的同时说明裁判的依据和理由，似乎是顺理成章或理所应当的；但如果并不存在唯一正确答案，法官只是从"多个可容忍的结论"[1]中做出选择，那么即便裁判结果是正确的或可容忍的，即便说理极为卖力，其结果都是在授对手以柄。德国《法兰克福汇报》专栏曾将这种讨论比喻为：法官究竟是能够阐释立法者作品的"钢琴演奏家"，还是"法律的奴仆"。[2]

在德国法律人的培养过程中，法律解释作为必备的技能起着不可替代的作用。因为任何法律适用都暗含着对法律的解释乃至续造。对于专业术语解释的必要性不用赘言，如物权行为的无因性，外行人不能望文生义；但日常用语被法律使用时，其往往具有比在日常生活中更为精确的甚至完全不同的含义，这种含义通常需要借助解释来发现。司法论证是以逻辑关系和逻辑证明为基础的，但即便如此，法律解释的具体化环节，包括外部证成时，都包含着价值判断，简单的三段论的逻辑推导是无法解决疑难案件的。譬如，从20世纪初德国法院热议的盐酸是不是《德国刑法典》第250条所说的"武器"[3]，表面司法的结果取决于法官对法律的理解、法官对社会价值的解读，甚至法官个人的决断。由于法律方法选择的任意性，就会导致

---

[1] 考夫曼认为："再者，有关规范对话方面，它通常并非只有一个'正确'的结论，而是有一堆'可容忍的'结论。由此可知，所必须处理的是实质的、方法上的困难。"参见［德］阿图尔·考夫曼：《法律哲学》（第2版），刘幸义等译，法律出版社2011年版，"第2版序"第1~2页。

[2] ［德］托马斯·M. J. 默勒斯：《法学方法论》（第4版），杜志浩译，李昊等校，北京大学出版社2022年版，第347页。Heck, AcP 112 (1914), 1, 19ff.

[3] BGHSt1, 1.

法律思想中"确定性之丧失",因此法官只能致力于寻求只是"可辩护的"或"能够达成同意的"答案,[1]那么这种答案如何理性化,就是裁判说理以及司法论证的主要任务。

(二)说理的非纯粹逻辑性

法律适用和法律发现并不是一种由当为纯粹进行的演绎的推论,也不是一种由存在纯粹进行归纳的推论,而是一种混合着演绎与归纳的过程。[2]裁判说理必然涉及对成文法进行解释、具体化乃至续造。在对成文法进行解释和具体化的过程中,法院通过与法学的合作,需要更加精确地说明语词意义。这意味着要从一项表达在日常语言中的大量意义缩至一项公认的意义或者几项法律人中还"处于竞争中"的意义。[3]同时,由于法律解释和具体化往往是以法院与立法机关以及政府与公民的关系为主要议题,比如法官应该填补立法中的漏洞吗?规则制定者的意图在规则适用的过程中有多重要?公众的期望又有多重要?而这些争议和类似的争议基本上是政治问题,[4]事实上,法律实际上需要管制各种政治与社会任务。[5]

---

[1] [德]卡尔·拉伦茨:《法学方法论》(全本·第6版),黄家镇译,商务印书馆2020年版,第9页。

[2] [德]亚图·考夫曼:《类推与"事物本质"——兼论类型理论》,吴从周译,学林文化事业有限公司1982年版,"序言"第5~6页。Arthur Kaufmann, Analogie und „Natur der Sache" Zugleich ein Beitrag zur Lehre vom Typus, R. v. Decker & C. F. Müller, Heidelberg 1982, Vorwort, S. 4-5.

[3] [德]罗尔夫·旺克:《法律解释》(第6版),蒋毅、季红明译,北京大学出版社2020年版,第71页。

[4] [美]布赖恩·比克斯:《法理学:理论与语境》,邱昭继译,法律出版社2008年版,第181页。

[5] 黄舒芃:《什么是法释义学?:以二次战后德国宪法释义学的发展为借镜》,台大出版中心2020年版,第12~13页。

以法律为基础的裁判说理也不可能是纯粹逻辑的，它需要大量的决断。因为当法官在衡量相互对立的法益或利益，或者考虑生活关系的新发展时，法律判断中都一再地注入着价值判断。最高人民法院发布的《释法说理的指导意见》却要求裁判文书必须说理。既然无论是否能够证成都必须进行说理，这就决定了中国式说理并不是单纯的逻辑推理，而是具有极强的对话性、诠释性和显示公正性。

二、案件何以纳入说理？

（一）先例的约束？

案例应当被参照，其传统可以追溯至普通法的遵循先例原则。所谓遵循先例原则（doctrine of stare decisis），其拉丁文原意是"遵从已决定的事情"（to stand by things decided）[1]，是指法院在面对待决案件时，将自身置于某一法院先前作出的判决或多个法院作出的一系列判决的约束之下。而这种"约束"意味着先前判决强制受约束的法院不得就当前案件做出若无先例时所将作出的判决。[2]

先例在普通法国家给法律人和法官带来"强烈的强制性"的感受，但即便如此，这种感受或体验却很难解释。其原因主要在于先例的两个特征：一方面，先例的法律规则往往不够具体，不足以作为这种限制的依据；另一方面，支持先例的正式

---

［1］［美］迈克尔·J.格哈特：《先例的力量》，杨飞等译，杨飞校，中国法制出版社2013年版，第7页。

［2］Timothy Endicott, Hafsteinn Dan Kristjansson & Sbastian Lewis, *Philosophical Foundations of Precedent*, Oxford University Press, 2023, p.11.

机制太弱，无法解释其有效性。相比许多法律的强制性是由其强力所支持，比如以罚款和监禁作为其命令的基础，在许多法律体系中，除了被上级法院批评的风险之外，先例规则没有明显的法律制裁。[1]换言之，虽然先例是强制性的，但先例似乎缺乏赋予这种特质的形式和制度支持。

在大陆法系国家，法官受先例"约束"的方式更是不同于法院受制定法的约束。卡尔·拉伦茨指出，有约束力的不是先例本身，而只是在其中被正确解释或正确具体化的规范。[2]拉伦茨和卡纳里斯将判例的效力区分为法律约束力（de jure）和事实约束力（de facto）。在德国，只有联邦宪法法院的判例具有法律约束力，其他判例只具有一种可被废止、优势性，或者是事实的约束力。换言之，先例本身无所谓效力，或者说先例的效力只能是推定的。至于先例所表达的制定法解释结果、规范具体化或法续造，在现行法中是否有根据，原则上只能由当前案件的法官独立地根据他认真细致地形成的确信来决断。[3]因此法官不能盲目接受先例；相反，法官实际上有权力，甚至有义务放弃裁判先例。先例可能会为自身要求某种程度的正确性推定，但法官不能未经审查就信赖它，至少在他发现裁判先例的正当性存在疑问时，必须形成自己的判断。

这就说明，无论在普通法还是成文法国家，案例的作用不

---

[1] Nicholas W. Barber, "Why Precedent Works", in Timothy Endicott, Hafsteinn Dan Kristjansson & Sbastian Lewis, *Philosophical Foundations of Precedent*, Oxford University Press, 2023, p.49.

[2] [德]卡尔·拉伦茨：《法学方法论》（全本·第6版），黄家镇译，商务印书馆2020年版，第540页。

[3] [德]卡尔·拉伦茨：《法学方法论》（全本·第6版），黄家镇译，商务印书馆2020年版，第540页。

是先验或规范性的，它本质上是服务实践中人们论证当前案件的需要。有关案例性质和效力的诸多悖论最终只能从其社会维度中消解：案例应该被理解为一种社会实践，一种部分由在社会群体中运行的非法律规则构成的论证模式，而社会期望是这些规则有效性的关键。[1]为了实现说理的理性化这一功能和价值层面，案例应当且往往确实被作为说理依据而得到后来法院法官的参照，主要是基于其实际的说理作用。

（二）案例的说理价值

在司法公开逐渐成为一种政治民主化共识的当下，释法说理是裁判文书不可缺少的重要组成部分，裁判文书的说理性也在深化司法体制改革、推动全面依法治国的今天越来越受到重视，是中国法治现代化的必然要求和应有之义。与此同时，加强司法案例应用，使之发挥应有的各种功用也是学界、实务界乃至广大公众的共识和呼声。在司法裁判的过程中加强类案的检索和运用，有利于实现类案类判、统一法律适用和裁判尺度。在各种论证理论中，依赖案例（或先例）的裁判说理都是法律论证中的重要部分。

1. 案例在规范性理由中的作用

在法律逻辑中，案例对于说理有补强作用：

在麦考密克的二阶辩护理论中，由于在面对疑难案件时法律规则需要从解释的后果以及与规则和法律体系背后的价值相融贯的视角来为解释做出辩护，融贯性论证和一致性论证能够

---

[1] Nicholas W. Barber, "Why Precedent Works", in Timothy Endicott, Hafsteinn Dan Kristjansson & Sbastian Lewis, *Philosophical Foundations of Precedent*, Oxford University Press, 2023, p. 49.

通过表明该裁定与主流法律秩序相一致来防卫该裁决。[1]其中，融贯性论证之一的方法就是基于类比的论证[2]，即通过表明某一规则类似于另一个法律裁决中所表达的规则来辩护一个裁定。

在佩雷尔曼的理论中，先例是以相似性论证的方式发挥说理作用的。所谓根据相似的论证（argumentum a simili）意指，如果某一特殊规则适用于特定类别的人或物，那么这一规则也适用于相关方面相似的人或物。其中包含两个步骤：第一步，首先指明事实相似于先前裁决的事实。第二步，表明提议的规则与早先案件中表达的规则均基于统一法律原则。[3]例如，在马丁内斯案（Martincz case）中，被人为故意杀害门多萨而被判入狱8年。律师在上诉中使用的论证技术，使法官确信马丁内斯采取自卫行为，不该判处故意杀人。[4]在案件的审理中，法官除了以价值层级和因果论的实在结构作为论证以外，还依靠的策略就是以先例和推定为基础。该案辩护律师意识到，法院很可能由于逻辑一致性问题而以同样的方式判决相似案件。上诉法院已经基于法律的某一相似点而有过五次裁决，其可能被视为先例或"法理"。[5]

---

[1] [荷] 伊芙琳·T. 菲特丽丝：《法律论辩导论——司法裁决辩护理论之概览》（原书第2版），武宏志、武晓蓓译，中国政法大学出版社2018年版，第128~129页。

[2] MacCormick, Neil, *Rhetoric and the Rule of Law: A Theory of Legal Reasoning*, Oxford University Press, 2005, pp. 190-205.

[3] Neil MacCormick, *Legal Reasoning and Legal Theory*, Clarendon Press, 1978, p. 192.

[4] 马丁内斯541/983, 1983；马丁内斯366/983, 1984.

[5] [荷] 伊芙琳·T. 菲特丽丝：《法律论辩导论——司法裁决辩护理论之概览》（原书第2版），武宏志、武晓蓓译，中国政法大学出版社2018年版，第97~98页。

在图尔敏论证模型中先例是作为论证的担保（warrent，W）而存在的。在20世纪80年代，图尔敏论证模型作为能用于分析和评估法律实践中的论证的一种工具，在律师中颇为流行。由于图尔敏按照实践论辩的标准程序的元素刻画了在法律语境中发挥作用的不同类型论据的特性（如法律规则、事实、例外），该模型为法律实践中的论辩分析建立了一个良好出发点。[1]在法律论辩的文献中，各类作者使用图尔敏论证模型，而且常常将其作为重建法律论证之相关元素的分析工具。

图尔敏论证模型的诸阶段包括（如图1）：

第一，初始阶段，提出了控告或主张（claim，C）。

第二，证据阶段，多少有些证据被提出来用以支持该恐高或主张。事实（data，D）；担保（warrent，W），担保表明从事实根据到主张的那一步是正当的。担保的支援（backing，B）；指定例外的反驳（rebuttal，R）。

第三，最终阶段，一个最后决定（裁定、宣判）被给出。

在细节方面也许有所不同，但该程序的一般结构和其作用的性质在所有法律案件中都是相同的。[2]

---

[1]［荷］伊芙琳·T. 菲特丽丝：《法律论辩导论——司法裁决辩护理论之概览》（原书第2版），武宏志、武晓蓓译，中国政法大学出版社2018年版，第69页。

[2]［荷］伊芙琳·T. 菲特丽丝：《法律论辩导论——司法裁决辩护理论之概览》（原书第2版），武宏志、武晓蓓译，中国政法大学出版社2018年版，第70~71页。

哈利出生于百慕大（D事实）→因此，推测起来（Q模态限定词），哈利是个英国人（C主张）
　　　　↑　　　　　　　　　　　　　　↑
　　　因为　　　　　　　　　　　　　除非
在百慕大出生的人一般是英国人　他的双亲都是外国人/他加入外国国籍
　　　（W担保）　　　　　　　　　　（R反驳）
　　　由于
　　　↑
下列法规和其他法律规定
　　（B支援）

图1　图尔敏论证模型的形式分析[1]

此时，案例就属于担保（W）的支援，是说理是否充分、是否足够理性化的关键性因素。

可以说，运用案例进行说理是司法论证理性化的方式和途径，是说理透彻、定分止争的能动司法的一种重要途径和手段。

2. 案例在非规范性理由中的作用

除了法律的规范性理由以外，还有非法律的理由来支持遵循先例。从实践理性的角度出发，案例对于加强法律说理的意义还有以下方面：①认识方面的考虑：后来的法院可能从案例中得到有用的认识指导；②效率原因：当法官依靠先前案例而不是重新发明轮子时，法律制度可以更好地分配资源；③务实的考虑：遵循先例是避免法官之间实质性一阶分歧的一种方式；④道德理由：类似的案件可以被一视同仁对待。德沃金式的整

---

[1] Toulmin, S. E., *The Uses of Argument*, Cambridge University Press, 1958, pp. 101-102.

全要求制度上与过去保持一致,通过先例遵循来推进法治。[1]

这些都是基于实用主义的考虑,格哈特教授从"己所不欲,勿施于人"的道德黄金律(golden rule)出发提出了关于先例效力的黄金法则:"大法官必须做好这样的思想准备:自己的先例如何被对待,取决于他们如何对待他人的先例。"[2]这一观点被视为是介于先例弱化和强化观点之外的一个选择,是以易位思考和设身处地[3]为实践逻辑。正如美国联邦最高法院首席大法官罗伯茨和阿利托所主张的那样,那些真正忠于司法克制和宪法谦抑的大法官,通常都很尊重先例,特别认同先例黄金律的作用和吸引力。

总体而言,遵循先例或运用案例进行说理,背后渗透的都是以司法克制为代表的一种尊重先例的气质或倾向,它意味着能够融合他人的意见,学习自己或他人的经验,渐进地裁决案件,最大限度降低最高法院或其他宪法机构先前观点的冲突。[4]

(三)案例的说理价值来源

案例之所以能够成为说理的资源,主要基于以下两方面特点:

---

[1] Timothy Endicott, Hafsteinn Dan Kristjansson & Sbastian Lewis, *Philosophical Foundations of Precedent*, Oxford University Press, 2023, p. 39.

[2] [美]迈克尔·J. 格哈特:《先例的力量》,杨飞等译,杨飞校,中国法制出版社2013年版,第2页。

[3] 许明龙:《"己所不欲,勿施于人"与道德黄金律》,载《中华读书报》2012年6月13日,第10版。

[4] [美]迈克尔·J. 格哈特:《先例的力量》,杨飞等译,杨飞校,中国法制出版社2013年版,第6页。

1. 基于法院层级的权威性

先例具有效力的部分原因是基于权威。当作出先前判决的法院拥有更高等级的权威，那么法院的等级制度及其对应的权威就得到了维护。当下级法院受到上级法院先前判决的约束时，人们通常称之为"纵向先例"。与之相对应，当同等权威的法院之间仍受到先前判决的约束来行事时，就被称为横向先例。相比之下，横向先例的比较优势在于效率，纵向先例的优势是形成一个司法层级，或者说一个法院体系，其中一些法院的权威隶属于其他法院，前者作出判决必须与后者的立场保持一致。[1]正如上文所说，无论从审级制度还是法官个人职业前景等诸多考虑，下级法院在绝大多数案件中常常都会遵循上级法院，特别是最高法院的裁判。最高法院大多也不愿背离之前采取的法律见解。

2. 基于法律解释的前提性或逻辑前置性

从裁判说理的逻辑顺序来讲，在成文法国家，法官的论证模式主要采取演绎推理，即从作为一般性规范命题的法律规定出发，通过涵摄得出具体结论。其中法律解释环节是法律推理的前提，具有逻辑的前置性。麦考密克区分了法律论证的两个层次，其中的第一个层次就是演绎辩护，用某一法律规则和案件事实辩护判决。如果该事实可以看作是满足了该规则的条件，作为该裁决之基础的论证就被重建为"演绎有效论证"。[2]尽管在假设状态下，只要具备明晰的大前提和小前提，科学运用涵摄的方法，就可以得到唯一且正确的结果。然而，在司法实

---

[1] Timothy Endicott, Hafsteinn Dan Kristjansson & Sbastian Lewis, *Philosophical Foundations of Precedent*, Oxford University Press, 2023, p. 11.

[2] [荷]伊芙琳·T. 菲特丽丝:《法律论辩导论——司法裁决辩护理论之概览》(原书第2版)，武宏志、武晓蓓译，中国政法大学出版社2018年版，第128~129页。

践中，由于语言固有的模糊性，大前提的含义有时难以确定。因此，法律解释是不可或缺的。

就像前文提到的诉吉尔汉姆诉司法部案的判决中，法官对于地区法院法官是否属于法案中所称的"工人"的先例规则，构成了后案裁判的大前提。同理，在德国，一个"完全法律人"（Volljurist）[1]的培养过程中，法律解释作为必备的知识起着不可替代的作用。因为任何法律适用都暗含着对法律的解释乃至续造，而人们往往由于法律通常适用日常生活中的用语而忽视这一点。例如具有不同知识背景和生活经历的法官，很可能对同一法律表述存在迥异的理解，由此引发对法律确定性的挑战。出于对法的确定性和安定性的考虑，同时也为实现法的一致性原则，法院会倾向于诉诸上级法院，尤其是最高法院先前判例对此的理解，从而作为对大前提中概念的廓清。例如一些专业术语解释"物权行为的无因性"，外行人不能望文生义；还有一些日常用语，其往往具有比在日常生活中更为精确的甚至完全不同的含义，这种含义通常需要借助解释来发现，如"静坐案"中对"暴力"（Gewalt）的解释就是法律推理的前提。因此，法律中所使用的每一个术语都会经由学说与先例的解释传统被赋予特定含义。[2]即便是尚未被学说与先例解释的术语，最终形

---

〔1〕 现行的德国法律人培养体系，发端于普鲁士。对于法官等典型法律职业而言，大学的法律学习必不可少，而长期的实务见习亦是必需。在这种机制的培养下，完全法律人可以独立胜任一般案件的处理，比如在诉讼中，依据案件，认定法律事实，对当事人的请求作出程序上和实体上的判断，给出坚定，最后形成裁判文书。［德］罗尔夫·旺克：《法律解释》（第6版），蒋毅、季红明译，北京大学出版社2020年版，"代译序"第1页。

〔2〕 ［德］罗尔夫·旺克：《法律解释》（第6版），蒋毅、季红明译，北京大学出版社2020年版，"代译序"第5页。

成的解释结论也必须符合既有的解释传统，才能为法律人共同体所接受。[1]这是进行演绎推理的前提和前置性环节。

三、案例作为说理依据的方式

在成文法国家，案例或先例并不能作为法官裁判案件的依据，从而构成所谓裁判依据，这是法律共同体的基本共识。但是在案例指导制度和类案检索机制产生以后，案例是否应当成为说理依据是理论和实践中的重点。

（一）裁判依据、裁判理由还是说理依据？

在我国的司法语境下，同时存在裁判依据、裁判理由、裁判说理依据等多个范畴。在中国法学界普遍熟悉的法律渊源理论中，法律渊源主要指效力渊源，是指司法裁判是一种基于来源的论证活动，是作为裁判依据的规范命题，乃至整个裁判活动具有法律效力的必要条件。如果某种来源同时具备独立的效力来源和内容来源，那么它就是法的效力渊源。[2]只有法的效力渊源才能够构成裁判的依据。

裁判文书说理即在裁判文书中载明判决理由。[3]在法治发展初期，裁判的作出是"以事实为依据，以法律为准绳"。此时，事实和法律规范构成了裁判依据。例如2009年11月4日施行的最高人民法院《关于裁判文书引用法律、法规等规范性法

---

〔1〕［德］罗尔夫·旺克：《法律解释》（第6版），蒋毅、季红明译，北京大学出版社2020年版，"代译序"第5页。

〔2〕雷磊：《重构"法的渊源"范畴》，载《中国社会科学》2021年第6期。

〔3〕刘树德：《无理不成"书"：裁判文书说理23讲》，中国检察出版社2020年版，第199页。

律文件的规定》第1条规定人民法院的裁判文书应当依法引用相关法律、法规等规范性法律文件作为裁判依据；第6条规定，对于其他规范性文件"根据审理案件的需要，经审查认定为合法有效的，可以作为裁判说理的依据"。

在法律渊源理论中，除了能直接作为司法裁判依据的法律规定以外，还有大量的其他法律渊源对于法官裁判案件发挥着影响，理论界通常将之归入法的认识渊源。2018年6月施行的最高人民法院《释法说理的指导意见》第13条规定："除依据法律法规、司法解释的规定外，法官可以运用下列论据论证裁判理由，以提高裁判结论的正当性和可接受性。"前述《关于裁判文书引用法律、法规等规范性法律文件的规定》提出了裁判依据和裁判说理依据的范畴；后者《释法说理的指导意见》提出了"论证裁判理由的论据"的范畴。[1]

案例或先例则更是一种认识渊源，也即它本身只是提供了裁判依据的内容而非效力。认识渊源本身不涉及对相关规范的"定性"问题。同一个规范命题既可以成为法律规范的内容，也可以成为道德规范或其他规范的内容，因为规范的性质与其内容无关。[2] 在这一标准下，在我国的案例体系中只有指导性案例才是效力渊源，其他案例只是认识渊源。法的渊源提供的是司法活动的裁判依据，或者说它的效力和内容；而裁判理由则是围绕裁判依据和案件事实展开的说理，目的在于增强论证的充分性和裁判的说服力。在德国联邦宪法法院看来，只有内容

---

[1] 刘树德：《无理不成"书"：裁判文书说理23讲》，中国检察出版社2020年版，第192～193页。

[2] 雷磊：《重构"法的渊源"范畴》，载《中国社会科学》2021年第6期。

上的正确性才能给予先例之力量，因此只要有更好的理由就可以偏离先例，并不需要存在占优势（prevailing）或不可抗拒（compelling）的理由存在。作为一种认识渊源，案例成为说理依据而非裁判依据能够发挥更为恰适的作用。

那么，关于案例作为认识渊源中的重要组成部分，究竟在法官的司法裁判过程中扮演怎样角色的问题，在不同理论框架中有不同的解释。从概念使用上，美国学者阿蒂亚和萨默斯将大量非裁判依据的概念统归为"实质性依据"。所谓实质性依据是指说理依据中的"道德的、经济的、政治的、制度的或其他的社会因素"〔1〕，胡云腾大法官则从司法实践的接受程度和表达角度区分为裁判依据和说理依据，其中说理依据具体包含情理、学理和文理等。〔2〕尽管实质性论据的运用会对法官的能力提出更高的要求，但加强实质性依据的说理对于法官发挥能动性进行充分说理，实现裁判文书说理的根本目标具有重要的意义。因此，法官应在实践中创造性地审视、更新并恰当地使用多种裁判依据和裁判理由的论据，〔3〕其中，学说、常识、常理以及类似案件的运用具有特殊的意义。雷磊教授将法律渊源区分为"裁判依据"和"裁判理由"，并认为二者在实践中的区别在于：裁判依据是有效裁判得以作出的规范基础，是"依法裁判"之"法"的载体；而裁判理由是为了提高裁判结论的正当

---

〔1〕 [美] P.S.阿蒂亚、R.S.萨默斯：《英美法中的形式与实质——法律推理、法律理论和法律制度的比较研究》，金敏、陈林林、王笑红等译，中国政法大学出版社2005年版，第5页。

〔2〕 胡云腾大法官将裁判文书的说理依据概括为"五理"，分别是法理、事理、情理、学理和文理。胡云腾：《论裁判文书的说理》，载《法律适用》2009年第3期。

〔3〕 张骐：《释法析理 写出来看》，载《人民法院报》2018年7月1日，第2版。

性和可接受性所运用的其他材料。[1]法官有法律义务按照恰当的裁判依据进行裁判，否则就将违反法定职责。但法官没有法律义务运用特定的裁判理由进行说理，他只会选择自己认为是对的或有说服力的那些理由。因此，裁判依据承载的是裁判的"法律效果"，而裁判理由则承载着裁判的"社会效果"。这种区别也反映在"释法"和"说理"这对用语的区别之中：法官有依法裁判的义务，所以只能解释而不能选择用或不用裁判依据；但他可以自主选择、灵活运用裁判理由来增强判决说服力。[2]

本书同意这种划分标准，但为了更清晰、直观地体现二者性质和作用上的区别，将上述两种法律渊源称之为裁判依据和说理依据。裁判理由和裁判说理依据之间属于不同的论证层次，前者是最终裁判理由，后者对是前者的强化和补强的理由。2024年5月发布的《人民法院案例库建设运行工作规程》（以下简称《工作规程》）第21条明确规定，各级人民法院审理案件时参考入库类似案例的，可以将类似案例的裁判理由、裁判要旨作为本案裁判考量、理由参引，但不作为裁判依据。公诉机关、当事人及其辩护人、诉讼代理人等提交入库案例作为控（诉）辩理由的，人民法院应当在裁判文书说理中予以回应。作为成文法国家，案例在我国并不具有规范性效力，因此上述《工作规程》规定各级人民法院审理案件时参考入库类似案例的，可以将类似案例的裁判理由、裁判要旨作为本案裁判考量、

---

[1] 参见雷磊：《从"看得见的正义"到"说得出的正义"——基于最高人民法院〈关于加强和规范裁判文书释法说理的指导意见〉的解读与反思》，载《法学》2019年第1期。

[2] 雷磊：《重构"法的渊源"范畴》，载《中国社会科学》2021年第6期。

理由参引，但不作为裁判依据。案例不能作为裁判依据是由我国法律传统、诉讼制度以及追求个案实质正义等多种复杂因素共同决定的，但类似案例应当被参引就表明案例实际上可以成为法官的说理依据，从而构成广义上的法律渊源。同时，对于确有特殊情况不宜类似适用的案例应交由审判委员会讨论决定，增加了法官区别适用案例的论证负担，为平等对待和个案请示之间留有必要的空间。这些规定对于加强裁判说理，实现更深层次的类似案件类似审判，保证形式正义与个案正义的平衡提供了制度上的指引与保障。[1]

(二) 案例与具体化说理

在奉行成文法，特别是法教义学传统盛行的国家和地区，司法论证领域的研究和分析主要是以法解释学为进路。因此，人们认为司法裁判并非总是基于形式逻辑，尤其在高级别法院在裁判说理中，解释占据重要的部分和篇幅，此时论证往往就是实质的。在德国，虽然法院的风格原则上是演绎、合法律和权威的，但同时也在很大程度上是对话、实质和论辩的。概而言之，法官的论证风格总是在上述两种极端之间摇摆不定。当它要将制定法适用于具体的案件时，就会表现得演绎、合法律和权威；当它需要解释法律时，遇到的问题越多，就越是对话的、实质的和讨论的。由于高级法院和最高法院的主要任务之一恰恰就是解决法律解释的问题，因此最高法院的风格往往在

---

[1] 笔者在接受《中国妇女报》记者采访时表述过这一观点，参见王春霞：《专家学者、律师及其他公民可推荐参考案例》，载《中国妇女报》2024年5月10日，第2版。

很大程度上是对话、实质或论辩的。[1]而这种解释往往是以具体化的方式呈现的。阿尔尼奥用法律担保的各种类型来区分辩护解释的各种方式：立法准备资料、体系解释、法院判决、教义学见解以及实践理性。[2]在对法律规则进行适用与解释时会出现诸多难题，比如此时的法律规则是否生成一个例外；再如在冲突情况下，相关的规则和原则如何平衡等。疑难案件中法律规则可能包含开放的或含混的一般规范，如"公平合理""合理注意"等。由于立法者不可能预见到所有可能情况，他们常常使用一般的、开放的或含混的词语，至于该规范意味着什么问题，留给法官在具体案件中去确定。[3]在这些情形之下，法律的规定需要通过立法和司法等方式进行具体化。

1. 具体化的含义

所谓具体化（德文：Konkretisierung），是指负有法律解释或法律适用职责的主体，对一般性条款和不确定法律概念的含义做明确、具体阐释的工作，旨在使之能够成为裁判的依据。在法规范能够被适用之前，往往必须先对其进行具体化。[4]具体化的理念起源于公法领域，是为了实现法治国原则所要求的"精确化诫命"（德文：Präzisierungsgebot）而进行的法律论证，

---

[1]　[德]罗伯特·阿列克西、拉尔夫·德莱尔：《德国法中的判例》，高尚译，载《中国应用法学》2018年第2期。

[2]　[荷]伊芙琳·T. 菲特丽丝：《法律论辩导论——司法裁决辩护理论之概览》（原书第2版），武宏志、武晓蓓译，中国政法大学出版社2018年版，第217页。

[3]　[荷]伊芙琳·T. 菲特丽丝：《法律论辩导论——司法裁决辩护理论之概览》（原书第2版），武宏志、武晓蓓译，中国政法大学出版社2018年版，第7~8页。

[4]　[德]托马斯·M. J. 默勒斯：《法学方法论》（第4版），杜志浩译，李昊等校，北京大学出版社2022年版，第756页。

常常作为处理基本权利问题时的原则性方法。[1]由于基本权利无法直接进行涵摄,法官在进行具体化时负有展开义务(德文:Spezifizierungsleistung)[2]。

解释(德文:Auslegung)在传统法教义学中扮演重要角色,主要功能是阐明法律所赖以为基础的言语、价值和原则。然而,概念越是不确定,解释就愈发困难。因为人们可能会妄加解释出一些概念所根木没有包含的意义。不确定性法概念和一般条款由于太过含糊,以至于凭借传统的解释模型已然无法确切地完成工作。因此,在传统解释之外需要再实施进一步的工作步骤就是具体化。[3]法律适用始于对法律规范的理解和获取。法律解释提供了确定法律规范含义的主要方法。然而仅仅依靠解释,哪怕是综合运用多种解释方法,能够保证获得确定的、融贯且一致的法律解决方案吗?答案有时候是确定的,然而大多数时候却未必。譬如,食指是否属于身体的"重要"部分?一场婚姻是否"失败"?订婚者之间的性行为构成"淫乱"?……这里的是否"重要"、是否"失败",此外还有何谓诚实信用、公平、公共利益、重大事由、严重情形、合法利益、可期待性、审慎判断等概念,其含义的外延都需要分析和界定。因此,仅仅寄希望于法律适用者通过法律解释和续造的方法来决定,无法保障法律论证的确定性和一致性。恩吉施将这类概念称为"需要满足

---

[1] BVerfGE 126, 170, 198. "Präzisierungsgebot Untreuetatbestand".

[2] Morlok, in: Gabreil/Gröschner, Subsumtion, 2012, S. 175, 206.

[3] [德]托马斯·M.J.默勒斯:《法学方法论》(第4版),杜志浩译,李昊等校,北京大学出版社2022年版,第413页。

价值的",其规范性容量必须个案地通过评价来实现。[1]

具体化超越了解释学的范畴,是解释之后的第二步。尽管现有的法学方法论教科书鲜有提及,但解释和具体化确实是相对立的,解释是确定规范的内容,而具体化是创造性地充实一些原则性规定。但如果创设出脱离法源的新型法教义学概念或法制度,就属于建构。[2]因此,具体化仍必须在文义范围内进行。正因如此,相比于法律解释,具体化具有一定的独立性,即具体化论证具有独立于法律解释和法律建构之外的独有地位和存在价值。法学方法论要面对的一个重要议题就是如何应对有着大量不确定性法概念的法律。解决这一问题的最主要的方法,通常有解释、具体化和建构三种。赫克、拉伦茨、恩吉施等传统的方法论著作中大多将具体化作为法律解释的环节和必然结果。但是法律解释不足以解决法的安定性问题,这就涉及单纯文义解释的不可行性。德国法学家们在《德国民法典》颁布后就发现了法律漏洞不可避免,赫克更是意识到对法律漏洞进行填补、调适、协调都是极其艰难的工作,其原因就包括解释结果的合理性以及法官似是而非的修改立法的权限。[3]默勒斯教授指出,文义、体系抑或是历史沿袭等论证模型从一开始就并不是总以通过方法上的手段获取正确的结论为目标,相反他们只是用来支持己方立场的修辞讨论。恰如希腊及罗马的修辞学,

---

〔1〕[德]卡尔·恩吉施:《法律思维导论》(修订版),郑永流译,法律出版社2014年版,第130页。

〔2〕[德]托马斯·M. J. 默勒斯:《法学方法论》(第4版),杜志浩译,李昊等校,北京大学出版社2022年版,第414~415页。

〔3〕舒国滢:《菲利普·赫克的法律漏洞填补论与法律(诫命)更正论》,载《上海政法学院学报(法治论丛)》2022年第6期。

本身就意在培养法律人通过正反论据进行论证的能力，各种论证模型都可以被他们对立的模型所反驳，因此依据解释规则从正反两方面论证往往都可以说通。[1]正因如此，默勒斯的方案将解释、具体化与建构化为三种具有递进意义的论证方法。

2. 具体化的价值

具体化的必要性体现在：一方面，这些法律概念的界定需要价值判断，而价值无法通过逻辑推演的方式予以论证。比如在处理人、死亡等描述性概念时可以运用解释，但是在论证何为《德国刑法典》第211条中所谓"卑劣的动机"这一规范性概念[2]时就需要进行具体化。再比如，试问酒店将房间出租给未婚青年男女是否违反了善良风俗？[3]在如今的眼光看，这一问题似乎都没有提问的必要，但是在1975年的司法者眼中，酒店的行为却无疑构成了违反善良风俗。因而，对善良风俗的判断就需要结合时代背景、社会风俗、人们的普遍价值观念，以及当事人的动机和目的进行综合的判断。其中的价值衡量无法通过逻辑推演得出。正如休谟所说，应然无法通过演绎说明。人们常常把正义、正当等价值因素混入"理性"这一概念之中，导致将那些不能宣称具有绝对确定性的命题当成了必然真理或永恒不变的自然规律和道德法则。事实上，它们不是理性，而是约定（conventions）。[4]但这种基于价值判断才能适用的法律

---

[1] [德] 托马斯·M. J. 默勒斯：《法学方法论》（第4版），杜志浩译，李昊等校，北京大学出版社2022年版，第323~324页。

[2] [德] 罗尔夫·旺克：《法律解释》（第6版），蒋毅、季红明译，北京大学出版社2020年版，第77页。

[3] AG Emden, Urt. v. 11. 2. 1975, 5 C 788/74, NJW 1975, 1363f.

[4] [美] 乔治·萨拜因，[美] 托马斯·索尔森修订：《政治学说史》（第4版·下卷），邓正来译，世纪出版集团·上海人民出版社2010年版，第290~291页。

规范,难以通过法律解释来直接适用。另一方面,法律论证要求必须给这些概念一个清晰的界定。这就涉及说理的必要性:法律实践中,审判者自古便负有尊重及考量的义务。由此引申出的说理义务限制了法官对行政以及民众的恣意行为的自由。这一说理义务被写入德国宪法,在《德国基本法》规定为"听审权",要求裁判的说理义务需体现于对事实和法律上各种因素的衡量。唯有如此,相关当事人才能确定他的主张是否得到了充分的尊重。此外,若法院裁判未经充分说理,也会损害《德国基本法》第20条第3款规定的法治国家原则。无论是出于法和法律对司法约束力,还是出于法治国家之原则,裁判结论都必须付诸流畅的说理,这也就要求法官必须使用各种事关法获取的方法。

因此,具体化的一个重要价值就是保障确定性。具体化论证的目标就是提供确定性。历史上曾经有一个时代,法学家认为自己拥有某些方法来解决法律案件以及研究整个现行法,但是这个时代已经远去。因为方法选择的多样性和任意性会导致"法律思想中确定性之丧失"。[1]考夫曼更是指出,法律获取程序不会完全是理性的:一方面,解释性论据不存在理性的排序;另一方面,除了经典四要素论据以外,还存在正义、后果、衡平、日常语言、先例等更多的论据。[2]理论上讲,法官可以随意选择方法来作出裁判,依照大相径庭的动机来进行论证。[3]

---

〔1〕[德]卡尔·恩吉施:《法律思维导论》(修订版),郑永流译,法律出版社2014年版,第130页。

〔2〕[德]阿图尔·考夫曼:《法律获取的程序——一种理性分析》,雷磊译,中国政法大学出版社2015年版,第7页。

〔3〕[德]阿图尔·考夫曼:《法律获取的程序——一种理性分析》,雷磊译,中国政法大学出版社2015年版,第75页。

将法律确定性的希望寄托于法律解释，必然会遭致失望。但是，努力实现法的确定性和安定性又是法治国的必然要求。法律论证不能以得到认识上精准允当的答案为目标，而只能致力于满足于只是"可辩护的"（vertretbaren）或"能够达成同意的"答案。[1]因此，在具体化论证中涉及价值判断时，为了达致一种可辩护的答案，这种价值判断不能仰仗法官个人的抉择，必须循法而得，[2]此处的循法意在强调一种形式理性。在具体化的工作中，法官最重要的是不断探寻事物的本质。无论是选择解释、具体还是建构，确保解决方案能够具有一贯性，就需要探索事物的本质。邓恩伯格指出，所谓事物之本质就是事物所内含的章法。[3]

（三）案例担负具体化之任务

正是因为一般条款和不确定性法概念过于模糊，以至于很难将案件不假思索地涵摄于其范围之内，因此要完成具体化，就要创设一些小前提，[4]这一点主要通过先例实现。对于大多数解释问题，遵循法律的语义就足够了，无须其他解释技艺，可以通过查阅评注或教科书来解决，由于长期的解释传统的存在，某些要素一般在一定特定意义上被加以解释。此时，这种

---

[1] [德]卡尔·拉伦茨：《法学方法论》（全书·第6版），黄家镇译，商务印书馆2020年版，第9页。

[2] [德]托马斯·M.J.默勒斯：《法学方法论》（第4版），杜志浩译，李昊等校，北京大学出版社2022年版，第44页。

[3] [德]托马斯·M.J.默勒斯：《法学方法论》（第4版），杜志浩译，李昊等校，北京大学出版社2022年版，第504页。

[4] [德]托马斯·M.J.默勒斯：《法学方法论》（第4版），杜志浩译，李昊等校，北京大学出版社2022年版，第414页。

通行的解释就如法律一样具有约束力。[1]但只有当一个法律文本可以被分解为能够继续解释的要素时，才可以依据上面描述的方法进行解释。而对于某些条款，并不能以这些方式处理法律文本。此时，需要找出一个法律条款的指导思想，并说明体现该思想最为重要的案件类型[2]在实践中处理法律案件时的做法，后来法院在解决案件时将以先例（更准确地说具有相应管辖权的最高法院的先例）对此所持的意见为基础。[3]此时就通过具体化得到先例，将其约束力作为一种实践性的保障。具体化的工作之所以区别单纯解释或推理，是因为其中包含较大法官自由裁量因素。而伴随具体化而存在的先例机制构成了对具体化结论的一种固定化。正是这种经由先例而对具体化结果的固定，而非具体化论证理由本身，构成了法安定性和法确定性的基础。因此，具体化所保障的确定性，并非从价值判断的角度而言，而是从法官这一法律主体、基于形式性的论辩得出的，最终基于先例为载体得以确定的意义上实现的。

在完善和成熟的法典的国家，以先例为载体的具体化发挥的是类型化和补充的作用。如麦考密克和萨默斯指出，先例在大陆法系发挥作用"尤其发生在法典中含有大量的一般条款需要通过司法裁决予以具体化的情况"。[4]若不能直接从法律或已

---

　　[1] [德]罗尔夫·旺克：《法律解释》（第6版），蒋毅、季红明译，北京大学出版社2020年版，第62~63页。

　　[2] [德]罗尔夫·旺克：《法律解释》（第6版），蒋毅、季红明译，北京大学出版社2020年版，第87~88页。

　　[3] [德]罗尔夫·旺克：《法律解释》（第6版），蒋毅、季红明译，北京大学出版社2020年版，第65页。

　　[4] Neil MacCormick & Robert S. Summers eds., *Interpreting Precedents: A Comparative Study*, Dartmouth Publishing Company Limited, 1997, p.24.

有的先例中为争议的法律问题找到答案，寻求法的解决方案势必会成为一项艰辛的工作。[1]在中国，如果不进一步建立和完善先例制度，那么由于对一般条款和不确定性法概念的适用和说理将成为实践中巨大的困难，势必影响裁判说理的效果。因此，在具体化论证的帮助下，经由先例将这种法律见解固定下来，能够做到"足够的弹性"又"足够的具体"。[2]

在中国的司法实践中，对于不确定法概念的裁判给法官提出很多难题，也为司法统一带来冲击。典型的例子如刑法中"重婚罪"的认定，以及民法中对可撤销婚姻中"重大疾病"的判断标准。假如对于法律规范只存在一种解释，当然可以得到一致的司法裁判；但实际上，针对这些不确定法律概念，如果没有具体化的过程，法官单纯根据文义、目的或体系都可以做出不同解释。宪法在中国不具有直接司法适用的制度基础，因此本文以民法和刑法为例，试图说明具体化在中国司法实践中也具有很大的适用空间，应当作为一种实践性的要求。

1. 民法中的"重大疾病"

以《民法典》第1052~1054条规定的"可撤销的婚姻"为例，其中《民法典》第1053条规定："一方患有重大疾病的，应当在结婚登记前如实告知另一方；不如实告知的，另一方可以向人民法院请求撤销婚姻。请求撤销婚姻的，应当自知道或者应当知道撤销事由之日起一年内提出。"如果仅做文义理解，那么很多疾病，如各类癌症、心脏病，乃至新冠肺炎的重症患

---

[1] [德] 托马斯·M.J.默勒斯：《法学方法论》（第4版），杜志浩译，李昊等校，北京大学出版社2022年版，"中文版前言"第1页。
[2] [德] 托马斯·M.J.默勒斯：《法学方法论》（第4版），杜志浩译，李昊等校，北京大学出版社2022年版，第467页。

者无疑都属于重大疾病；但是司法实践中，很多法官在裁判此类案件时认为对于重大疾病的解释，需要借助此前的法律规定做体系或目的解释。因为先行《民法典》条款来源于2001年修改的《婚姻法》（已废止），当时我国已有《母婴保健法》。按照1994年《母婴保健法》（已被修改）规定，婚前医学检查包括"严重遗传性疾病""指定传染病""有关精神病"三类疾病的检查。[1]因此，有法官主张《民法典》第1053条中所谓"重大疾病"，仅指由于遗传因素先天形成，患者全部或者部分丧失自主能力，后代再现风险高，医学上认为不宜生育的遗传性疾病。其中，"指定传染病"是指传染病防治法规定的艾滋病、淋病、梅毒以及医学上认为影响结婚和生育的其他传染病。"有关精神病"是指精神分裂症、狂躁抑郁型精神病以及其他重性精神病。《母婴保健法》规定了婚检项目，但并未确定禁婚疾病。2001年修改《婚姻法》时研究认为，随着科学技术的发展，许多医学上认为不宜结婚的疾病会随之治愈，同时还会发现新的不宜结婚的疾病。因此婚姻法不宜明确规定哪种疾病是医学上认为不宜结婚的疾病。实际生活中，哪些是医学上认为不宜结婚的疾病，可由行政法规或有关部门具体规定。所以2001年《婚姻法》没有再列举疾病名称，只是规定了"医学上认为不应当结婚的疾病"作为禁止结婚的条件。部分法官认为，对于民法典的解释应当沿用此前《婚姻法》的司法实践，也即如果婚前患有"医学上认为不应当结婚的疾病"，结婚后则可能传染给对方，或者传染、遗传给下一代，不利于家庭的和睦、幸福，才负有告知义务，并且对方有权请求撤销婚姻。

---

[1] 作者与上海一中院高级法官座谈时了解到。

但是这种认识可能只存在于部分具有较高资历和判案经验的法官之中,对于部分不了解立法历史沿革的新近法律从业者,无论是从文义解释还是体系解释,都无法得到上述结论。此时借助先例的具体化就具有重要的制度意义和优势:通过具体化论证,对"重大疾病"的含义进行廓清,同时借助先例的事实约束力,将这种法律认识扩展为一种法律共同体的共识。

2. 刑法中的"结婚"

《刑法》第258条关于"重婚罪"的规定:"有配偶而重婚的,或者明知他人有配偶而与之结婚的,处二年以下有期徒刑或者拘役。"在日常生活中,结婚既有领取结婚证,又有举办结婚仪式的意思,在中国的语境下还包括"以夫妻名义共同生活"。刑法的规定中并没有对"结婚"的含义做具体阐释,因此在判断具体案件是否构成重婚罪时,对于结婚含义和标准的把握,就影响了裁判结果,这也使得重婚罪成为中国刑事法官认识分歧较大的罪名之一。

在中国,在适用中需要做具体化论证的法律概念以及一般性条款很多,但是法官对自己究竟如何理解这些条款往往不想做更深层次的阐释。出现这一情况的原因有很多,有出于对职业风险的评估,也有"越说越错"的隐忧,更有节省时间精力的考虑。其表现为:一是不做法规范解释,即缺少涵摄中的定义环节;二是很少细致的事实分析,比如不呈现证据,缺少事实环节。双重原因导致涵摄无法进行。对比在德国,在适用法律时详尽阐释自己的理解似乎成为法律文化的一部分,在法律共同体的观念中根深蒂固。

当萨维尼的四种经典论证模型无法导向明确结论时,应当展现、厘清、选择并权衡各种不同的目标及价值理念。此时，借助先例积累以及案例对比法，诉诸已有的先例能够发挥一定作用。[1]具体化的论证需要搭载先例和先例规则，方能起到辐射后案的功能。德国刑法判例由此起到了对法律解释和法律创设的实质化、具体化、结构化和区分化功用。[2]具体化功能对于《德国基本法》中罪刑法定原则是一种功能上的补充，使得刑法能够满足精确化的诫命，其中既包括不确定的法律概念，也包括了概括性条款。[3]

具体化是一种论证方法，但是保障具体化能够最后形成一致法律共识的，是其背后的先例制度。随着法律规范法典化的程度越来越高，法律需要管制各种政治与社会任务，具体化论证可以扮演桥接抽象法律规范与具体法律个案的角色。在成文法国家，通过先例的具体化论证，能够为迄今为止尚未被解决的问题找寻新的、同时又符合体系的解决方案。其优势有二：第一，在效率层面，由于具有规定效力，因此当法官在具体案件中动用法原则以及对概念或类似构成要件加以具体化或建构时，能够减轻法官的论证负担。化繁为简。第二，从形式正义角度，能够促进法适用的平等性，找到对各方相对公正的解决方案。而提交义务（德文：Vorlagenpflicht）就很好地综合了法的安定性和效率双重价值。"认为先例只是纯粹的认知渊源而弃

---

〔1〕 [德] 托马斯·M.J.默勒斯：《法学方法论》（第4版），杜志浩译，李昊等校，北京大学出版社2022年版，第790页。

〔2〕 杜宇：《基于类型思维的刑法解释的实践功能》，载《中外法学》2016年第5期。

〔3〕 [德] 卡尔·恩吉施：《法律思维导论》，郑永流译，法律出版社2004年版，第134~136页。

之不顾的行为，等于忽略了它的重要价值。"[1]

(四) 具体化中的价值判断

当今社会的主要难题已经不再是处理规范性内容的正确性，而是对复杂性的把握，在法律实践中往往表现为价值判断和选取的问题。实际上，无论是一般原则还是不确定法律概念，对其进行阐释不仅需要熟练掌握法律的多种解释方法、准确把握公众的价值观和价值偏好，还要巧妙处理立法与司法关系以及法律解释的边界问题，这些困难都给法官的工作带来极大的挑战，这也使得具体化论证实际上成为经常被法官所忽视的环节。正是因为这种困难的存在，在民事裁判中诸如民法的基本原则"善良风俗"，要么无法作为裁判的依据直接适用，仅仅将之作为一种辅助的修辞；要么在适用时引发巨大争议。将具体化作为一种实践性的要求，意味着贯彻裁判说理的要求。实现"让人民群众在每一个司法案件中感受到公平正义"，前提就是裁判的案件需要有详尽的论证说理过程。如果在司法过程中面对不确定法概念和一般性条款，跳过解释和具体化过程，直接模糊适用，属于未尽到说理义务，违背法治国家的原则。将具体化纳入法官说理义务之中，作为一种实践性的要求，不仅有利于在个案中释法析理，而且有助于实现法的安定性，真正做到类似案件类似审判。

维特根斯坦指出，脱离使用的语境而探寻文义是不可能实现的事。需要将历史、体系和目的等多个角度一并纳入考虑。法官在适用时既要考虑其法内含义，又要兼顾其法律功能的彰

---

[1] [德] 托马斯·M.J.默勒斯：《法学方法论》(第4版)，杜志浩译，李昊等校，北京大学出版社2022年版，第131~132页。

显，因此在适用一般性条款和不确定法律概念时，需要借助具体化论证，一方面增强自己说理的强度，实现定分止争的目标；另一方面能够增加共同体对某一问题的法律共识，更好实现类似案件类似审判。

1. 法律中的基本原则或一般条款

一般性条款在法律中的功能主要有授权、造法、弹性、接受。只有一定程度的开放性立法才能更好地实现这些功能，因此会通过一般性条款将这些情况涵盖进来。

民法领域需要对一国内全部私主体之间方方面面的法律关系进行规制。尽管大陆法系国家几乎都颁布了制定完备、体系性良好的民法典，但是相对于社会生活的变幻多端，法律的规定很难包罗万象。为了避免挂一漏万的问题，民法中存在着大量的一般条款，而这些条款在适用的过程中需要通过司法裁决予以具体化。[1]比较突出的例子主要是对民法中善良风俗、不正当竞争以及私法自治原则的具体化，详言之：

第一，善良风俗原则。默勒斯多次援引了《德国民法典》第138条、第826条"违背善良风俗"原则来说明具体化在实践中的意义。对于何谓善良风俗，每个人的理解都受制于个人的价值观、社会认知程度。如果单纯依靠法官基于对不同解释准据的选择，那么可能会得出迥然不同的结论。典型的例子是前文德国法院将酒店把房间租给未婚情侣解释为一种违背善良风俗的行为；再如第三帝国时期，帝国法院把《德国民法典》第138条的善良风俗和纳粹所主张的"国民情感"画上等号，而后者又被解释为

---

[1] Neil MacCormick & Robert S. Summers eds., *Interpreting Precedents: A Comparative Study*, Dartmouth Publishing Company Limited, 1997, p. 24.

是"国家民族社会主义的世界观"[1]，判断是否违反善良风俗，不仅需要对法律的理解，还需要辅之以价值判断，也即可能会采取法外标准。在《德国民法典》中。诸如"善良风俗"这类抽象性和概括性极强的词语还有很多，比如诚实信用原则等，其立法背景在于《德国民法典》在1896年颁布时正值德国国内经济发展迅速的年代，运用善良风俗、诚实信用等原则性条款可以发挥法官的自由裁量，而无需等待立法才能获得救济。[2]

第二，反不正当竞争原则。商业主体有依照自己意愿和能力从事商业行为的相当大的自主权，问题在于以什么手段，达到什么程度的商业竞争会构成"不正当"的竞争？德国立法者曾经试图用穷尽所有情况的立法方式进行罗列。带来的问题就是1896年版本的《反不正当竞争法》因充斥具体规范而不断被修正，因为竞争的手段和方式会随着时代发展不断升级。所以1909年《反不正当竞争法》（已废止）第1条通过一则宽泛的条款予以表述："对于在商业活动中为竞争目的从事违反善良风俗活动者，可向其提起停止侵害及损害赔偿请求权。"从而用概括性的表述方式试图涵盖所有的不正当竞争行为。此时的一般性条款就发挥了授权的功能，授予司法机构以同等广泛地创制具体法律的权力：当制定法所规定的某行为的结果可归入不正当竞争时，具体判断哪些行为应被禁止的任务就被留予法院。[3]实践中，由民法中抽象的法律规定出发，法官群体在司法实践中

---

[1] RG, Urt. v. 13.3.1936, V 185/35, RGZ 150, 1, 4.
[2] [美] H. W. 埃尔曼：《比较法律文化》，贺卫方、高鸿钧译，清华大学出版社2002年版，第181~182页。
[3] [美] H. W. 埃尔曼：《比较法律文化》，贺卫方、高鸿钧译，清华大学出版社2002年版，第181~182页。

总结出了相对健全的反不正当竞争法制度。而实践中的这种法律认知的形成过程，实际上就是具体化的工作。

第三，私法自治原则。私法自治是民法中的基本原则，该原则的真正落地是以其具体化为前提的。通过司法实践的具体化，私法自治原则又进一步分解为两个部分：一是通过归纳的方式进行正面论证，确认私法自治的含义。比如私法自治包括合同自由、所有权自由、婚姻自由和遗产自由，其中合同自由又包括缔约自由、选择相对人的自由、合同内容自由等。[1]这些都是通过司法的具体化加以明确。二是通过具体化的方式进行反面论证，明确合同自由的边界。比如确定强制缔约原则，药店不得拒绝正常的购买，因为它负有社会义务；再如电影发行方和电影院不能禁止剧评人进影院观影等，[2]都是通过具体化的司法裁判而对合同自由边界的确立。具体化就将合同自由这一极为抽象的概念给予了明确的含义。

默勒斯教授指出，法原则对法制度的具体化和确立需要三个环节：

  第一步，通过归纳法确立法原则。
  第二步，演绎方式自我决定，实现法制度精确化。
  第三步，求助正义等法概念对法制度各项条件予以精确化。[3]

---

〔1〕［德］托马斯·M.J.默勒斯：《法学方法论》（第4版），杜志浩译，李昊等校，北京大学出版社2022年版，第498~499页。

〔2〕［德］托马斯·M.J.默勒斯：《法学方法论》（第4版），杜志浩译，李昊等校，北京大学出版社2022年版，第502页。

〔3〕［德］托马斯·M.J.默勒斯：《法学方法论》（第4版），杜志浩译，李昊等校，北京大学出版社2022年版，第516页。

默勒斯教授的上述具体化论证中，除了通过传统的归纳法和演绎法，求助于价值仍然是必要的环节。在对一般性条款进行具体化论证时，德国法院将具体化作为一种宪政的实践（法治国的要求），是在结合多种法律论证方法进行说理的过程。譬如在判断"情妇遗嘱"是否违反《德国民法典》第138条第1款的善良风俗时，需要对法律行为作出一个整体性评价，"综合考察内容、动机和目的而得出的客观及主观层面的整体特征"。[1]对比"泸州二奶案"中的中国法官在对情妇遗嘱是否违反善良风俗的说理中，法官直接适用了《民法通则》（已废止）中的善良风俗原则，进行裁判，却缺少对善良风俗，乃至社会道德的含义的具体化论证，因此其裁判的说理和结论都缺乏说服力，法官个人也承担较大的职业风险。事实上，更多的情况是大多数中国法官在裁判中提及"善良风俗"时，主要是将之作为一种修辞，是对其他违法行为的补充论证，例如在张某海案中，被告出于泄私愤而对他人死者骨灰的侵犯[2]，法官在论证中虽然使用了"违反善良风俗"的概念，但只是作为对论证张某海是否犯有盗窃骨灰罪进行论述中的一种补强论证。缺少具体化论证将极大影响一般性条款的适用。

以罪刑法定为原则的刑法，即便对于法官的法律续造做出最为严格的限制，但由于情境化因素无可回避，因为刑法规范作为一种法语言，对概念的理解必须以刑法的目的为基础。[3]

---

[1] [德]托马斯·M. J. 默勒斯：《法学方法论》（第4版），杜志浩译，李昊等校，北京大学出版社2022年版，第462页。

[2] 辽宁省大连市金州区人民法院刑事判决书（2021）辽0213刑初385号。

[3] 孙万怀：《判例的类比要素：情景、中项与等值——以刑事裁判为视角》，载《中外法学》2020年第6期。

因此，在立法和司法的很多环节必然需要具体化。譬如对醉驾的理解直接影响到定罪量刑。不同主体、不同时期就会有不同的理解。浙江省高级人民法院、浙江省人民检察院、浙江省公安厅《关于办理"醉驾"案件若干问题的会议纪要》中明确，对于醉酒在广场、公众停车场等公众通行的场所挪动车位的，或者由他人驾驶至居民小区门口后接替驾驶进入居民小区的，或者驾驶出公共停车场、居民小区后即交由他人驾驶的，不属于《刑法》第133条之一规定的"在道路上醉酒驾驶机动车"。这实际上就是对之前从严理解的一种从宽解释。因此法律适用不能脱离解释，而寻求情景特定化的思路，是沟通成为可能的必要进路。再如德国的《反营业法》，原则上基督教国家应当在星期天不从事营业活动。但是实践中需要应对各种具体问题，因此反营业法在规定了周末禁止营业的原则性条款后，规定了上百条例外。这也是基于情境化因素而进行的一种积极的沟通。

2. 宪法基本权利之具体化：依赖建构意义上的衡量

宪法领域有其特殊性，其中的基本权利被理解为公民固有的、凌驾于国家之上、源出于自然法的。德国克黑勒教授指出，在宪法中存在法律漏洞已经不是例外，而是常态。[1]在卢曼的系统论视角下，国家作为社会系统中的政治子系统，会趋于超越自身的界限闯入其他子系统，从而对社会分化造成威胁。因此卢曼对基本权利的制度化的意义就在于对这种风险的防范。三种由基本权利保护的子系统分别是：第一种是自由和尊严，为每个个体创立一定的活动空间，保障人作为个体可以进行社

---

[1] Kriele, ZRP 2008, 51, 53.

会自我表现[1]，也即构建了一个个人系统，并使之稳定化。第二种是信仰自由、言论自由、集会和结社自由，使设立作为相对自治的社会子系统的各种社团成为可能，并保护其免受政治系统超强权力的干扰和侵害。第三种是职业自由和所有权保护。随着法律规范法典化的程度越来越高，法律需要管制各种政治与社会任务，法释义学也越来越被期待扮演桥接抽象法律规范与具体法律个案的关键角色。[2]由此，具体化成为宪法领域司法裁判的重要手段和桥梁。

在奉行实用主义的美国，法律人群体会认为在联邦最高法院上诉审中仅仅通过法条主义的决策材料无法得出可接受的答案，此时就出现了开放领域。但司法的职责要求法官作出决定，法官不得不相当多地依赖其他非法律的材料和信息，包括个人的政治看法、政策判断乃至个人特性。其结果是，法官的决策不仅不符合法条主义的模式，而且司法判决中还充满着政治以及其他在开放领域的被迫"偶尔立法"。在美国，有些时候人们就会指责法官的决定反映了对政党或政党纲领的忠诚，或对政党或党纲都无关的某种政治意识形态的认同。[3]

德国宪法教义学旨在建立以"彻底告别纳粹统治黑暗历史"为职志的基本法秩序。[4]因此，并不仅止于表现在如何针对个

---

[1] Grundrechte als Institution, S. 53.
[2] 黄舒芃：《什么是法释义学？：以二次战后德国宪法释义学的发展为借镜》，台大出版中心2020年版，第12~13页。
[3] [美]理查德·波斯纳：《法官如何思考》，苏力译，北京大学出版社2009年版，"代译序"第4页。
[4] 黄舒芃：《什么是法释义学？：以二次战后德国宪法释义学的发展为借镜》，台大出版中心2020年版，第27页。

别基本法条文进行解释，而毋宁更是表现在如何透过一种体系性的思考和诠释，让基本法秩序所立基的世界观，与所彰显的基本原则，能够在个别宪法规范的通案解释与个案适用过程中，获得彻底而一贯的实践。[1]宪法规范的具体化是从宪法规范本身的意旨出发，来推论宪法规范的具体内涵，并以合乎宪法规范意旨的方式来解释与适用宪法规范。[2]《德国基本法》中关于基本权利以及其他宪法性原则的部分极为模糊，比如婚姻法是否违反《德国基本法》第2条第1款规定、是否应当公开联邦议员的副业收入、是否可以使用计算机投票、有最严的最低收入应为多少，势必要诉诸大量的中间步骤，才能完成相应的说明。[3]因此，法官的具体化论证，并且将之以先例的形式固定在法实践中，就成为宪法实践的主要做法。具体化因而成为一种超越解释范畴、需要完成额外"展开义务"的工作。[4]此时经典法解释虽然重要，但是真正发挥作用的往往是创造性的展开与论证。在宪法的具体化论证中，需要通过建构意义上的衡量来实现对具体每个基本原则的含义进行进一步明确。

再如，德国联邦宪法法院在判决中对《德国基本法》第5条第1款第2句的"广播"一词的具体化论证在于："对于广播概念，无法给出一劳永逸的定义，宪法概念的内容和范围也取

---

[1] 黄舒芃：《什么是法释义学？：以二次战后德国宪法释义学的发展为借镜》，台大出版中心2020年版，第31页。

[2] 黄舒芃：《什么是法释义学？：以二次战后德国宪法释义学的发展为借镜》，台大出版中心2020年版，第105页。

[3] [德]托马斯·M.J.默勒斯：《法学方法论》（第4版），杜志浩译，李昊等校，北京大学出版社2022年版，第778~779页。

[4] [德]托马斯·M.J.默勒斯：《法学方法论》（第4版），杜志浩译，李昊等校，北京大学出版社2022年版，第527页。

决于其规范领域;随着这一领域的变化,其意义也会发生变迁。广播的概念如此。如果还希望'广播自由'在变迁的未来继续发挥其规范效力,那么仍拘泥于旧时代的技术、将基本权利的保护限于与此类技术相关的案件事实,并因此使基本权利的保护落空则很难谓恰当之做法。"[1]由此,在宪法领域,由于关于基本权利以及其他宪法性原则的规定相对宽泛和模糊,需要借助具体化来完成解释会展开的工作,因而先例在宪法中扮演着决定性的作用。这一角色又有一个特别的特征,因为联邦宪法法院先例规定了联邦宪法法院的判决具有约束力,并且在一些情况下被给予了与制定法同等的地位[2]。由于具有高度抽象性,运用法律原则并进行论证在方法上是非常困难的事情。

另外两个对基本权利进行价值化诠释的例子:在1958年的吕特案(Lüth)[3]中,涉及对《德国基本法》中言论自由的认定和保护。在该案对于言论自由的认定和保护的过程中可以看出,尽管基本权利理论上应当被理解为一种客观价值,但对基本权利的解释并不能流任于任意甚至恣意,而毋宁必须紧扣着基本法捍卫人性尊严、保护自由这些基本价值决定,[4]从而以支持人性尊严与人格自由发展为中心的价值体系。而在另一则涉及职业自由和执行职业自由的药物案中,宪法法院需要在裁判中回应国家究竟在多大程度保障职业的自由,又容许多少限

---

[1] BVerfG, Beschl. v. 24.3.1987.

[2] Neil MacCormick & Robert S. Summers eds., *Interpreting Precedents: A Comparative Study*, Dartmouth Publishing Company Limited, 1997, p.25. 联邦普通最高法院民事大审判庭曾集中讨论过法官造法的要求,参见BGHZ 85, 64 (67f)。

[3] BVerfGE 6, 32 (40f).

[4] 黄舒芃:《什么是法释义学?:以二次战后德国宪法释义学的发展为借镜》,台大出版中心2020年版,第61页。

制,以及立法目的与手段之间是否符合比例关系。[1]因此,黄舒芃指出法学方法论从来都不是一种抽象、与社会脱节、无法与时俱进的说文解字。以具体化为代表的法律论证方式的发展,恰恰是为了因应社会变迁,有效解决实际政治和社会生活中遭遇的各种实际问题。[2]从德国宪法学界备受瞩目的吕特案、药物案、骑手案,到联邦宪法法院先后多次改变自己认识的德国十字架案等,德国宪法法院正是借助这些案件的裁判,实现对德国基本法中各项基本权利之保护范围、侵害、正当化以及限制之限制的界定。对于宪法一般性条款进行具体化的过程中,最为困难的就是对宪法解释所阐释的价值观进行衡量:如何在价值衡量的过程中符合公众的期待,并且在宪法体系中找到确切的根据。因此,"对于开放性规范而言,要窥知其精神,尚需依据其自身所蕴含的体系性以及其在整个宪法框架中的位置和价值所表现出来的意义关联。要揭示这种意义关联,需要衡量该规范制定之初的宪法史背景,并参考最高宪法法院对其一贯的应对方法"。[3]

3. 不确定法律概念

不确定性法概念是指法律概念的内容和范围并不十分确切。事实上大多数法律概念至少是部分的不确定,无论是已被法律所接受采纳的自然概念,如"危险""物",还是那些原

---

[1] 黄舒芃:《什么是法释义学?:以二次战后德国宪法释义学的发展为借镜》,台大出版中心2020年版,第63~64页。

[2] 黄舒芃:《什么是法释义学?:以二次战后德国宪法释义学的发展为借镜》,台大出版中心2020年版,第5页。

[3] BVerfG, Urt. v. 16. 2. 1983, 2 BvE 1/83 u. a., BVerfGE 62, 1, 38 f. -Bundestagsauflösung I.

本的法律概念，如违法、犯罪等。[1]赫克提出概念由概念核心和概念晕组成，概念核心易于认识，但尚需借助方法上的辅助手段予以探明或明确。不确定性法概念分为三类情况：第一类是概念之不确定性取决于不同的案件事实，比如是否属于"不必要"的噪声，是否属于"可避免"的废气污染，需要结合具体的语境和案情来判断。第二类是将案件事实的评判辅助价值标准的概念，比如当事人是否存在"卑劣的动机"。第三类是法律要求在平均水平之上确定某个门槛标准的概念，比如立法中经常出现的"重大""明显的不合比例""合比例"等概念。

法律中大量运用不确定法律概念，其原因在于立法者在运用这些法律术语时是想要表达一定的法律价值，但是从立法技术很难找到恰当的能够量化表达的语言。随着时代的研究和司法实践的向前发展，法律的理解与适用也不断变化。比如联邦最高法院在网球场判决中对"消极入侵"（negative Immisionen）[2]的理解和认定，就具有时代特色。该案的核心焦点在于，休闲活动产生的噪声是否构成对住户的一种消极入侵，具体而言，体育锻炼带来的噪声是否对邻居构成一种消极入侵？[3]这些问题在不同时期，受到所有权、个人自由权等不同权利保护理论所左右。

有观点主张，运动的噪声与其他噪声一样恼人，一方面运动噪声属于典型的"休闲噪声"（德文：Freizeitlärm），通常在

---

[1] ［德］卡尔·恩吉施：《法律思维导论》（修订版），郑永流译，法律出版社2014年版，第133页。

[2] BGHZ 88, 344 („negativ" Immissionen); NJW 1985, 2823 („sittliche Immissionen").

[3] 参见"网球场判决"(„Tennisplatzurteil"), NJW 1983, 751.

休息时间产生；另一方面运动噪声总是伴随着特别突出的喊叫声和杂音（德文：Geräusche），比如在网球比赛中不规律的、出人意料的效果，比如球拍击球声、尖叫声等。持这种观点的法律依据是联邦最高法院在其他判决中对何为"噪声"（德文：Lärm）现象的态度转变[1]。因为当并不存在令各方都能接受的制造噪声的必要性时，由于消除噪声的难度较大，因此噪声源应当自始就尽量做到最小。[2]体育运动带来的健康这一价值并不能证成此处制造噪声的必要性，因为体育运动并不必然与噪声相关联（有不产生噪声的其他锻炼方式可供替代），而且也不能以牺牲他人健康（影响他人休息）作为获取自己健康的代价。[3]在由噪声导致的对所有权的侵害中，表面上涉及的是对物权的侵害，或者如《德国民法典》第906条第1款所说，对不动产使用权的侵害；但实际上是对所有权人的健康，对身体的完整性（korperliche Intergritaet）的侵害。[4]受价值判断的影响，联邦最高法院改变了在"BGHZ 49, 148"和"BGHZ 54, 384"中提出了对不动产保护的新的理解。而这种理解就是对"噪声"这一概念的具体化。因此，对法律规范与案件事实的对应工作只能由法官进行。因而为了保证法的安定性和确定性，法官的具体化论证对当前案件和后来的裁判具有重要意义。正如卢埃林指出："为了使任何一个一般性命题——无论是法律规

---

[1] BGHZ 64, 220 (223ff).

[2] Othmar Jaauernig, Zum zivilrechtlichen Schutz des Grundeigentums in der neueren Rechtsentwicklung, Richterliche Rechtsfortbildung, Erscheinungsformen, Auftrag und Grenzen, Festschrift der Juristischen Fakultät zur 600-Jahr-Feier der Ruprecht-Karls-Universität Heidelberg, C. H. Müller, Heidelberg 1986, S. 104.

[3] BGHZ 64, 220 (223ff).

[4] RGZ 76, 130 (131).

则，还是其他规则——具有意义，具体的例证、具体例证的积累，当前对诸多具体例证的鲜活记忆，是必不可少的。如果没有具体的例证，一般性命题会成为阻止前进的累赘、障碍和废物。"[1]

---

〔1〕 [美]卢埃林:《荆棘丛——关于法律与法学院的经典演讲》，明辉译，北京大学出版社2017年版，第4~5页。

第三章
说理依据的运用

裁判依据与说理依据存在性质上的根本区别，因此在加强裁判说理，增强论证强度的努力进程中，将更多要素纳入说理的依据是重要的手段和方式。案例是其中重要的组成部分。本章试图对英国、美国、德国、以色列、日本等国家的判决书进行比较分析，呈现出多样性裁判说理的普遍趋势，以及类似案例在其中的作用机制和多种可能性。

一、说理依据的多样化探索

法律是司法裁判的依据，即裁判依据。但法不仅包括制定法，还涵盖自然法、法原则以及不成文法。实践中大量超越涵摄的标准和论据进入到方法论中，法律以外的先例、习惯、学说等为裁判提供了质料，[1]扮演了认识渊源的角色。譬如法官资源参照的国外法院的判决、示范性法律、法学学术文献。这些说理的资源常常构成说理依据，从性质上讲，这些说理依据只是社会学意义上的法源，帮助法官恰当地认知法律，自身并不产生约

---

[1] 雷磊：《习惯作为法源？——以〈民法总则〉第10条为出发点》，载《环球法律评论》2019年第4期。

束力。[1]但从法的安定性和效率出发,"认为判例只是纯粹的认知渊源而弃之不顾的行为,等于忽略了它的重要价值"。[2]

　　裁判进行说理的目的是增加裁判的可接受度,其实质是说服和取得共识。承认说理来源的广泛性和说理方式的多样性,允许法律文本以外说理依据的运用,本质是鼓励法官在论证过程中记载和说明真实想法。向当事人和其他法律共同体解释法律推理的理由,能更好地满足说理的需要,也是赋予法官职业尊荣的表现。因此,裁判说理的"可接受度"属于论证法续造合理性的一个标准,因此,通说、外国先例都可以为了实现裁判的可接受度、取得共识的可能,从而确保法之安定性。[3]正因如此,有别于裁判依据,裁判文书的说理来源应当具有广泛性、多渠道的特点。说理依据,也即裁判文书说理的基本素材应当是事实、法律和法理,此外还应以案例、情理为重要补充。[4]

　　《释法说理的指导意见》第13条规定,除依据法律法规、司法解释的规定外,法官可以运用下列论据论证裁判理由,以提高裁判结论的正当性和可接受性,具体包括:

　　(1) 最高人民法院发布的指导性案例。
　　(2) 最高人民法院发布的非司法解释类审判业务规范

---

〔1〕[德]托马斯·M.J.默勒斯:《法学方法论》(第4版),杜志浩译,李昊等校,北京大学出版社2022年版,第65页。

〔2〕[德]托马斯·M.J.默勒斯:《法学方法论》(第4版),杜志浩译,李昊等校,北京大学出版社2022年版,第131~132页。

〔3〕[德]托马斯·M.J.默勒斯:《法学方法论》(第4版),杜志浩译,李昊等校,北京大学出版社2022年版,第294页。

〔4〕唐文:《法官判案如何讲理——裁判文书说理研究与应用》,人民法院出版社2000年版,第18~19页。

性文件。

(3) 公理、情理、经验法则、交易惯例、民间规约、职业伦理。

(4) 立法说明等立法材料。

(5) 采取历史、体系、比较等法律解释方法时使用的材料。

(6) 法理及通行学术观点。

(7) 与法律、司法解释等规范性法律文件不相冲突的其他论据。

《释法说理的指导意见》明确将裁判文书的说理依据("论据")进行了扩张,实际上,法官在审理案件、作出法律论证的过程中本身就在运用包括常识、法理在内的一系列论据,允许在裁判文书中运用这些论据,对于推动说理的"真实说理"起到了基础性的作用。张骐教授指出我国已经进入新时期,社会的主要矛盾已经发生变化,需要法官在实践中创造性地审视、更新并恰当地使用多种裁判依据和裁判理由的论据,作出对得起人民、经得起历史检验的司法裁判。[1]作为认知渊源或说理依据的论据中,下述几类说理依据在各国司法实践中运用较多:

(一) 法理

法理,即法律通常之原理,如历来办案之成例及法律一般原理、原则。[2]法谚曰:法律是"理"与"力"的结合。有

---

[1] 张骐:《释法析理 写出来看》,载《人民法院报》2018年7月1日,第2版。
[2] 胡长清:《中国民法总论》,中国政法大学出版社1997年版,第33页。

"理"无"力"乃道德；有"力"无"理"乃强权政治。[1]在司法裁判的说理过程中，理可以理解为法理分析，力则主要是指法律规范效力。法理即由法律根本精神演绎而得之法律一般原则。《德国民法典》第一草案称法理为"由法律精神所得之原则"；意大利民法称法理为"法的一极原则"；奥地利民法称为"自然的法原理"；日本民法称为条理。[2]

在裁判说理中，法理常被作为补充法源使用。[3]在裁判文书中进行法理分析具有现实必要性：一方面，法理分析是弥补成文法局限性的有效手段，"法律……带有一定程度上的预测性质。社会的复杂性和多变性，使得立法者既不可能制定出包罗万象的法律，也不可能使法律成为适应千变万化的万能法"。[4]另一方面，说理是定分止争的主要途径，而通过法理分析是实现这一目标，同时树立法官良好形象的必经途径。

(二) 案例

除法理之外，案例以其重要的规范性和实效功能，被认为是说理依据的主要组成部分。即便在普通法内部，学界关于法官造法一样抱有忧虑，奥斯丁在其《法理学演讲录》中指出："每个法官法的制度中都包含着一个相当模糊和不一致的制度中的所有弊端……因为法官法的内容对社会大部分人来说几乎是

---

〔1〕 陈界融：《论判决书内容中的法理分析》，载《法学》1998年第5期。
〔2〕 唐文：《法官判案如何讲理——裁判文书说理研究与应用》，人民法院出版社2000年版，第224页。
〔3〕 杨立新：《论法理作为民事审判之补充法源——以如何创造伟大判决为视角》，载《中国法律评论》2022年第4期。
〔4〕 唐文：《法官判案如何讲理——裁判文书说理研究与应用》，人民法院出版社2000年版，第224~225页。

未知的，但他们却必须调整自己的行为使其符合它所包含的规则或原则。"尽管如此，法官造法仍然具有重要的意义，因为"经过上诉中的严肃辩论和审议，法官法的制定可能会像任何成文法一样，富有谨慎和远见"。[1]

在成文法国家，案例愈发受到重视的根本原因在于裁判是一种实践理性的体现。其基本逻辑是：法律商谈决定了实践理性的必然，实践理性决定了自由裁量权的合理，自由裁量权的合理需要通过先例来体现，先例要体现规则的稳定性和目的性，因此先例必须得到尊重。[2]为统一法律适用和裁判尺度，最高人民法院所发布《关于建立法律适用分歧解决机制的实施办法》（以下简称《分歧解决机制的实施办法》）和《关于统一法律适用加强类案检索的指导意见（试行）》（以下简称《类案检索意见》）等指导性文件都致力于在实践中精准、高效地运用司法类案，从而提高裁判的可接受性，最终实现司法责任制目标才是推行类案检索机制的根本要义和最终目标。参考类案作出裁判的直接目的是统一法律适用和裁量尺度，指向的是人民法院内部对于审判尺度的把握；而审判工作，尤其是裁判文书的说理面向的直接受众是案件的当事人，具有对外宣示性。因此，关于是否应当将法官在案件时予以参考的类案作为说理依据向当事人和公众展示，从而实现"真正的说理"这一问题，是增强法律文书说理性，推动公开法院生效裁判文书的重要一步。

诚然，案例本身是个非常宽泛的概念，不同时期、不同层

---

[1] Austin, *Lectures*, 651-661.
[2] 孙万怀：《判例的类比要素：情景、中项与等值——以刑事裁判为视角》，载《中外法学》2020年第6期。

级法院基于不同背景下作出的案例并不具有相同的参考价值。我国最高人民法院发布的指导性案例与司法数据库中海量的案例也不可同等视之。最高人民法院发布的指导性案例是《释法说理的指导意见》中首要也是专门列出的案例。其他案例能否说理文件中没有明确规定。后文将会对案例的分层和分类作出讨论。

（三）学说

学说具有增强裁判的可接受性的功能[1]，然而在实践中常常出现两种极端：在光谱的一端，法官直接引用学者观点，并将之作为说理甚至裁判的依据；而在光谱的另一段，为了避免争议，法官在借鉴和运用相关理论后却并未将之体现在判决书中。前者极易造成对案件事实的逃逸，演变成对某一法律问题的论证。[2]后一种现象在我国较为突出，譬如很多案例选类型的书刊，主审法官整理并刊发的案例分析中大量援引并分析了学术界的争论和研究成果，但是在判决书中却没有对其进行援引。这种做法虽然避免说理中的争议，但因为没有完整阐释其断案的真实理由，违背了刑事裁判文书说理真实性和实质化的要求。在重大疑难复杂案件中，应当允许，甚至适度鼓励法官援引学说，并对学说的观点进行分析和反馈。

在法学高度成熟和发达的法律体系中，学说往往作为很重要的说理依据。以第二次世界大战战后初期的德国宪法为例，恰是因为《德国基本法》和德国宪法诉讼制度本身是在众人对

---

[1] 金枫梁：《裁判文书援引学说的基本原理与规则建构》，载《法学研究》2020年第1期。

[2] 王立梅：《裁判文书直接引用学者观点的反思》，载《法学论坛》2020年第4期。

基本法秩序核心精神有高度共识与共同期待的基础上,由宪法学界的学理论述与联邦宪法法院的裁判实务共同促成的结晶。因此它自始就不是由学界或实务界的任何一方单向主导,而毋宁是学界与实务界相互影响、交错参照之下的产物,是双方基于战后初期对基本法本质、任务与规范宗旨的共识,接力发展的成果。[1]

为进一步分析和展示先例在司法裁判中的功能与表达方式,笔者对"BVerfGE 126,170"判决书中所引用的全部先例和学术作品进行了统计。结果表明,联邦宪法法院的法官在判决中大量援用了学术著作、法律评论以及各类型、各审级的判决,其中,先例和学术著作共同作为是法官在法律条文之外援引最多的材料。就该判决引用先例的情况看,共引用判决次数55次,引用判决总个数130则。其中,联邦最高法院判决60则,联邦宪法法院判决51则,帝国法院判决9则,联邦社会法院判决2则,州和地方高等法院判决4则。另外还引用其他决议4则。同样引人注目的是,法官在撰写裁判文书时,不仅大量引用判决,还常常引用学术著作。该判决中就引用了学说41次、143篇。[2]虽然是德国联邦宪法法院的判决,但其中引述的作品从德意志帝国时期一直跨越至当代;运用的方式包括说明背信罪的发展历程,说明各个刑法学家对于背信罪构成要件的不同看法,以及对于其中重要概念"财产损失"的学术见解;引用类别也从学术专著、法律评述到法律史作品不等。

---

[1] 黄舒芃:《什么是法释义学?:以二次战后德国宪法释义学的发展为借镜》,台大出版中心2020年版,第67页。

[2] 高尚:《德国判例使用情况分析——以〈德国刑法典〉第266条"背信罪"为对象》,载《环球法律评论》2017年第6期。

(四) 其他常规说理依据

1. 常理

在具体案件的审理中,恰当地运用常理进行说理有助于实现充分说理,还原客观事实。因此,既不能一概禁止用常理推断,也不能硬性要求对证据的采信都要用常理、常识推测的方法,重点是对于明显违背常理的证据,必须有合乎逻辑的解释。在轰动全国的聂树斌案中,再审法官和原审法官在裁判说理环节中的一个重要区别就在于对常理的分析:如一个人家境良好、从未有偷盗的前科,在起犯意时是否有必要偷一件女士花衬衫来作为犯罪工具?在没有恋物癖、没有性变态的相关证据下,他偷这件东西的逻辑在哪里?如果无法说明,那么这个工具是否可能根本就不是他的?哪些证据能证明是他偷的?仅有口供能够断案吗?是否可能存在刑讯逼供的情节?这些从常理出发的追问会使办案人员更接近事实真相,因此也理应成为法官说理时重要的视角和思路。

2. 情理

卢梭哲学认为,健全人格的核心乃是由若干重要的情感构成的:这些情感与人的智性力量无甚关系,而是一种把人结合成为社会的力量,因而社会幸福成了最重要的部分,甚至是私人利益中的最重要部分。[1]合理、恰当地运用情理是一种重要的修辞,也是使得说理能够说服听众的重要方式。在电影《第二十条》中,雷佳音扮演的检察官在公诉中运用情理的方式,

---

[1] [美]乔治·萨拜因,[美]托马斯·索尔森修订:《政治学说史》(第4版·下卷),邓正来译,世纪出版集团·上海人民出版社2010年版,第288页。

改变了听证会中多位法律专家对该问题的认识；而在无锡胚胎案[1]中，法官用"白发人送黑发人，乃人生至悲之事，更何况暮年丧独子、独女！……其父母承欢膝下、纵享天伦之乐不再，'失独'之痛，非常人所能体味"等极富感染力的语言意图引发听众的共鸣。

3. 价值观

在中国，随着社会主义核心价值观入法入宪，它们已从纯粹的道德范畴或司法政策转变为当代中国法的效力渊源，成为法律体系和规范理论双重意义上的法律原则。学者主张以社会主义核心价值观为代表的社会公共道德属于正式法律渊源，对司法办案具有拘束或支配作用。[2]价值观融入司法裁判的途径有三种：作为裁判理由发挥说理功能、作为裁判依据发挥广义上的释法功能以及在特定情况下作为价值冲突的解决基础。[3]但从最高人民法院发布的典型案例来看，目前社会主义核心价值观的司法适用存在显现度不够、释法功能较弱、价值宣示色彩过浓、结合个案进行的"融入式"论证不足等问题。

在江歌案的判决书[4]中，法官指出："扶危济困是中华民族的传统美德，诚信友善是社会主义核心价值观的重要内容。司法裁判应当守护社会道德底线，弘扬美德义行，引导全社会崇德向善。……需要指出的是，江歌作为一名在异国求学的女

---

[1] 江苏省无锡市中级人民法院民事判决书（2014）锡民终字第1235号。
[2] 孙光宁：《社会主义核心价值观的法源地位及其作用提升》，载《中国法学》2022年第2期。
[3] 雷磊：《社会主义核心价值观融入司法裁判的方法论反思》，载《法学研究》2023年第1期。
[4] 山东省青岛市城阳区人民法院民事判决书（2019）鲁0214民初9592号。

学生，对于身陷困境的同胞施以援手，给予了真诚的关心和帮助，并因此受到不法侵害而丧失生命，其无私帮助他人的行为，体现了中华民族传统美德，与社会主义核心价值观和公序良俗相契合，应予褒扬，其受到侵害的权利亦应得到法律保护和有效救济。"对社会主义核心价值观的灵活运用，也是说理的重要工具。

（五）探索更加多样化的说理依据

除上述常规的说理依据，实践中人们还常常运用更加多样化和多元的论据作为说理依据，特别是在施行对抗制诉讼的普通法国家，强大的律师团队会通过专家证人的方式引入各种论据呈现在法官面前。而基于说理应当真实，同时回应诉讼双方的意见的充分说理的需要，法官也会在裁判文书的说理中运用多样化的说理依据。在以色列的米勒诉以色列国防部案中，法官广泛地援引了哲学作品、法学家理论学说、常识为自己的裁判结论提供支持。通过裁判说理，法官将司法实践与学理探讨结合起来，为学术界与实务界之间的交流沟通奠定了基础。在此基础上，法官大胆地引入美国、加拿大以及德国的相关先例与规则为裁判待决案件提供思路。从而构成分析相关法律问题的重要辅助。此外，判决、学说甚至当地人对环境的认识、菜谱，都可以作为说理的资源，这是通过充分说理实现能动司法的体现。

1. 外国判决

佩策尼克的法律转化和法律辩护理论中，认为每一法律体系都有特殊的法律渊源层级系统。从效力层次排序可以分为三类：必须渊源（must sources）、应当渊源（should sources）和可以渊源（may sources）。例如法律教科书、外国案件等，可以用来辩护法律判决，但法官如果忽略这些渊源无需辩护，这些渊源就是可以渊源。[1]

技术或社会变革，会促使人们对外国法的解决方案保持开放性。引证外国法判决是司法世界主义的重要表现。一个国家的最高法院是否以及在什么情况下、出于何种目的来引证国际法院或其他外国法院的决定，构成了司法裁判理论的重要议题，也是讨论说理依据外延的标志性问题。德国学者可能会主张外国法先例的法属性介于说服性权威和法认知渊源之间。如德国法院曾借鉴国外法关于"错误生命"（wrongful life）先例，以考虑若医生在母亲怀孕期间对其实施了放射性检查，儿童是否可以享有损害赔偿请求权。[2]但是法官对此常有一种共识：引用参考外国法裁判的理由并非在于结论，而主要在于论证过程。因此外国法的情况只是被用来为裁判提供额外的支撑。[3]具体而言，德国法官在适用国际统一法、国内法以及欧盟法（如指令）时必须就外国法判决进行法比较的工作。但如果外国法和欧盟法在德国没有效力，那么外国法判决就仅仅可以充当法认知源，从而可被自愿地纳为考虑的根据。此时法官就是在以问题为导向地、功能性地探寻同一事实问题在其他法秩序中的解决方案。[4]

---

[1] [荷] 伊芙琳·T. 菲特丽丝：《法律论辩导论——司法裁决辩护理论之概览》（原书第2版），武宏志、武晓蓓译，中国政法大学出版社2018年版，第246页。

[2] [德] 托马斯·M.J. 默勒斯：《法学方法论》（第4版），杜志浩译，李昊等校，北京大学出版社2022年版，第167~168页。

[3] [德] 托马斯·M.J. 默勒斯：《法学方法论》（第4版），杜志浩译，李昊等校，北京大学出版社2022年版，第452页。

[4] [德] 托马斯·M.J. 默勒斯：《法学方法论》（第4版），杜志浩译，李昊等校，北京大学出版社2022年版，第448-449页。

在美国，法官会质疑寻求所谓全球共识的必要性。不同于重视逻辑推演的欧陆国家，美国法律人认为这种先例的比较背后隐含的意图是试图把争议立基于某些更为客观的"自然法"中，从自然法中寻求法律的固定性。这种努力只会增加律师和法官进行域外先例研究的工作量，却并不能导致更好的司法决定，甚至反而可能导致军备竞赛，要求反对派法官开掘抵消性引证，最终的净贡献是零。波斯纳认为，事实上法官和其他大多数法律人一样，都是过度引证者，引证外国判决只能成为一种新的遮羞布。[1]

这就体现了佩策尼克所谓"应当渊源"与"可以渊源"的区别。如果作为一种信息渊源，可以引用任何东西。德国宪法法院有关人工流产权的决定，可能有裁判法官先前没见过的很有说服力的论点。但外国的司法决定出现在一个复杂的社会、政治、历史以及制度背景中。在人工流产案中要理解德国宪法法院的裁判及其背后的考虑，就需要了解德国法官如何任命以及如何理解自己的角色，特别是德国历史的特别之处是如何塑造了德国人对人工流产的态度，比如在德国历史上，魏玛共和国有关人工流产的法律为纳粹的法律暴行（非自愿安乐死）做了铺垫。同样，主张美国废除死刑的人引证欧洲人拒绝死刑试图证明反对死刑的国际共识正在浮现，但其背后是欧洲各国以往过度使用死刑的一种矫枉过正，以及欧洲政治民主传统更为淡泊的特点。[2]

---

〔1〕［美］理查德·波斯纳:《法官如何思考》，苏力译，北京大学出版社2009年版，第318~320页。

〔2〕［美］理查德·波斯纳:《法官如何思考》，苏力译，北京大学出版社2009年版，第321页。

2. 哲学作品

阿蒂亚和萨默斯在《英美法中的形式与实质——法律推理、法律理论和法律制度的比较研究》中阐述了形式法律推理和实质法律推理之间的区别,分析了实质性依据和形式性依据。其中,实质性依据是指"一种道德的、经济的、政治的、制度的或其他的社会因素。实质性依据的两个基本类型,是'目的性'和'正当性'依据。一个有效的目的性依据从这一事实获得自身的说服力,即在提出这种依据之时,能够预测它所支持的判决(或规则)将对一个有益的社会目标产生功效"[1]。生活本身并非单一和线性的,因此司法裁判中总是要使用到实质性依据。实质性论据的典型代表就是哲学作品。在以色列的米勒诉以色列国防部案中,法官引用"世界上有一样东西,我们既不能说它是一米长,也不能说它不是一米长,这种东西就是巴黎的米原尺"[2],用以补强关于性别差异的论证,在此基础上还引用了由亚里士多德提出的平等的古典定义,指出"平等意味着等者等之,不等者不等之"[3]。这表明说理依据的多样化表明裁判文书说理活动本身不是刻板的,是目的导向的。

3. 引用菜谱

美国的韦伯斯特诉蓝船茶室公司案发生在20世纪60年代的

---

[1] [美] P. S. 阿蒂亚、R. S. 萨默斯:《英美法中的形式与实质——法律推理、法律理论和法律制度的比较研究》,金敏、陈林林、王笑红译,中国政法大学出版社2005年版,第5页。

[2] L. Wittgenstein, Tractatus Logico-philosophicus—Philosophische Untersuchungen, 1960, 316. HCJ 4541/94,《米勒诉以色列国防部案》,赵英男译,载最高人民法院中国应用法学研究所编:《人民法院案例选》[2018年第9辑(总第127辑)],人民法院出版社2018年版,第209页。

[3] Aristotle, The Nicomachean Ethics, book 5, par, 1131.

马萨诸塞州，该案法官引用菜单和当地日常烹饪习惯在裁判说理过程中对英联邦烹饪传统的回溯，从而讨论鱼肉中潜藏着鱼刺是否违反了《美国统一商法典》适用条款中所规定的默示保证义务。案件的争议焦点集中在：鱼刺作为一种外来物质，是否使鱼杂汤变得不健康，或者使鱼汤变得不适合食用？法官并未拘泥于被告人的行为是否违反了《美国统一商法典》中关于食品安全默示担保的义务，而是将视野放眼于几百年来新英格兰人对这道传统菜肴的烹饪和食用习惯，大量援引了易于普通人接受的食谱、辞典中对新英格兰鱼杂汤烹饪的方法。[1]正是由于法官援用了这些烹饪传统对案件结果产生了决定性的影响。在最高人民法院推动裁判文书说理改革的今天，该案向我们揭示了裁判说理应当面向的对象，以及面对这类对象的说理方式，为我们丰富说理的方式提供了无穷的想象空间。

二、案例作为说理依据的域外实践

先例制度是法律制度中的命脉，"在普通法中尤为重要，在现代民法体系中亦且不遑逊色"。本章以《人民法院案例选》2017—2020年刊载的"域外撷英"栏目中的域外司法裁判文书为研究样本进行分析，研究得知：域外裁判文书在说理中呈现出地域性特点，而且在运用案例进行说理时也因历史传统和制度基础不同而探索出了不同的方式。

---

[1]《Webster诉Blue Ship茶室公司案》，褚宁、张长清编译，载最高人民法院中国应用法学研究所编：《人民法院案例选》[2018年第7辑（总第125辑）]，人民法院出版社2018年版，第223页。

（一）域外裁判说理特点与要求

司法裁判的说理风格和特点与各个国家的法律传统和法治发展水平强相关，某种意义上还取决于说理的目的。从封建社会早期司法裁判不说明理由，到专制社会的回避说理，再到现代法治国家普遍要求说理要透彻清晰充分，都说明了说理的详尽程度取决于说理的功能与目的。当今现代国家就呈现出不同的说理风格和特点。笼统地说，大陆法系国家在颁布成文法典后，倾向于依赖演绎推理的科学性，具体就表现为法国法官在撰写裁判文书中的简短风格，有时常常只有一句话，而且不会从判决书中引证判决理由，意欲直接从法律本身推导出所得的结论。[1]这与我国在改革开放的法治发展初期经常用"事实清楚、证据确凿"代替详尽的说理有诸多相似之处。欧盟法院早在过去也不曾在意判决是否说服读者，近年来这一境况发生重大改变，通常极为详尽地陈述案件事实。同为大陆法系的德国由于深受20世纪的教义学影响，对于法律的解释、续造理论的吸收，使得法官偏重在演绎推理的基础上综合各种素材和方法，对法律概念和一般性条款的解释成为法官说理的必要组成部分。更有甚者如瑞士，其判决书中充斥着各种接连堆砌的论据，以至于给人一种非常"讨好普罗大众"的印象。

普通法国家将司法先例作为重要的法律渊源，这就要求法官在说理时要娴熟地运用区分技术，区别当前案件和待决案件

---

[1] [德]托马斯·M.J.默勒斯：《法学方法论》（第4版），杜志浩译，李昊等校，北京大学出版社2022年版，第31~34页。

的区别。英国格外强调说理，通常有明显的个人风格，看起来尤为新潮。但缺点在于读者需要费力寻找裁判背后究竟达成了怎样的共识；在美国，由于推行大陪审团制，部分案件中对证据的说理并不是法官的职责。当然，基于国别的研究只是一种选取典型为代表的大而化之的分析，实际上"简短的法国裁判似乎比较孤立，司法裁判朝着相近的方向发展，已成为一种主要趋势"[1]。

在对类案的运用上，各国的判决书从整体上体现了类案在裁判说理过程中作用机制的多样性。从类案来源及援引程序上看，法官说理时涉及的类案既可能来自当事人诉讼主张，也可能由法官根据说理需要主动援引。落实到裁判文本，大多被引案例都能通过句末注释、脚注注释或直接于正文中说明的形式被明确写入判决文书，且同一份判决可能存在多种表达方式（如图2）。法官运用类案作为说理依据的目的呈现出多样性，并不总是为了直接援引类案的裁判要旨做出判决，也可能只是为了界清某一事实概念或构成要件，或是支撑本案中存在争议的事实认定结果，或是支撑法律适用的部分论点，甚至案例本身可能并不发挥强制性的作用，而仅仅起到增加说服力、辅助论证的劝导性作用。根据法官对于案例的适用方式可以区分为遵循先例和区别先例两种，并非所有围绕案例的说理都基于法官肯定、认可的态度，有时法官在说理部分涉及案例仅仅是为了通过反证限定先例的适用范围。

---

[1] 张志铭：《法律解释操作分析》，中国政法大学出版社1999年版，第209~219页。

援引程序	被动回应	主动援引
表达形式	句末括号参考:"这一原则建立在公司与其股东各自独立的假设之上(参考Fishman v. State(1973), 128 Ga. App, 505, 197S. E. 2d 467, 473.)。"	

脚注参考:"无论公司有多名股东还是只有一位股东,这一老生常谈的原则都同样适用。[参考Quinn v. Butz(1975), 166 U. S. App. D. C. 363, 510 F. 2d 743, 757; El Salto, S. A. v. PSG Co. (9th Cir, 1971), 444 F. 2d 477, 483, cert. denied, 404 u. s. 940, 92 S. Ct. 273, 30 L. Ed. 2d 253 (1971); Maule Industries v, Gerstel (5 thcir, 1956), 232 f. 2d 294, 297: Iron City S. & G. Div. of McDonough Co. v. West Fork Tow. Co. (N. D. W, Va. 1969), 298F, Supp. 1091, 1098-9, rev. on other grounds, 4 cir. 440 F. 2d958: Brownv. Margrande Compania Naviera, S. A. (E. D, Va. 1968), 281 F. Supp. 1004, 1005-6, Winand v. Case(D. md. 1957), 154 F Supp. 529, 539-40; Ray Waits Motors v. United States (E. D. S, C. 1956), 145F. Supp. 269, 274; Levenstein v. Sapiro (Fla. 1973), 279 So. 2d858, 860; Scott-Douglas Corp. v. Greyhound Corp. (Del. Super. 1973), 304 A. 2d 309, 314; Fishman v. State, supra, 197 S. E. 2d at 473.]"

正文参考:"在Parker Peanut Company v. Felder(1942), 200 S. C. 203, 215, 20 S. E. 2d 716, 720,案中,法院适用了公司人格否认规则,按告确实有欺诈的行为存在。"

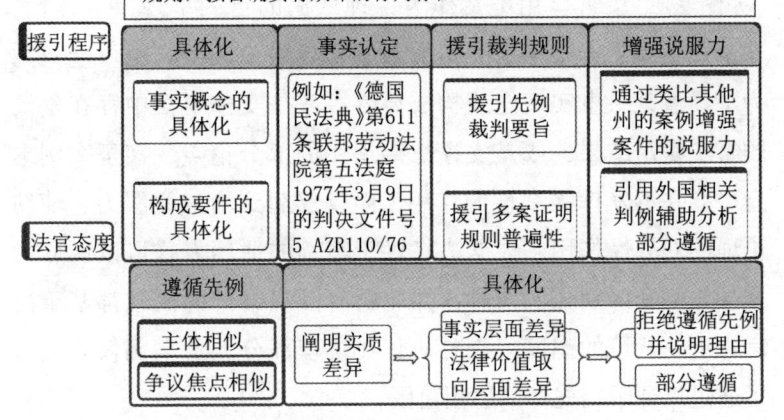

援引程序	具体化	事实认定	援引裁判规则	增强说服力
法官态度	事实概念的具体化 构成要件的具体化	例如:《德国民法典》第611条联邦劳动法院第五法庭1977年3月9日的判决文件号5 AZR110/76	援引先例裁判要旨 援引多案证明规则普遍性	通过类比其他州的案例增强案件的说服力 引用外国相关判例辅助分析部分遵循

遵循先例	具体化	
主体相似 争议焦点相似	阐明实质差异 ⇒ 事实层面差异 法律价值取向层面差异 ⇒	拒绝遵循先例并说明理由 部分遵循

图2 域外裁判引用案例的实证分析

美国作为传统的普通法系国家,判决中涉及大量的类案说理情形,对于类案的适用模式也并不单一。法官既可以在判决说理的过程中广泛援引丰富的案例,以支撑从事实认定到法律适用全过程的不同论点,间接影响最终判决,如德维特诉弗莱明案[1];也可以判决全篇围绕一个先例进行深度的比较和论证,以证明二者构成实质相似并直接适用前案的裁判规则,譬如福克斯电视台诉帝国发行公司案[2]。

(二)普通法系的以案说理

普通法国家长久以来奉行遵循先例原则,在实践中就要求法官需要运用先例法的区分技术。根据遵循先例原则,"上级法院的先例、本院先前的先例对下级法院和本院后来的类似案件具有约束力,同级的其他法院的先例乃至下级法院的判决也具有参考意义……正是由于这一制度,英美法官在写作司法意见时,往往会注意到判决作为法律对未来一系列案件的可能影响"。[3]由于普通法国家区分关键点和附带事项。早在17世纪初,威廉·富贝克(William Fulbeck)就在先例法中区分了"关键点"和"附带事项"(bye-matters)。[4]"在法庭上发表的意见,如果对于给定的正式裁判并非必要,而是无论该裁判意见或与之相反意见是否出现都会提出的,那么它就不是司法意见,

---

[1] Dewitt Truck Brokers, Inc. v. W. Ray Flemming Fruit Company and W. Ray Flemming, 540 F. 2d 681.
[2] Rogers, 875 F. 2d at 1001.
[3] 苏力:《判决书的背后》,载《法学研究》2001年第3期。
[4] William Fulbeck, *Direction, or Preparative to the Study of Law*, 2nd edition, (London: Clarke, 1829; orig. publ. 1600, pp. 237-238.

不过是没有法律效力的主张。"[1]在字面上,附带意见(obiter dictum)的意思是"顺便说一句"。在司法意见中,附带(obiter)的段落有多种呈现形式——这些段落对结果而言可能是不必要的,或与案件的事实无关,或指向诉讼双方都未想争辩的问题——而且可能是由法官以不那么谨慎或认真的方式所表达。[2]换句话说,如果某个观点可以从判决中删除,或者颠倒该观点的意义并不会改变裁判本身,那么人们就知道自己是在处理"附带事项"。

区分技术之所以构成普通法国家说理的主要部分,是因为区分判决依据与附带意见之间的差别虽然重要,但这项区分工作却并非轻而易举。一位民法学家观察到,"(判决)依据在一个案件中的论证分量"部分取决于"法官和法律专业人员在如何解读先例时相对明确的元规则"(meta-rules)。[3]但普通法的学者意识到,越是努力区分依据(ratio)和附带意见,就越会发现并不存在这样的元规则。卡尔·卢埃林在《普通法传统》中认为,寻找案件的判决依据是徒劳的,因为难以"提供一个永不单一的答案",[4]如果法院以三种不同和不相容的理由,即A、B和C作出裁判,每一种理由都足以支持该裁判,那么,如果后来的法院接受理由A,但拒绝理由B和C,则似乎不是遵从案件的判决依据,而是遵从案件的多个判决依据之一。此外,

---

[1] Bole v. Horton (1673) Vaugh. 360, 382.

[2] 参见 Flower v. Ebbw Vale Steel, Iron & Coal Co. Ltd [1934] 2 KB 132, 154, CA, per Talbot J.; United States v. Crawley, 837 F. 2d 291, 292-293 (7th Cir. 1988) (Posner J.).

[3] Raimo Siltala, *A Theory of Precedent: From Analytical Positivism to a Post-Analytical Philosophy of Law*, Oxford University Press, 2000, p. 148.

[4] Karl N. Llewellyn, *The Common Law Tradition: Deciding Appeals*, Boston: Little, Brown & Co., 1960, 14 n. 9, pp. 77-91.

如果 A 理由——或其他任何一种理由——在被认为是理由的裁判范围内被选定为应遵从的判决依据，那么它将是一个相当脆弱的权威。例如，如果 A、B 和 C 三种理由是由构成五人法院多数的三名法官提出的，那么，例如 A 被选定为依据，并不排除其他四名法官中没有一人接受这一理由的可能性。[1]如果多数法官同意该裁判，但不同意作出裁判的正确理由，那么从案件中提取判决理由可能是一种武断的做法。[2]

霍布斯认识到，在 17 世纪司法裁判的作出与理性或理由的运用是密不可分的，因为法官被授予的不仅是发布命令的权力，也是提供理由的权力。法官对他们所作出的裁判所提供的理由，无论是否代表主权者的意愿，都具有指令性（directive force）。先例作为法律辩论中使用的主要权威形式，被视为为特定规则和理论提供了理由（reasons）。[3]

在施行联邦制的美国，虽然各个州主要遵循各自的权威，"50 个州最高法院加上诸多联邦法院一起运作，偶尔出现互相冲突的规则，是无法避免的"。但在这种情况下之所以还能实现"共同适用的法律"，原因有三方面：有一个规模庞大的基础性组织机构体系；有非常相似的对待法律权威的方式，包括思维方式，运作方式，解读先例、依据先例或制定法进行推理的方式等；州法院会将难有定论的案件诉诸联邦法院的裁决，后者

---

[1] 参见 A. M. Honoré, "Ratio Decidendi: Judge and Court", 71 *LQR* (1955), 196-201 at 198.

[2] Cross and Harris, *Precedent in English Law*, 85; Neil Duxbury, *The Nature and Authority of Precedent*, Cambridge, 2008, pp. 73-74.

[3] Neil Duxbury, *The Nature and Authority of Precedent*, Cambridge, 2008, p. 58.

从整体上相当于一个共同适用的法律库。[1]

以《人民法院案例选》"域外撷英"栏目中选取的案例为研究对象,其中硬石咖啡店案[2]、超市收银员涉嫌贪污退瓶券被解雇[3]、福克斯电视台诉帝国发行公司案[4]、托伊·比茨诉美国案(美国国际贸易法院关于关税分类标准的终审判决)[5]、美国布鲁斯上诉案其他方式辅助受孕生子的探望权和监护权归属认定案[6]、美国德维特诉弗莱明案[7]、吉尔默诉州际/约翰逊公司案[8]中都展现了普通法国家法官在运用先例时如何运用区分技术。

(三)大陆法系的以案说理

从欧盟的优步应作为运输公司接受管理(欧盟法院 Uber 案)[9]和日本作为夫妻效力的婚姻同姓案[10]中可知,相比普通法国家将刑事案件中证据的判断和采信交给陪审团,法官仅负责法律适用部分说理不同,大陆法系国家法院的法官需要对证据的判断和采信进行分析说明,这一点与我国有相似性,也更具有可参照性;法律适用部分在德国法哲学的当前脉络中主

---

[1] [美]卢埃林:《荆棘丛——关于法律与法学院的经典演讲》,明辉译,北京大学出版社 2017 年版,第 64~65 页。

[2] I ZR 188/11.

[3] 2 AZR 541/09.

[4] Rogers, 875 F. 2d at 1001.

[5] Toy Biz, Inc. v. United States, 26 CIT 816.

[6] Joyce Rosemary Bruce v. Robert Preston Boardwine, Record No. 1250-14-3.

[7] DeWitt Truck Brokers, Inc. v. W. Ray Flemming Fruit Company and W. Ray Flemming, 540 F. 2d 681.

[8] 29 U.S.C. § 621 et seq.

[9] Asociación Profesional Élite Taxi v. Uber Systems Spain, S. L., C-434/15.

[10] 平成 26 年(オ)第 1023 号。

要对应着法官在判决书中的法律论证和法律推理。在这一范畴之下，包括基于法律规范的演绎推理、基于先例等的类比推理以及多种法律解释方法的综合运用。

由于法律教育和法哲学传统的不同，我国在审判实践中对于裁判文书说理更强调法官的自发性，法官主要基于个人的职业和经验积累，在说理部分对于法律、事实等焦点的论述顺序、论述方式都更体现法官个人的喜好；在德国，由于法律职业群体从法学院的学习阶段就采取系统的法律推理教育和训练，因此在司法判决中也呈现出说理更为体系化和逻辑性的特征。

1. 裁判说理有详尽的要求，具有以下几种表现：

第一，说理作为义务。司法裁判需要说理，既是宪法上的要求，也是法律职业共同体长久以来形成的认知。《德国民事诉讼法》第551条第7款和《德国刑事诉讼法》第338条第7款都规定理由的缺乏是绝对的改判理由。即法院的判决必须说明理由；如果一个判决不包含判决理由，则是错误判决，必须在上诉审中被撤销，无论其在实质上正确与否。在这种背景下，法官有说理的职责和惯性，由此导致的结果就是法官不会回避说理，即敢于说理，不会因此承担职业风险。我国法官之所以不敢说理是因为存在不说不错、越说越错的担忧。久而久之，法官也基于所产生的职业尊荣和职业特点而习惯说理。

第二，方法上的诚实性。一方面，基于历史和制度上的原因，法官将司法说理视作一种同行之间沟通的手段。说理不再流于形式，而是强调实质化说理，具体包含说理的诚实性、透明性和透彻性。另一方面说理的透明性也意味着法官需要正面回应法与政治的关系问题。例如德国宪法法院的关于堕胎问题[1]、头巾问题的判决甚至经常被批评为诱发"基本权利的肥大化",即宪法法院的司法裁决让基本权利的内涵可以任由联邦宪法法院一再填充,进而超越各种政治论辩,永远居于上风。[2]虽是对宪法法院在内的司法机构对法律进行法律续造的根本性批评,但它表明德国法官在说理中对方法和价值的坦诚。

第三,需要对基本概念和一般性条款进行解释。特别是德国宪法法院在合宪性解释方面。通常的理解下,合宪性解释只能在立法者作出的基础决定的框架内进行。[3]相较于立法者原本所设想的法律内容,合宪性解释只能限缩,而不得变更,后者明显属于对立法者权限的侵犯。但这一界限的可操作性却建立在一个前提之上——立法者的基础决定能够从法律中被足够清晰确信地识别出来。因此,在德国联邦宪法法院的多个判决中,都可以发现其所作的合宪性解释突破或者违反了法律明确的文义。一个有名的例子是联邦宪法法院于2004年3月30日作出的"洗钱罪"判决[4]。这一判决涉及刑法洗钱罪的构成要件(Straftatbestand),具体的争点是,在刑事辩护律师接受通过洗钱得来的资金作为报酬的情形中,在何种条件下构成洗钱罪。与《德国刑法典》第261条明确的文义相反,德国联邦宪法法院判决应对该条款作如下合宪性解释:关于辩护律师收取报酬

---

[1] BVerfGE 39, 1 (42f).

[2] 黄舒芃:《什么是法释义学?:以二次战后德国宪法释义学的发展为借镜》,台大出版中心2020年版,第88~91页。

[3] 在BVerfGE 119, 247 (274) 中,宪法法院谈及对立法者的"原则性目标设定"的维护。参见 K. Larenz/C. -W. Canaris, Methodenlehre der Rechtswissenschaft, 3. Aufl. 1995, S. 161.

[4] BVerfGE 110, 226.

的问题，只有在其收取报酬时对该项资金的洗钱交易污点来源有明确认知的情况下，才应受刑事处罚。德国联邦宪法法院先是探讨了该条款对于《德国基本法》第12条第1款职业自由，即刑事辩护律师职业活动的干预强度。紧接着提出如果坚持对《德国刑法典》第261条第2款第1项的宽泛解释，就将不可避免地对从事职业的自由造成侵害。最后宪法法院判决，为了使这一条款与刑事辩护律师的基本权利相符，必须对该条款进行合宪性限缩解释：只有在接受报酬的时间点，明确知悉该项资金来源于《德国刑法典》第261条所列举的违法行为，刑事辩护人接受报酬的行为才符合洗钱罪的构成要件。[1]

2. 运用先例说理

在运用先例说理的实践方面，基于前文所述大陆法系国家对先例的需求，德国法官在裁判说理中大量运用先例。有些法律中留待法官进行解释和续造的空间很小；而有些法律所包含的大量一般性条款必须通过司法裁决予以具体化才有进一步适用的可能。从形式上看，这是法官对法律作出的解释；从实质上看，这是在制定法外衣包装下的以先例为基础的法律。所有的大型法典汇编均是如此：其中有些部分规定得相当清晰和严格，但有些部分则不是由汇编，而仅仅是由先例法规定的法典的内容。

第一种模式：填补法律漏洞。法官的任务是给具体案件提供一个法律上正确的、公正的并且案件相适应的解决方案。立法者是面向未来的，但却无法真正看见未来。只有法官是面对

---

[1] [德] 斯特凡·科里奥特：《对法律的合宪性解释：正当的解释规则抑或对立法者的不当监护？》，田伟译，载《华东政法大学学报》2016年第3期。

具体案件的，并且距离问题更近。[1]法律解释作为立法的辅助，有助于实现法律统一，更好地保持大陆法的稳定性。从德国法的发生历史上看，法典化是一种新兴、舶来的事物。从法国大革命后开启的法律编纂，再到荷兰、德国等长达一个世纪的继受，德国法律共同体要面对从罗马法到城市法，再到法典的过渡。

法源的复杂性和多样性使得人们普遍感受到法律的不确定性和无效率。[2]整个社会也需要理解和适应法典，进而形成对法典的统一理解。在这个漫长的过程中，法典制定中存在的漏洞，无论是无意的漏洞，还是"有意的漏洞"[3]，都需要司法实践来慢慢发现，并需要用先例来统一。虽然法官需要对法律进行解释，但既可以借助先例，也可以完全不借助先例，但是在大陆法缺席的时刻，先例往往是一种更好的选择。卡尔·恩吉施指出：填补这些法律漏洞的方法中最著名的是类比推理，而先例恰恰就是进行类比推理的前提和最主要参考要素。因此，德国法官无论是对不确定的法律概念进行解释、对法律漏洞进行填补抑或是对有缺失的法进行修正时[4]，都需要法官造法。典型的由法官造法衍生出的制度如缔约过失责任、标的物瑕疵导致合同解除等。

由于联邦宪法法院有权使其判决与制定法的文义相违背，[5]

---

[1] Brun-Otto Bryde: Vom richtigen Umgang mit Richterrecht, in Jahrbuch des Öffentlichen Rechts der Gegenwart, Neue Folge/Band 68, Mohr Siebeck, 2020, S. 204.

[2] [德] 莱因哈德·齐默曼：《德国新债法：历史与比较的视角》，韩光明译，法律出版社2012年版，第11页。

[3] [德] 卡尔·恩吉施：《法律思维导论》（修订版），郑永流译，法律出版社2014年版，第172页。

[4] [德] 卡尔·恩吉施：《法律思维导论》（修订版），郑永流译，法律出版社2014年版，第129~225页。

[5] 参见 BVerfGE 34, 269 (268); 35, 263 (278ff).

且当联邦最高法院有时作出明显超越制定法时,联邦宪法法院也会根据基本法确定的当然价值予以支持。[1]受其鼓舞,联邦普通法院民事大审判庭也开始大量集中讨论法官造法的门槛问题。"现如今的技术、社会、经济或者法律性质诸多方面的深远的环境变化,导致制定法对法官的约束渐趋松散,因为如果立法者清楚环境将会不断发生变化,则会促使其制定的法律具有不确定性。然而能够永久适应制定法的环境本就不存在。因此,法院的正当任务恰恰是非常谨慎地运用司法来完善法律,并使之与既有的法律价值相一致。"[2]司法造法非但不违反三权分立原则,也不只是为了解释法律,而是司法是对法律智识的一种认识和解读。

第二种模式:原则性条款的具体化。在普遍的法律意识中发现法伦理性原则的具体化,比如联邦最高法院承认一般人格权,以及因严重侵害人格权的金钱赔偿等先例。《德国民法典》起初只规定了对姓名权的保护,没有针对名誉和隐私的特别规定。侵犯名誉通常被认为是犯罪而非侵权,二者的救济手段不同,名誉诉讼需向刑事法院提起,受害者无法通过诉讼要求实质性的损害赔偿。直到二战之后,德国法院开始通过先例支持针对侵害名誉和隐私的民事诉讼。如在1958年的骑士案中,德国法院开始打破《德国民法典》第253条的"非物质损害只有在法律明确规定时才能给予金钱赔偿"的限制,判决被告因侵犯原告名誉和感情,做出大笔金钱赔偿。因为如果不给予金钱

---

[1] [德]莱因哈德·齐默曼:《德国新债法:历史与比较的视角》,韩光明译,法律出版社2012年版,第43页。

[2] BGHZ 85, 64 (67f)。

赔偿，那么由基本法确认的人格权这一价值就无法获得恰当的救济。德国联邦最高法院还指出，自《德国民法典》颁行以来，技术和社会状况都发生了巨大的变化，尤其是大众媒体的发展远非1900年时所能想象得到的，在当代对个人人格权的保护也越来越重要和困难，因此，如果法院认真对待宪法的价值体系，那么就不应当再受到《德国民法典》第253条的限制。此后，下级法院广泛地遵循了联邦最高法院的这一判决。索拉雅案也是以这一认识为基础作出的。该案中伊朗国王前妻索拉雅王妃在1961年4月遭受被告出版社虚构调查采访和曝光隐私。原告认为被告侵犯自己的人格权而要求损害赔偿，初审的州地区法院裁判被告赔偿15 000马克，州高等法院和联邦最高法院维持了原判。被告基于宪法诉由向宪法法院提起诉讼，辩称法院作出对精神损害给予金钱赔偿的判决，违反了《德国基本法》第20条的分权原则。联邦最高法院发展创造的人格权受侵害的金钱损害赔偿规则超越了制定法的范围，是法院对立法权的攫掇。同时，法院的财产赔偿判决违反了新闻自由原则。宪法法院最终没有支持被告的诉请，其中最重要的理由是：法律有时只能在制定法之外才能发现，这种法律源于整个宪法秩序，目的往往在于矫正成文法。这就需要法官发现法律，并赋予其效力。宪法并不限制法院按照他们自己的文义理解适用法律。……法官的洞察力或许会揭示一些通常为宪法秩序所默认，但制定法又无法清晰表述的社会价值。法官的裁判对于肯认这些价值有重要意义。[1]

针对上述现象，拉伦茨总结道，在所有法文化中"发现问

---

[1] [德]莱因哈德·齐默曼：《德国新债法：历史与比较的视角》，韩光明译，法律出版社2012年版，第43~44页。

题—形成原则—凝结为体系三者间的循环"总是反复出现。因此，构成体系的真正要素不是抽象概念，而是法律原则。这些法律原则主要是从个案问题中被认识到的，它们是个案问题解决方案的普遍化。今天经常能发现先例法思维方式和法典化成文法思维二者之间相互趋近的现象，其原因就在于：前者当下正处在形成并凝固原则的阶段，由此已开始体系建构；而后者相反正处在松解体系，并重新转向问题思考的阶段。[1]

第三种模式：技术性规定的法官造法。在联邦劳动法院和联邦社会法院的司法判决中可以发现有一些裁判，上述法院在其中不仅针对待决个案，而且针对同类型的全部案件来具体化某一项需要具体化的标准时指出：所有将来的案件将以相同方式来进行处理。比如联邦劳动法院的下列判决：劳动契约约定，在劳动者受领圣诞节奖金后立即终止契约的情形，因其违反善良风俗应返还该奖金。联邦劳动法院在判决中对这一约定何时有效、何时无效提出了调整。参见《劳动法实务先例集》（AP）第15、22、23、24号判决对《德国民法典》第611条"奖金"一词的界定。[2]在这里，法院不再是进行个案裁判，而是像立法者一样创造一般性的规则。不可否认，在这类案件中，法院在金额、期限和百分比等问题上所进行的数字界定都带有一定程度的任意性。但运用此类先例的正当性在于，此处涉及的是大量常常以相同方式重复出现的案件，而且诉讼当事人关心的并不是由

---

[1] ［德］卡尔·拉伦茨：《法学方法论》（全本·第6版），黄家镇译，商务印书馆2020年版，第219~220页。

[2] ［德］卡尔·拉伦茨：《法学方法论》（全本·第6版），黄家镇译，商务印书馆2020年版，第545~546页。其他联邦社会法院类似判决可参见《联邦社会法院判例集》第22卷，第44页；第30卷，第167页、第182页以下。

法院作出的带有偶然性的个案裁判结果,而是更关心某种确定的规则,在此之后全部类似案件的处理都能遵守这一规则。

第四种模式:紧急立法。法院没有塑造社会的权限。即便是联邦宪法法院,原则上也并不能制定新的法律,(只能宣布其他立法或者司法判决违宪),需要立法者来作出更为精确的规定。但是在有些情况下,先例所起到的作用类似于紧急立法,也即当立法者长期不作为以至于产生一种真正的法律紧急状态,此时允许法院超越前述界限而为超越制定法的法续造。[1]典型的案例就是帝国法院在第一次世界大战后通货膨胀末期,帝国法院突破了"马克=马克"的原则,开辟了重新评估契约价值的道路。该案中债权人系房屋所有人,1913年时以13 000马克将其抵押,该债券在1920年4月1日到期,债权人在银行评估后认为应当返还18 980马克。被告以德国马克属于债权发生时德属西南非洲(1884—1915年)法定货币为由,拒绝重新评估。[2]那么抵押贷款的债权人可否因德国马克币的急剧贬值,而主张重新评估自己的地产抵押债权?特别是当对方仅依照票面价格支付债务时,能否拒绝发放清偿同意书及返还抵押权证?[3]这些问题是第一次世界大战后社会政治经济制度发生急剧变化的一个缩影,既是对年轻的《德国民法典》的巨大考验,也是对法律人共同体解决棘手问题,捍卫法律体系的一次挑战。法官创造性地运用先例做出回应,其性质属于一种紧急性的立法。

---

〔1〕 [德]卡尔·拉伦茨:《法学方法论》(全本·第6版),黄家镇译,商务印书馆2020年版,第537页。

〔2〕 RGZ 107, 78.

〔3〕 RG, 28. 11. 1923-V 31/23.

3. 德国联邦宪法"背信罪"判决中的先例运用

德国联邦宪法法院于 2010 年合并审理了三则由诉请人针对联邦最高法院关于背信罪判决提起的宪法诉讼，这是目前为止对背信罪具有重大影响的"BVerfGE 126，170"判决。[1]联邦宪法法院通过对联邦最高法院的三则判决分别进行合宪性审查，构成了对《德国刑法典》第 266 条背信罪构成要件的解释。从立法的角度看，尽管立法者使用"损失"（Schaden）这一较为宽泛的概念有利于对财产进行有效和积极的保护，但是却导致了刑法规定得相对宽泛和模糊，使得该条款所保护的法益与其特殊危险一样难于辨认。联邦宪法法院通过对三则相关联但又有区分的联邦最高法院判决进行合宪性审查，重新勾勒了背信罪中"损失"一词的内涵和外延，在判决书的说理过程中对立法者意图和该条款的法教义学要求进行了阐释。该案中联邦宪法法院的法官通过类型化的方式，通过不同情况之间的比对向公众展示了背信罪条款的适用边界。三则案件审理要点如下：

案件 I： 诉请人作为西门子公司的部门主管，私自设立小金库用于商业贿赂。案件焦点在于如何认定设立小金库与"造成损失"之间的关系。因为当事人设立小金库并非划为个人所有，也尚未从中支取金钱用于实际的贿赂。此时是否可以认定为已经满足了背信罪中"损失"这一构成要件，这就涉及对《德国刑法典》第 266 条背信罪中"损失"这一要件的理解。联邦宪

---

[1]《德国联邦宪法法院对背信罪判决的合宪性审查》，高尚编译，载最高人民法院中国应用法学研究所编：《人民法院案例选》[2017 年第 10 辑（总第 116 辑）]，人民法院出版社 2018 年版，第 229 页。

法法院认为是否造成损失并不以被告是否得利为评判标准，财产已经从公司账户中划入小金库，公司即已经对其失去控制，此时损失已经产生，因此该行为构成背信罪。

案件 II：保险公司经理越权提高加班费用。案件焦点在于，能够查明经理越权发放加班费并非据为己有是否依然构成背信犯罪。该案件的主要分歧也集中于对"损失"要件的解释。联邦宪法法院认为背信罪的构成要件是造成他人财产损失，并不以行为人本身是否获利为限，因此该行为也被认定为构成背信罪。

案件 III：银行董事违背信息审查义务，超发约2000万德国马克的贷款。案件争议在于银行人员超发贷款的性质较为特殊，实际的损失金额只有在借款人最终还款后才能确定。换言之，如果当事人超发了贷款，造成了财产损失的风险，但如果借款人在借款到期时能够还款，就没有产生实际的损失。因此该案焦点在于：违规发放贷款造成的是一个"未来的损失危险"，这种情况是否属于背信罪中的"损失"。联邦宪法法院认为如果将这种未来可能产生损失的风险也解释为刑法中的"损失"，将违背《德国基本法》第103条第2款的罪刑法定原则。联邦宪法法院认为，虽然诉请人违反了审批贷款的程序，违背了其作为董事的义务，未对申请方进行全面和审慎的商业信誉检验，但这些违背义务的情节对认定背信罪并无意义。本案的关键是如何区分"财产不利"和"财产损失"。州初审法院借助了"危险损失"这一概念认为从审批和取出贷款金额的时刻起，被告人就已经造成了损失。理由是借款方通过取出借贷的款项而造成另一方财产减少，同时也引起了另一方的返还请求权的金额增加，而另一方又没有同价值的足够担保。这种解释在道理上讲得通，但引进"危险损失"概念却增加了两重风险：一是将背信罪的构成要件扩展成为既包括当前的损失也包括未来损失的危险。如果认为"损失的危险"符合背信罪的构成要件，就会与背信罪的犯罪中止相冲突。而在以往的司法实践中，背信罪的犯罪中止是不触犯刑法的，这就导致"财产不利"的独立性成为问题。二是对于潜在的损失危险如何量化，需要有一个能够获得公众认可的评价程序和评价标准，但引入此类复杂的经济分析又必然需要进一步的鉴定程序，而这会对本案以及今后类似案件带来巨大的诉讼风险和诉讼成本。基于上述考虑，联邦宪法法院认为，诉请人确实在批准贷款的过程中违背了其职务义务，但由于并不能确定具体的损失数额，因此不构成犯罪既遂；又因为此前背信罪的先例中，背信罪并不包含的"未遂"状态，因而该案件不构成背信罪。

该判决中联邦宪法法院共引用判决次数 55 次，引用判决总个数 130 则。其中，联邦最高法院判决 60 则，联邦宪法法院判决 51 则，帝国法院判决 9 则，联邦社会法院判决 2 则，州和地方高等法院判决 4 则。另外还引用其他决议 4 则。为进一步分析和展示先例在司法裁判中的功能与表达方式，笔者对"BVerfGE 126, 170"判决书中所引用的全部先例进行了统计，以展示所引用的具体先例在判决中所说明的问题（参见附件 2）。统计表明，联邦宪法法院的法官在判决中大量援用了学术著作、法律评论以及各类型、各审级的判决，其中，先例和学术著作是法官在法律条文之外援引最多的材料。

4. 米勒诉以色列国防部案判决中对先例的运用

在《人民法院案例选》刊登的以色列判决——米勒诉以色列国防部案中[1]可知,法官多纳(D. Dorner)在说理过程中除了引用哲学作品、法学家理论学说,还引用自己国家以及其他国家先例。1992年以色列国会制定并通过《以色列基本法》(The Basic Laws of Israel),法官在该案件中通过援引各类说理依据,将未明文规定的平等权纳入基本法的保护范畴,深刻阐释了权利是相对而非绝对的理念,并提出平衡权利或权利与价值之间关系的基本公式,成为有关基本法的经典判决。特别是在说理依据的选取过程中,法官并没有局限于解释以色列法律文本,而是将对于具体法律制度、法律文本的分析纳入更为广泛的视野之中,不仅广泛地援引了哲学作品、法学家理论学说为自己的裁判结论提供支持,而且大胆地引入美国、加拿大以及德国的相关先例与规则为裁判待决案件提供思路。

第一,引用本国先例。法官引用波拉兹诉特拉维夫-雅法市长案(Poraz v. Mayor of Tel-Aviv-Jaffa)讨论了特拉维夫市政府未将女性任命为城市首席拉比的行政决定。这一决定在法院看来基于如下考量,即市政府害怕任命女性作为拉比会阻碍合适的男性拉比作为候选人,并且会使得拉比的选举更为困难。乍看之下,根据亚里士多的平等定义,市政府的决定应当得到支持。但是法院认为对于女性的歧视行为本身就违反了平等。

---

[1] HCJ 4541/94,《米勒诉以色列国防部案》,赵英男编译,载最高人民法院中国应用法学研究所编:《人民法院案例选》[2018年第9辑(总第127辑)],人民法院出版社2018年版,第209页。

第二，引用外国先例。一是引用美国先例。如引用美国最高法院的先例布拉德威尔诉伊利诺伊州案［Bradwell v. The State (1872)］，讨论女性是否享有成为律师的宪法权利；引用布朗诉教育局案［Brown v. board of Education (1954)］中沃伦大法官的观点"仅仅因为种族而将他们同其他具有相同年龄和资质的人区分开来，会使他们产生一种在共同体中地位卑下的感受，并且会以一种不这样做本不会出现的方式影响到他们的心绪与思虑"；引用在美国最高法院审判的弗龙蒂罗诉理查森案（Frontiero v. Richardson）中布伦南法官的观点"性别如同种族和民族成分，是仅仅由出生这个事实所决定的不可动摇的事实……性别特征通常与人们的行为以及对社会的贡献并无关联……"；此外，法官还引用盖茨诉宾夕法尼亚州公共福利委员会案［Getz v. Com. of Pa., Dept. of Welfare (1986)］；夏皮罗-戈登诉 MCI 电信公司案［Shapiro - Gordon v. MCI Telecommunications Corp. (1993)］两则案件，案件中美国当犹太雇员控诉雇主由于自己信仰犹太教、遵守安息日规定而受到歧视对待时，在雇员证明该歧视性对待确实存在后，雇主需要证明已采取一切合理的方法将遵守安息日规定的犹太雇员纳入员工整体而没有区别对待。进一步论证平等与歧视之间的关系。二是引用加拿大先例。法官引用了加拿大普通法地区发展出的审查所有基本权利的标准层级，用以区分侵犯权利行为的目的和侵犯行为合比例性。其中特别引用了加拿大诉奥克斯案（R. v. Oakes）中首席大法官的判决理由。三是引用德国先例。法官在判决书中提到德国联邦宪法法院要求对基于性别的歧视施以严格的审查，因而只有非常重要的目的才能证立这一歧视行为，即使在一些条件下侵犯的程度并不严重。[1]

三、中国的案例制度演进

(一) 制度演进

我国的案例制度从建立至今，经历了一个高速发展的阶段，大体可以分为三个时期：

第一阶段是案例制度的建设阶段。2010 年，最高人民检察院和最高人民法院先后发布了《关于建立案例指导工作的规定》，其中最高人民法院《关于案例指导工作的规定》（法发〔2010〕51 号）正式确立了指导性案例对司法审判的拘束作用，规定指导性案例要经最高人民法院审判委员会讨论决定，各级人民法院审判类似案例时应当参照。

2011 年 12 月 20 日，最高人民法院开始发布首批指导性案例。截至 2023 年 11 月，最高人民法院共发布了 38 批、200 余个指导性案例，涉及民事、刑事、行政、执行等领域。截至 2024 年 3 月 31 日，最高人民检察院共发布 50 批指导性案例。

2015 年 5 月 13 日，最高人民法院印发《〈关于案例指导工作的规定〉实施细则》（法〔2015〕130 号），明确了指导性案例的编选标准。自此，指导案例制度日臻成熟。

第二阶段是类案检索制度的建设阶段。在 2017 年之前，法官的强制检索义务仅限于最高人民法院发布的指导性案例，因

---

[1] D. P. Currie, The Constitution of the Federal Republic of Germany, Chicago, 1994, at p. 328. 参见 HCJ 4541/94,《米勒诉以色列国防部案》，赵英男编译，载最高人民法院中国应用法学研究所编：《人民法院案例选》[2018 年第 9 辑（总第 127 辑）]，人民法院出版社 2018 年版，第 209 页。

此早期的类案检索就是检索指导性案例。同时，虽然最高人民法院公布的指导性案例拘束力强，但其数量少、更新较慢、涉及领域有限，无法满足案例指导司法实践的巨大需求缺口。所以类案检索范围的扩大是一个必然的趋势。而类案检索机制与案例指导制度能够形成有效互补，在案例指导制度中，最高人民法院垄断了指导性案例的遴选和发布权力。类案检索机制则能够为其他案例提供展现积极作用的机会，使得以往只具有事实影响力的类似案件能够被正式接纳和吸收[1]。类案检索制度的确立包括三个相互配合的制度环节，即由"类案检索初步过滤、专业法官会议研究咨询、审判委员会讨论决定"构成的完整运行程序。

自 2015 年提出专业法官会议制度后，2017 年最高人民法院《关于落实司法责任制完善审判监督管理机制的意见（试行）》（法发〔2017〕11 号）第 6 条首次要求各级人民法院在发挥专业法官会议、审判委员会作用的同时，建立类案及关联案件强制检索机制。

自 2017 年 8 月 1 日起施行的《司法责任制实施意见》第 39 条规定，承办法官应对本院已审结或正在审理的类案和关联案件进行全面检索，制作类案与关联案件检索报告；第 40 条规定，对于新案件拟作出的裁判结果将形成新的裁判尺度的、拟作出的裁判结果将改变本院同类生效案件裁判尺度的，以及发现本院同类生效案件裁判尺度存在重大差异的，应提交专业法

---

[1] 孙光宁：《类案检索的运行方式及其完善——以〈关于统一法律适用加强类案检索的指导意见（试行）〉为分析对象》，载《南通大学学报（社会科学版）》2022 年第 1 期。

官会议或审判委员会讨论决定。

自2018年12月4日起施行的最高人民法院《关于进一步全面落实司法责任制的实施意见》（法发〔2018〕23号）第8条规定，健全专业法官会议与合议庭评议、审判委员会讨论的工作衔接机制；第9条规定，各级人民法院应当建立类案及关联案件强制检索机制，存在法律适用争议或"类案不同判"可能的案件，承办法官应当制作检索报告，交由合议庭评议或者专业法官会议讨论。类案检索机制是司法责任制中创新性制度设计之一，已经成为审判流程中的必备环节。[1]

2020年5月29日，习近平总书记主持中央政治局第二十次集体学习时，对统一法律适用工作提出明确要求。2020年7月15日，为深化司法责任制综合配套改革，健全完善类案检索制度，进一步统一法律适用，最高人民法院印发了《类案检索意见》。同时，最高人民法院《关于深化司法责任制综合配套改革的实施意见》（法发〔2020〕26号）正式规定了"类案检索初步过滤、专业法官会议研究咨询、审判委员会讨论决定"的制度框架。自此，三个制度既各自工作又协同配合，构成了现行司法领域的新型审判权力运行体系。

第三阶段是人民法院信息化建成，并全面支撑审判体系和审判能力现代化的阶段。2021年初，中央政法委将"完善统一法律适用机制"列入2021年政法领域十大重点改革举措任务台账，明确由最高人民法院牵头落实。2021年12月1日，最高人民法院《统一法律适用工作实施办法》（以下简称《实施办

---

[1] 孙光宁：《案例指导制度的实践经验与发展完善》，法律出版社2023年版，第334页。

法》）正式施行，对进一步规范统一法律适用工作、确保法律统一正确实施提出具体要求。《实施办法》的出台即旨在建立起一个规范统一的工作制度，完善院级层面的统一法律适用工作机制，推动形成工作合力，规范法官裁量权行使，妥善解决法律适用分歧问题。《实施办法》共 20 条，既是对之前类案检索工作过程中出现的问题回应，也是对未来工作方向的指引。

图 3　指导性案例制度和类案检索制度的确立和发展

《实施办法》主要包括五个方面内容：一是从总体上对统一法律适用工作的内容作了规定，从统一法律适用角度重申了案件办理、制定司法解释、发布案例的基本要求，确保司法解释和案例的规范指引作用充分发挥。二是进一步明确了类案检索的情形和范围，明确了类案检索说明或报告的制作规范，强化类案检索制度要求，促进"类案同判"。三是进一步补充明确了各部门专业法官会议讨论案件的范围，同时建立健全跨部门专业法官会议机制，研究解决跨部门的法律适用分歧或者跨领域的重大法律适用问题，为法官办理疑难复杂案件提供业务咨询。四是创新具体法律适用问题解决机制，通过审判委员会法律适用问题决议等形式，提高裁判规则指引的及时性、便捷性。五是明确建设统一法律适用平台及其案例数据库的要求，提升统一法律适用、规范裁量权行使的科技应用水平，解决实践中法官检索到无效类案信息过多、难以总结归纳参考等问题（如图4）。如果将其放置在司法责任制改革以及案例指导制度建设的大背景下来理解，类案检索实质上是为了服务于法官在实践中发现和参照类案。

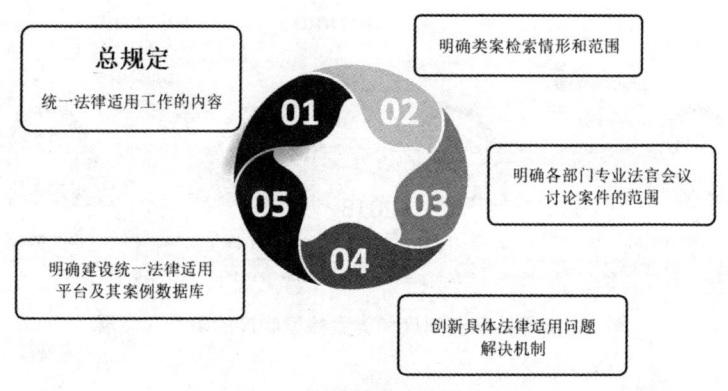

图 4　《实施办法》五大内容

- 01 总规定 统一法律适用工作的内容
- 02 明确类案检索情形和范围
- 03 明确各部门专业法官会议讨论案件的范围
- 04 创新具体法律适用问题解决机制
- 05 明确建设统一法律适用平台及其案例数据库

时至今日，我国已经建立了包括制定司法解释或其他规范性文件、发布案例、落实类案检索制度、专业法官会议制度等在内的多项工作方式，并取得了可观的成果。统一法律适用，规范裁量权行使，是深入学习贯彻习近平法治思想的重要举措，是人民法院履行宪法法律职责、维护国家法制统一尊严权威的必然要求，是贯彻全面落实司法责任制、加强对司法活动监督、保证审判权依法正确行使的具体行动。

2024年5月7日，最高人民法院发布了《工作规程》，其中第1条规定，为做好人民法院案例库的建设和使用工作，促进法律正确统一适用,深化诉源治理,提升公正与效率,结合审判工作实际,制定本规程。

人民法院案例库是由最高人民法院统一建设的案例资源库,最高人民法院对案例采取统一建设、统一归口的做法,最为突出的价值是提供权威和尽可能全面的案例交流、集散平台。特别值得注意的是《工作规程》中第16条规定了社会参与的渠道,明确规定国家机关、法学院校、律师协会等单位,甚至专家学者、律师及其他公民个人,都可以向人民法院案例库推荐参考案例,这意味着人民法院在推进案例指导制度的过程中开始更加关注案例的实效性和实用性,相较于早期自上而下地发布指导性案例,此次社会参与渠道的打开能够更有针对性地回应社会公众在司法实践中遇到的真问题。

(二) 理论探索

围绕裁判文书说理问题,理论和实务界均有很多成熟的研究。在实务界,最高人民法院司法改革领导小组办公室组织出版了《关于加强和规范裁判文书释法说理的指导意见理解与适用》(2018),对于说理的基本要求、技术指引以及机制配套方面进行了详细探讨。

学术界围绕裁判文书说理和案例发挥作用的研究主要经历了两个阶段的发展:

第一阶段是自20世纪末期至21世纪初。这一阶段形成了大量的基础性研究,涵盖了以下方面:①关于裁判文书说理的基础性研究,包括对司法判决的结构和风格进行研究(张志铭,1998);对裁判文书说理现状及成因的研究(唐文,2000)。②关于裁判文书说理的比较研究,包括对我国不同时期裁判文书说理问题的历史梳理（贺卫方，1990；汪世荣，1995；龙宗智，1999；胡云腾、于同志，2008）；对大陆法系和英美法系国家进行宏观的对比研究（武树臣，1998）；对具体国别的细致讨论（唐师瑶、王升远，2006；陈兴良，2012）。

第二阶段是党的十七大提出深化司法体制改革至今。这一阶段随着案例指导制度的出台，以及对加强裁判文书说理的要求，学界出现了大量针对重大、关键问题的深入研究，具体分为以下几个方面：①关于裁判文书说理素材的研究，涉及对说理过程的法理分析、案例、宪法以及其他辅助素材运用的研究（孙华璞等，2016；于晓青，2012；李友根，2011）。②关于案例能否作为裁判文书说理的依据研究，包括案例的指导方式、效力以及能否作为说理依据（王利明，2012；张骐，2014；孙海波，2016）；主张裁判作为说理依据，但是不能作为判决依据（胡云腾，2018）；强调案例制度的特殊功能（陈兴良，2012；姚辉，2012）。③关于三大诉讼法中对于裁判文书说理的不同要求，包括民事判决理由的结构、域外比较研究以及改革趋势的分析（傅郁林，2000）；刑事判决应如何加强说理的专项研究（彭海青，2007；孙万怀，2014）。

普通法系国家学者对遵循先例的发展源流和作用模式的梳理（Goodhart，1934；Llewellyn，1983）；德国学者的相关研究主要包含对法律论证理论中法官造法的实践，以及先例在德国司法实践中的作用（Neumann，1986；海德堡大学法学院建院600周年纪念文集，1986）。

在过去的研究中，学界和实务界在关于加强裁判文书说理以及加强司法案例应用这两个问题的重要意义上已经形成了高度的共识。存在认识分歧的方面主要在于：大多数学者均主张案例应当作为裁判文书中说理依据而获得实际的应用，在当事人将类似案件作为说理依据向法庭提出时，主张法官应当在判决文书中进行正面回应；与之相对，实务界更倾向于对案例进行隐性适用，而将"加强司法案例应用"的落脚点落在对典型案例的评选、发布和研读。

（三）问题聚焦

围绕案例在裁判说理中的作用方式，实务和理论界有多重对话和交叉。

1. 围绕说理的依据和要求

为进一步巩固和推进案例指导制度的制度优势，统一裁判尺度，《司法责任制实施意见》中新创设了类案与关联案件检索机制，明确承办法官在审理案件时要对类案和关联案件进行比较并分情形处理，其中要求对于拟形成新的裁判规则的情况提交讨论，被视为加强案例指导的重要信号。

为进一步落实司法责任制，2018最高人民法院起草了《关于人民法院裁判文书说理若干问题的意见（征求意见稿）》。关于案例能否作为说理依据的问题，该征求意见稿主张法官可以运用最高人民法院发布的指导性案例作为论据论证裁判理由，以提高裁判结论的正当性和可接受性，对指导性案例以外的其他案件能否作为说理依据并未答复。问题在于，对于相关的类案，是必须作为说理依据，还是可以作为说理依据，还是不能作为说理依据？如果当事人提出指导性案例以外的具有指导作用的相似案例作为论据，法院是否可以回应？是否需要回应？无论是《关于人民法院裁判文书说理若干问题的意见（征求意见稿)》还是《司法责任制实施意见》,均没有说明。本章拟通过分析将不同类别的案例作为裁判文书说理依据进行规范性研究,意在弥合类案与关联案件检索机制与裁判文书说理依据的规定之间的冲突。

在说理依据方面,比较集中的意见是将法律、司法解释、指导性案例、法理、学界通说等纳入裁判文书说理的论据之中。但是如何细化和理解上述每一种说理依据的内涵和外延、如何使用这些论据,仍有很多争论。其中,关于案例能否作为说理依据的问题,上述征求意见稿的意见是法官可以运用最高人民法院发布的指导性案例作为论据论证裁判理由,以提高裁判结论的正当性和可接受性。即目前的倾向性做法是允许将指导性案例作为裁判文书的说理依据,这与胡云腾大法官曾指出"违背指导性案例的判决可被推翻",且指导性案例可以在裁判文书中引用,"不过不宜作为裁判的依据引用,而可以作为说理的依据引用"不谋而合。

2. 围绕类案的应用问题

为统一法律适用和裁判尺度,最高人民法院先后发布《分歧解决机制的实施办法》和《类案检索意见》等指导性文件。在实践中如何能够精准、高效地运用司法类案,使之作为加强裁判说理的抓手,提高裁判的可接受性,最终实现司法责任制目标,才是推行类案检索机制的根本要义和最终目标。党的十八届三中全会提出"增强法律文书说理性,推动公开法院生效裁判文书";党的十八届四中全会进一步要求"加强法律文书释法说理";最高人民法院于2018年6月发布《释法说理的指导意见》。然而,在具体落实中央的精神和部署时,对于如何平衡说理的规范性和多样化之间的关系引发了很多争论，其中之一就是关于类案如何作为裁判文书的说理依据问题。根据最高人民法院2020年7月15日发布的《类案检索意见》第9条规定："检索到的类案为指导性案例的，人民法院应当参照作出裁判……检索到其他类案的，人民法院可以作为作出裁判的参考。"但参考类案作出裁判的直接目的是统一法律适用和裁量尺度，指向的是人民法院内部对于审判尺度的把握；而审判工作，尤其是裁判文书的说理面向的直接受众是案件的当事人，具有对外宣示性，因此，关于是否应当将法官在案件时予以参考的类案作为说理依据向当事人和公众展示，从而实现"真正的说理"这一问题，相关文件没有给予明确答复。而在《释法说理的指导意见》第13条中列举的可以用以论证裁判理由的论据中，并未包含司法类案，因而可以看作最高人民法院对这一问题持否定意见。

在案例作为裁判文书的说理依据这一问题上，出现了两类突出的困惑：一是指导性案例如何作为裁判文书的说理依据；二是指导性案例以外其他具有指导作用的案例是否可以作为说理的依据。对于相关的类案，是必须作为说理依据，还是可以作为说理依据，还是不能作为说理依据？如果当事人提出指导性案例以外的具有指导作用的相似案例作为论据，法院是否可以回应？是否需要回应？官方文件中均未说明。

出现这一现象的原因在于案例能否乃至如何作为裁判文书说理依据的问题比较复杂，并非一言两语能够说得清楚，应当分情况进行讨论；而且在一些具体的细节上也并未达成一致的意见。如果可以作为说理的依据，那么如何使用这些案例（明确适用还是隐含适用）也是实践中具有较大争议的问题。但是退一步讲，如果明确规定指导性案例以外的案例一概不能作为说理依据，在实践中会造成三个问题：其一，如果法官隐含适用（"用而不说"）了最高人民法院发布的典型案例、上级法院的案例以及本院先前判决的案例中的裁判规则，但是并不在裁判文书中体现，也即并不说明如此裁判的真实理由，将明显违背司法责任制的要求和理念。其二，如果法官对当事人提出的具有指导性的案件不予回应，但却作出相反判决，将无法说服当事人，致使当事人形成更强烈的上诉倾向，难以起到服判息诉的作用。其三，与人民法院大力推进司法案例的研究与应用，加强案例指导工作的工作方向存在一定的矛盾，不利于理顺人民法院与案例工作的关系。

"案例在法官说理时有着不可替代的作用，它既是法官解释法律的重要方法，也是证明裁判公正性的不可或缺的素材，当然也是使裁判文书充分说理的可选途径。"[1]正因为法律存在诸多的局限性，加上具体案情的千差万别、司法人员个人素质差别、学识各异和自由裁量权的运用不一，还有社会各种因素的干扰等，司法可能出现更多与公正性与统一性不相符合的问题。

最高人民法院《关于深化人民法院司法体制综合配套改革的意见——人民法院第五个五年改革纲要（2019—2023）》（以下简称"五五改革纲要"）要求"完善统一法律适用机制……完善类案和新类型案件强制检索报告工作机制"。对于类案进行检索并制作检索报告，使之发挥类案指导审判、统一裁判尺度

---

〔1〕 唐文：《法官判案如何讲理——裁判文书说理研究与应用》，人民法院出版社2000年版，第263页。

的作用，既是对审判工作的明确要求，也是全面落实司法责任制，维系社会共同价值，建设社会主义法治国家的应有之义。改革的方向指向承认司法类案对于统一法律适用的重要作用。如何进一步完善类案适用的规则和机制，使之有效服务于裁判文书的说理，是未来司法研究的重要课题。结合我国司法实践的需求和现状，我国发挥和实现案例实现司法统一的目的，主要依靠两种路径：一是通过类型化的方式加强法律解释。使得法官在进行内部证成的逻辑推理时，可以依靠案例加强和统一对法律的理解。二是通过规范法律原则的理解和运用，以及对"类似案件是否类似审判"进行检验，为法官和社会公众提供外部证成环节中实质正当性的参照标准，从而在价值判断的层面实现法的一致性与安定性。

第四章

以案说理的实证研究

裁判文书是司法审判工作的直接成果，其中反映了案件争议和诉讼请求、记载了司法审判活动过程、明确了当事人的权利义务，为当事人之间的纠纷提供了以法律为依据的明确解决方案。针对"法院在司法裁判中如何运用案例进行说理"这一问题，本书通过实证研究，分析北京市各级法院在民事和刑事领域司法裁判过程中对案例的回应与使用，探索类案在裁判文书说理中是如何发挥作用的，并总结现阶段法院在运用类案进行裁判说理时的规律和可能存在的问题，为构建和完善法院将类案作为裁判说理依据的机制提供现实参考和理论灵感。

一、样本选择

本章将分析对象聚焦于北京市 2012 年至 2022 年 6 月间公布于中国裁判文书网数据库的民事案件和刑事案件裁判文书。其中，在民事领域，由于民事案件中包含"类案"及其同义关键词的裁判文书数量巨大，难以逐一分析，因此在民事领域内，本书将选择"知假买假"这一类案件的裁判文书作为分析样本，具有典型性和代表性。中国裁判文书网数据库中，涉及"知假买假"的裁判文书共 7765 篇。如果将地域限定为北京市，时间范围限定为 2012 年 1 月至 2022 年 6 月，北京市各级法院作出的相关裁判文书共有 508 份，其中，在裁判文书内容里出现"类案类判"及其同义关键词的裁判文书共 122 份。通过对其进行了全样本逐一分析，得出了案例在司法裁判中发挥作用的过程。

为了进一步对个案进行白描，本章将视线聚焦于裁判文书的内容本身，考察在 18 份载明法官围绕案例展开说理的文书中法官是如何具体说理的，并将这 18 份文书中针对案例进行说理的方式划分为直接论断式回应、不详细的说理和详细的说理三种类型。通过对北京市各级法院裁判文书的实证调研和文本分析后发现，目前类案虽然已在司法实践中成为法官说理的依据，但这种对类案资源的使用存在被动性，且大多数使用类案进行说理的判决在对类案判断、使用上的说明并不充分，存在逻辑不完整甚至直接决断、回避说理的情形。由此得出结论，将类案作为裁判说理的依据加以运用的结果直观体现在判决文本当中，因此法官应当在判决说理部分清晰扼要地阐明从类案判断到作出判决的整个思维过程，将思维过程文字化。具体包括，在类案判断与采纳上，说明判断结果、分点罗列理由并选取恰当的论据和论证方式予以支撑；在前述基础之上，强调类案与本案判决结果之间的联结，明确类案裁判要旨，述清从类案裁判要旨到本案判决结果的关系对应。

（一）民事领域样本选择

在进行实证研究时，之所以选择"知假买假"类案件的裁判文书作为实证分析的目标总体，是因为在本书所关注的核心问题——法院如何运用类案进行裁判说理——之下，该类型的案件具有较强的可分析性。一方面，该类案件可提供充足的分析素材。随着职业打假人群体的壮大和法院对于此类案件中有关"知假买假者是否能够获得惩罚性赔偿"肯定性判决的存在,"知假买假"案件的数量在短短几年内呈爆炸式增长,分布范围也不断扩大,并因此积累了大量的前案判决。另一方面,该类案件存在指导案例、公报案例,由于前案充足,也存在大量上级法院的案例以及本院先前判决的案例,这些类案的存在是类案说理的前提和基础。因此,"知假买假"案件具备大量可供类案检索的已生效判决,在审判实践中也确实存在大量使用类案进行裁判的情形。因此,选择"知假买假"案件的裁判文书作为实证研究目标总体有利于保障定量分析的样本数量,提高实证研究的可信度。

在具体的调研范围方面,中国裁判文书网数据库中涉及"知假买假"的裁判文书共7765篇,将地域限定为北京市,时间范围限定为2012年1月至2022年6月,北京市各级法院作出的相关裁判文书共508份,其中,在裁判文书内容里出现"类案类判"及其同义关键词的裁判文书共122份。

在对样本进行进一步筛选、统计的过程中,笔者发现,在极大一部分"知假买假"案例的裁判文书中,当事人使用类似案例的目的在于证明"商品购买者是不是职业打假人"。例如在(2019)京03民终3029号案件中,上诉人向法庭提交了类似案例的检索报告,报告显示"被上诉人(原审原告)先后起诉数十宗同类案件,以证明被上诉人是职业打假人,而非普通消费者,其提起诉讼并非为了维护自身的权益,而是通过诉讼的方式获得高额的利润",并据此主张被上诉人的诉讼请求依法不应得到支持。这种类似案例和本书讨论的"以类案说理"中的类案是不同的。从影响判决结果的方式上看,此处使用的类似案例具体指本案当事人涉及的其他相同案由的案件,是广义的"类型化案件"。这种情况下所使用的类似案例本质上是作为证明案件事实的证据性材料存在的。但是"类案类判"中所说的类案应当作狭义的理解,指与待决案件具有相关类似性的先前案例,其功能之一在于指导本案判决。

综合上述考虑,本书在对"知假买假"案例裁判文书进行分析之前,首先应当将仅使用类似案例证明"商品购买者是不是职业打假人"这一案件事实的裁判文书予以排除。最终获得的有效分析样本共 16 份,在这 16 份裁判文书中,均存在当事人提出类案,主张类案类判的情形(详见附件 4)。

(二)刑事领域样本选择

在中国裁判文书网数据库中,北京市各级法院 2012 年 1 月至 2022 年 6 月间的刑事案由裁判文书共 137 201 份,其中,在裁判文书内容里出现"类案类判"及其同义关键词的裁判文书共 36 份。在对这 36 份裁判文书的内容进行进一步筛选后,剔除与本书所讨论"运用案例进行裁判说理"问题无关的文书 9 份,最终获得的有效分析样本共 27 份,均存在有关类案类判的讨论(详见附件 5)。

二、统计分布

本次分析的样本包括"知假买假"类案件裁判文书 16 份,刑事案件裁判文书 27 份,合计 43 份。这 43 份裁判文书的统计分布如下。

（一）案例来源的统计分布

首先，根据案例提出主体的不同，可以将这43份裁判文书中涉及的案例分为由当事人提供的案例和由法院主动检索的案例，其中由当事人提供的案例为38份，由法院主动检索的案例为5份。

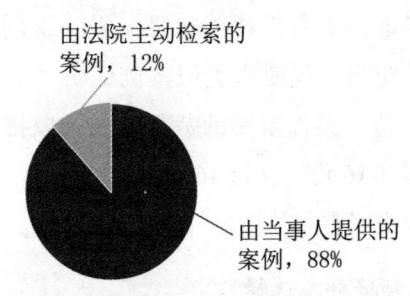

图5 运用案例说理的案例之来源分布

可见在北京市各级法院的司法裁判实践中，裁判文书运用案例进行说理时所涉及的案例大部分（88%）由当事人作为诉讼理由提供，法院则是在当事人诉讼请求的推动下被动地运用案例说理。

（二）法院对当事人提供案例的回应

之所以区分为由当事人提供的案例和由法院主动检索的案例是因为法院在面对不同来源的案例时，会走向不同的思维过程。当案例是由当事人作为控（诉）辩理由向法庭提出的时候，若该案例并非指导性案例，那么法官就有选择回应或者不回应的自由裁量空间。在由当事人提供案例的38份裁判文书当中，法官在说理部分予以正面回应的文书有16份，占所有由当事人提供案例的 42%。但是法官正面回应的情况在"知假买假"类案例和刑事案件中的分布并不均衡,其中在"知假买假"类案例中仅 2 份,刑事案件中为 14 份文书。

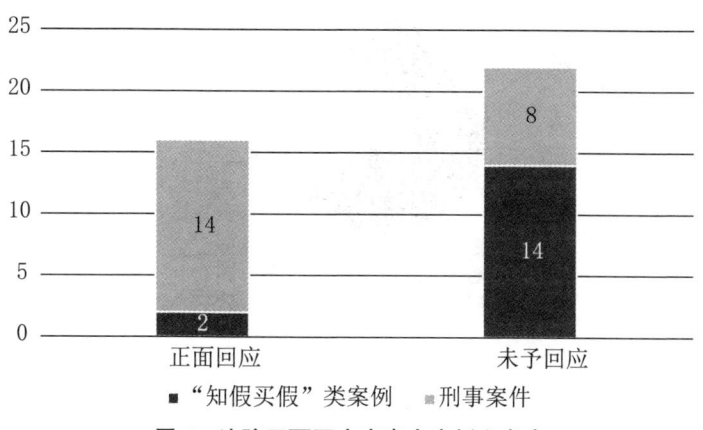

图 6 法院正面回应当事人案例之考察

(三) 案件类型的统计分布

在《类案检索意见》中,存在指导性案例和其他案例的区分,在法官运用案例进行说理的过程中,二者具有不同的拘束力。其中,对指导性案例的参照与否和理由说明是不可回避的,无论是由当事人提供还是由法院主动检索,只要该案例为指导性案例,法官在说理时都应当就是否参照指导性案例及其理由进行说明。指导性案例之外的其他案例对司法裁判同样具有指导作用,但是法官在回应时具有更大的自由选择空间。

在这 43 份裁判文书中,仅有 4 个案例为指导性案例,约占所有案例比重的 9%。在其他 39 份裁判文书的案例中,大部分案例属于其他法院案例(27 份,占所有案例比重的 63%),即

· 117 ·

同级其他法院或者下级法院裁判生效的案例,还有少部分案例为上级法院案例(3份,7%)和本法院先例(9个,21%)。

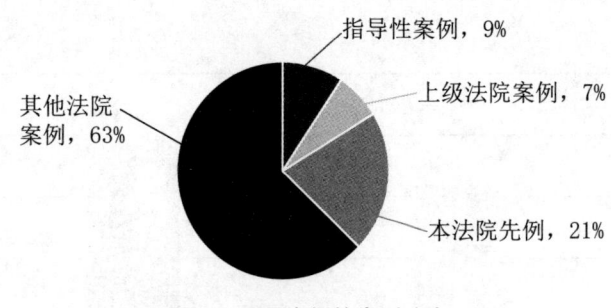

图7 运用案例的类型分布

(四) 分析与讨论

在北京市各级法院的审判实践中,由当事人提出类案并要求法官参照裁判的情形已经成为常态,这也使得"在裁判文书中是否应当回应当事人的类案参照请求"成为法官在实践中不得不面对的问题。

出于实现同案同判的需要和加强裁判文书说理性之目的,法官应当对当事人提出的类案进行回应,这种回应是切实体现在裁判文书当中的、明文记载的判断和说理,且与最终是否决定予以参照无关。显然,法官回应与否受到案例类型的影响,仅针对指导性案例的回应对于法官而言具有强制力。但是在实践当中,指导性案例往往只针对疑难案件、典型案件发布,所能覆盖的类案范围必然是有限的,而当事人并不会因为案件事实简单就放弃提出案例支持己方诉求。相反,越是具有普遍性的案件,当事人检索类案的难度、检索成本越低。

在司法审判活动中，不仅仅只有法官需要对案例进行检索和类案识别，随着案例指导制度建设的推进，公诉机关、案件当事人及其辩护人、诉讼代理人乃至广大公众都越发认识到类似案例对司法裁判结果所可能产生的影响，并越来越多地尝试在诉讼过程中向法庭提交支持己方诉讼请求的"类案"作为控（诉）辩理由，以期法官作出利己的裁判。但也正是这种强目的性，导致了控辩双方所提出的类案和中立的法庭所检索的类案之间的差异。对于作为中立审判者的法官而言，类案检索的目的是寻找裁判规则，或者为法院最终作出的司法裁判提供有力支撑，这一检索和识别过程是一个由"类案"走向"类判"的过程。而控辩双方在检索和识别类案的过程中往往将本应作为结果的"类判"颠倒成为识别"类案"的标准，当事人据此提交的"类案"的客观性必然遭受质疑。由此，当事人提交的"类案"无法直接作为法官裁判说理的素材，而是需要法官对这些"类案"再次进行相似性的审查和确认，这一过程背后存在较高的论证成本。

较高的论证成本意味着回应当事人类案参照的诉求会加重法官的工作压力，而且如果类案参照出现错误，法官还可能面对被追责的风险，这些原因都导致了法官对回应当事人提交的"类案"这一行为持谨慎态度，更多的法官会在权衡过程中选择回避、忽视当事人的这一诉求。当我们对法官这一回避态度进行进一步的思考，就会发现其背后更深层次的原因在于类案参照制度缺乏约束力以及法官自身说理能力的欠缺。首先，在制度约束力方面，《类案检索意见》中只有指导性案例的参照对法官而言有强制约束力，但是在实践中，指导性案例往往只是少数,例如在本次调研的分析样本中出现的指导性案例所占比重仅为9%,这也就为法官回避当事人参照类案的诉求提供了更大的空间。即便法官认为待决案件可以参照类案,也可能为了规避责任选择用而不说,从而导向类案的隐性适用问题。其次,在法官说理能力方面,围绕案例进行类比说理本就不是中国法官所熟知的说理模式,而且类比推理所需要的比较标准,也即类案判断的标准,或者相似性识别的标准,并未在制度层面得到统一,这也为习惯了以明确的规则为起点展开思考的法官增添了心理上的迷茫和犹豫。

三、围绕裁判文书的文本分析

在考察了法官运用类案进行说理的整体情况,法官回应当事人类案参照要求的实践倾向及其背后的原因之后,我们还需要进一步将视线聚焦于裁判文书的内容本身,考察在18份载明法官围绕案例展开说理的文书中体现的法官具体说理方式,以总结司法实践中现有的"以案说法"机制。

通过对这18份文书的整体把握,大致可以将这18份文书中针对案例进行说理的部分分为直接论断式回应、不详细的说理和详细的说理三种类型。

(一)直接论断式回应

直接论断式回应指的是,尽管从文字中可以看出法官是在对当事人以类似案例作为依据提出的诉讼主张进行回应,但是回应的内容仅为"采纳"或者"不采纳"的结论,而未对采纳与否的原因进行说明。此类回应方式,裁判文书中的措辞简短,

内容也非常模式化,例如:

> 辩护人提出的辩护意见理由及依据不足,本院不予采纳。[(2019)京 0102 刑初 923 号]
> 缺乏充分的事实和法律依据,本院不予采纳。[(2019)京 04 刑初 32 号]
> 经审查,上述辩护意见确有合理之处,本院将在量刑时酌予一并考虑。[(2019)京刑终 115 号]

在这一类型中,法官仅仅提出结论,虽然对于同案同判的诉讼请求有所回应,但是并不满足运用案例进行说理的客观要求,所有的论证过程都被省略。这样的回应并不能使得当事人通过裁判文书说理理解法官的思维过程进而接受法官判决,是一种无意义的回应。

(二)不详细的说理(不充分说理)

不详细的说理指的是,裁判文书说理部分的确对当事人以类似案例作为依据提出的诉讼主张进行了回应,并且说明了采纳与否的原因,但是对原因的论述并不详细,缺少必要的论证过程。例如:

> 对于上诉人徐某毛的辩护人所提本案应当适用同案同判原则,参考"被告人潘某龙、高某贩卖毒品案"的判决结论的辩护意见,经查,本案与辩护人所提案件并不属于同案,具有实质的不同,故上述辩护意见,本院不予采纳。[(2021)京 03 刑终 116 号]
> 经查,原审法院在量刑时对李某孔在共同犯罪中的地

位和作用，李某孔具有的自首、认罪认罚等量刑情节，以及与同案犯量刑的均衡性均予以了充分考虑，所作出的量刑均衡、适当，故上诉理由及辩护意见不能成立，本院不予采纳。[（2021）京02刑终310号]

唯未认定上诉人罗×1、罗×2具有自首情节导致量刑畸重，应予纠正。本院参照最高人民法院发布的指导案例和中国裁判文书网上所查阅的该罪名的全部生效裁判文书，并结合本案的具体情节、上诉人的实际获利金额、退赃情况，按照罪责刑相适应和量刑均衡的原则，依法予以改判，同时对二上诉人宣告缓刑。[（2016）京刑终60号]

以（2021）京03刑终116号案件为例，当事人主张本案应当使用类似案件类似审判的原则，参考"被告人潘某龙、高某贩卖毒品案"的判决结论，对此，法官在裁判文书说理部分进行了明确的回应，指明法院不采纳该辩护理由的原因是"本案与辩护人所提案件并不属于同案，具有实质的不同"，但是并未进一步说明本案与辩护人所提案件为什么不属于同案，以及判断是否具有实质性不同的标准是什么。

这样的说理方式明确了采纳与否的理由，因此能够让当事人了解到法官如此裁判的理由，但是了解并不意味着理解，过于简单的理由说明并不能够完全解答当事人的疑惑，也更容易进一步引发当事人对类案参考方面的质疑。

(三) 详细说理（充分说理）

能够减轻当事人疑虑，帮助当事人充分理解法官思维过程、裁判结论生成过程的，必然是详细的论证说理。详细的论证说理不仅要求法官在裁判文书说理部分明确回应、说明理由，还要求说明理由的过程完整、有理有据。在实践中已有许多法官针对详细的类案说理进行了尝试，例如：

> 对于郭某龙提出的一审判决与最高人民法院23号指导案例等案为类似案件，但裁判结论不同，一审法院适用法律错误的上诉意见。本院认为，最高人民法院23号指导案例中涉案商品为已经过保质期的产品，并非食品标签存在不影响食品安全且不会对消费者造成误导的情形，与本案并非类似案件。郭某龙提交的其他案例中，部分案例与本案存在类似因素，但裁判结果与同级人民法院裁判时间在后的类似案例不同。本院综合裁判时间、案件类似程度等因素，对郭某龙的该项上诉理由不予采信。[（2021）京01民终3510号]

> 本院认为：首先，一审法院针对两案作出判决的时间不同，时间相隔将近一年；其次，在前案中，经营者对于胡某清不是消费者并未提供有效证据证明，本案中，根据胡某清的陈述以及翠微大厦提供的证据可以证明胡某清并非消法意义上的消费者；最后，前案的案情与本案并不相同，前案与本案的立论基础不同。虽然两案均涉及销售者出售的西服套装的检测成分与水洗标标注不一致的情形，但是两案作出判决的前提并不相同：前案作出判决的前提为经营者并未提供有效的证据证明胡某清并非为生活消费需要而购买涉案商品，本案判决的前提是经营者提供的证据以及胡某清的陈述可以证明胡某清并非为生活消费需要而购买涉案商品。正是基于以上分析，本院认为本案中胡某清所

述的关于西服套装的检测成分与水洗标标注不一致的事实与前案即便一致，亦不影响本案的结果。[（2018）京01民终4932号]

以（2021）京01民终3510号案件为例，面对当事人指出"本案与最高人民法院23号指导案例等案例为类似案件，一审判决作出相反判决，适用法律错误"的诉讼主张，法院在说理部分进行了明确的回应，不仅说明了最终不予采信的理由是裁判时间不同、案件类似程度不同，还从本案的案件事实出发，说明了裁判时间和案件类似程度这两个因素不同的具体原因——本案与指导性案例中指涉的商品不同、当事人提出的其他类案裁判结果与同级人民法院裁判时间在后的类似案例不同。

（四）数据分析

首先，类似案例的效力等级并不必然影响法官运用案例进行说理的详细程度。在（2021）京01民终3510号案件和（2016）京刑终60号案件中，当事人均提出指导性案例并主张同案同判，其中前一案件中法官对当事人的这一诉讼请求进行了详细的回应，而后者的法官并未因为当事人提出的案件是类似案件而提高说理的完整性，回应部分仅指明法官的确对类似案件、指导性案例进行了参考，但是并未在说理部分体现相似性识别等同案同判必经的推理过程，而是越过了逻辑推理直接得出同案应当同判的结论。反观以指导性案例之外的其他法院案例作为类似案例的案件，其中不乏出现详细、完整的说理论证过程。以（2018）京01民终4932号案件为例，在本案中，当事人于上诉理由主张一审法院同案不同判，并提供了与本案所涉标的物相同的在先判决作为理由。尽管由当事人主张的所谓"类案"并不属于指导性案例等由法律规定法院必须做出回应的案例类型,但终审法院仍在裁判文书中围绕"同案同判"的问题做出了详尽、清晰的回应。在回应方式上,法院首先分三点阐述了前案与本案的差异,这些理由包括判决时间不同、证据证明不同、案情与理论基础不同;随后,法院引用并直接回应了当事人的主张,即"虽然两案均涉及销售者出售的西服套装的检测成分与水洗标标注不一致的情形,但是两案作出判决的前提并不相同",并得出结论"本院认为本案中胡某清所述的关于西服套装的检测成分与水洗标标注不一致的事实与前案即便一致,亦不影响本案的结果"。

其次,从分布上看,在以上18份对案例进行回应的裁判文书中,能够做到详细说理的裁判文书共有9份,包括:(2021)京01民终3510号案件、(2018)京01民终4932号案件、(2017)京03刑终611号案件、(2017)京刑终153号案件、(2014)海刑初字第1793号案件、(2018)京0108刑初1644号案件、(2019)京01刑终628号案件、(2020)京02刑终214号案件和(2020)京02刑终612号案件,共占所有裁判文书比例的50%。但是,文本分析的样本已经经过"是否提出案例作为诉讼依据—说理部分是否针对案例做出回应—回应详细程度"的三重筛选,司法实践当中还存在许多不回应、隐性适用等情形,因此围绕案例进行详细说理的裁判文书在所有应当就类案类判做出回应的裁判文书中的占比只会少于半数。

最后,从裁判文书的说理内容上看,被认为是完整的以案说理在内容上往往具备如下特征:

第一，明确的回应。明确的回应包括在开始回应前，复述当事人的请求及理由；在回应结尾处，明确说明当事人所提相关诉讼理由是否成立、法院是否采纳。

第二，提出采纳与否的理由。针对以案说理的案件，采纳与否的理由主要包括是否属于类案以及类案判决的效力问题。除了作为主要理由的案件类似程度，即所比较的案例与本案之间是否构成类案关系外，采纳与否还可能与类案的判决效力有关，即便本案与他案之间构成类案关系，但该类案判决结果与同级人民法院裁判时间在后的类似案例不同，也不能参照该类案进行判决。

第三，对理由的解释和说明。理由的展开必须紧密结合个案的特征予以说明，相似性识别是个案与个案之间的比较。

四、对于类案的回应与说理

在司法诉讼中，当事人可以将类似案例作为控（诉）辩理由提交法庭，进而通过主张类案类判支持自己的诉讼请求。在此基础上，法院可以选择在裁判文书说理中回应或者不回应当事人提供的案例。

（一）对当事人提供的案例予以说理回应

根据最高人民法院 2020 年 7 月 15 日发布的《类案检索意见》第 10 条规定，公诉机关、案件当事人及其辩护人、诉讼代理人等提交指导性案例作为控（诉）辩理由的，人民法院应当在裁判文书说理中回应是否参照并说明理由；提交其他类案作为控（诉）辩理由的，人民法院可以通过释明等方式予以回应。

当法院依据《类案检索意见》对当事人提供的指导性案例进行说理回应，以及选择对指导性案例以外的其他案例做出说理回应时，就进入了类案的判断，即相似性识别的环节。法院将在此依据一定的判断标准，确定待决案件与当事人提供的案例之间是否存在相似性。其中，相似性识别的标准包括争议点相似、关键事实相似等核心标准，案由相似和行为后果相似等辅助标准，以及其他诸如案件情节、法律关系、非核心的案件事实等参考性因素。

1. 实现类案类判

在相似性识别的环节做出肯定判断时，当事人提交的案例与待决案件之间为类案关系。依据类比推理的逻辑模式：此时存在以事件要素 a 为基础的案例 A，以及以事件要素 b 为基础的待决案件 B；其中事件要素 a 中包含要件 x1、x2、x3、x4、x5，事件要素 b 中包含要件 x1、x2、x3、x4、x6，因为事件要素 a 和 b 之间存在盖然性的相似事件要件（x1、x2、x3、x4），所以可以将适用于事件要素 a 的案例 A 准用于以事件要素 b 为基础的待决案件 B。[1] 也就是说，可以将当事人提交的案例背后的裁判规则适用于待决案件，从而实现类案类判。

2. 不属于类案，回归演绎推理

当相似性识别环节做出否定判断时，当事人提交的案件与待决案件之间并非类案关系，类比推理失去了关键前提，法院的裁判也将重新回归纯粹的"一般到特殊"式演绎推理，通过法律规范、案件事实得出裁判结论。

---

[1] 雷槟硕：《如何"参照"：指导性案例的适用逻辑》，载《交大法学》2018 年第 1 期。

（二）对当事人提供的案例不予回应

根据《类案检索意见》第9条的规定，对于当事人提交指导性案例以外的其他案例作为，控（诉）辩理由的，人民法院可以通过释明等方式予以回应。这意味着我国并未对使用指导性案例以外的其他案例进行裁判说理作出强制性的规定，因此法院有权选择不回应当事人提交的此类案例，直接依据法庭提交的证据、认定的事实和法律规范进行裁判。

然而此时，将本案的判决结果与当事人提交的案例裁判结果进行比较，二者的结论异同有可能引发不同的社会效果和法律效果。

当事人提交案例作为控（诉）辩理由的目的是支持自己的诉讼请求，因此即便法院未在说理过程中对当事人提供的案例进行回应，当最终的判决结果和所提供的案例判决结果相同时，也仍然意味着当事人的诉讼请求最终得到了法院的支持。

但是，当法院对当事人提供的案例不予回应，而本案最终裁判结果又与当事人所提供案例的判决结果相左时，必然会导致案例提供者对判决结果接受程度的下降和上诉意愿的增强，无法起到服判息诉的作用，从而影响司法的公信力和司法权威。

（三）法院主动检索的说理

以案说理的最大障碍有两方面，一是可能引起法律适用的争议，二是造成工作量激增，因此案例制度的构建必然要与繁简分流机制相衔接。《类案检索意见》第2条规定了强制类案检索的情形，该条第4项规定"其他需要进行类案检索的"，有些

第四章 以案说理的实证研究

地方法院甚至全面要求法官类案检索。[1]《类案检索意见》的指导思想上有两点突出之处,分别是制定目的上的公正价值和强制检索情形上的疑难案件色彩。首先,各种类案检索主题的司法文件,在制定目标部分已经表明,类案检索作为一项司法制度,并不以效率作为首要目的。实践中,简单案件是大量且重复的,较之于要求法官通过类案检索提升效率,不要求法官进行类案检索则更有助于效率,注意到这一点是重要的。其次,最高人民法院在制度设计上已经表明,真正急需司法公正保障的,恰恰在于疑难案件,而非简单案件。2021年11月发布的《实施办法》第8条规定了9项强制检索情形,虽然最高人民法院不审判简单案件,但是通过9项情形仍能看出,在疑难案件色彩上和《类案检索意见》第2条是一以贯之的。易言之,强制检索范围应当限于疑难案件,这也不会减损简单案件中的司法公正。由此观之,即便简单、疑难案件并非界限分明,我们能够确定的是,应当避免对于大量且重复的简单案件强制要求类案检索。

在提倡加强司法案例应用的今天,越来越多的法官在审判过程中主动进行类案检索。在《类案检索意见》中规定了人民法院办理案件时应当进行类案检索的情形:①拟提交专业(主审)法官会议或者审判委员会讨论的;②缺乏明确裁判规则或者尚未形成统一裁判规则的;③院长、庭长根据审判监督管理权限要求进行类案检索的;④其他需要进行类案检索的。和当事人提供案例作为控(诉)辩理由的情形不同,当法院主动检

---

[1] 参见孙海波:《类案检索在何种意义上有助于同案同判?》,载《清华法学》2021年第1期。

索类案时，就已经体现了在裁判过程中参照类案的主观意愿，因此不存在"是否回应"的选择，而直接进入到相似性识别的环节。根据《类案检索意见》第6条，"承办法官应当将待决案件与检索结果进行相似性识别和比对，确定是否属于类案"。

在进行相似性识别之后，若未检索到类案，则法官只能依照法律规范进行裁判。由于并无类案影响裁判，这一情形下法院的类案检索过程往往也不会在裁判文书中得到体现。《类案检索意见》中对于检索情况仅要求"对于应当进行类案检索的案件的检索情况在合议庭评议、专业（主审）法官会议讨论及审理报告中对类案检索情况予以说明，或者制作专门的类案检索报告，并随案归档备查"，因此除非检索结果实际影响到了判决结果，否则关于检索情况的记录仅仅是法院内部的文件，不会向当事人和公众公示。

若检索到类案，根据《类案检索意见》第9条的规定，"检索到的类案为指导性案例的，人民法院应当参照作出裁判……检索到其他类案的，人民法院可以作为作出裁判的参考"。这意味着是否使用类案进行裁判说理对于法官而言仍然存在很大的选择空间，只有指导性案例是必须进行参照。

当参照指导性案例，或者选择参照其他案例作出裁判时，法官将进入类比推理的论证过程，最终实现类案类判。当然，法官也可以选择不参照检索到的类案，直接通过逻辑演绎得出裁判结论。诚然，这一结论也有可能和类案裁判结果存在差异，但由于我国并不要求将检索情况与裁判文书一同公开，所以公众将难以知晓这一过程，从对外宣示性的角度来看，这一情况所造成的影响也是相对较小的。

综上，本书对案例在司法裁判中发挥作用的过程解构为如下图所示（见图8）。司法实践中，法院对在先案例的处理基本遵循这一路径。其中"相似性识别"这一类案判断的关键环节，集中体现了法院在司法实践中使用的类案判断标准；作为在先案例与说理依据的连接点，类案判断既是类案作为裁判说理依据、见于裁判文书的前提，也是"以案说理"这一司法裁判进路的重要环节之一。下文将通过对来自北京市各级法院的裁判文书进行整体数据及文书内容的分析，梳理、分析当前司法实践中法院对在先案例的处理方式以及类案作为裁判说理依据而发挥作用的现有机制。

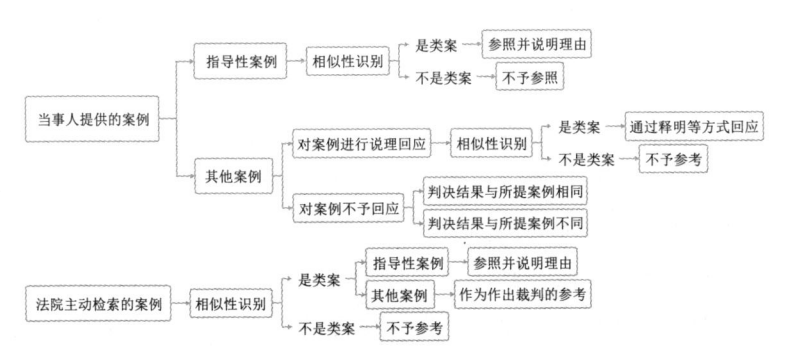

图8　案例在司法裁判中发挥作用的过程

五、以案说理的问题与对策

从类案来源及援引程序上看，法官说理时涉及的类案既可能来自当事人诉讼主张，也可能由法官根据说理需要主动援引。落实到裁判文本，大多被引案例都能通过句末注释、脚注注释或直接于正文中说明的形式被明确写入判决文书，且同一份判

· 131 ·

决可能存在多种表达方式。法官使用类案作为说理依据的目的呈现出多样性，并不总是为了直接援引类案的裁判要旨作出判决，也可能只是为了界清某一事实概念或构成要件，或是支撑本案中存在争议的事实认定结果，或是支撑法律适用的部分论点，甚至案例本身可能并不发挥强制性的作用，而仅仅起到增加说服力、辅助论证的劝导性作用。

关于当事人提出类案要求参照裁判时，法官是否回应的问题。在北京市的司法实践当中，运用案例进行裁判说理仍处于小规模实践阶段。针对当事人提出的"类案"，法官回应与否受到所提案例类型的影响，其原因在于现有类案制度下不同效力级别的案例对法官的拘束力不同。

（一）北京法院以案说理之现状

第一，关于指导性案例作为说理依据的问题。研究发现，只要法官进入正面回应阶段，案例类型与法官具体的回应情况之间的关联就会大大减弱。当待决案件的类似案件中可能存在指导性案例时，法官必然需要将指导性案例作为说理依据，但即便如此，围绕指导性案例进行说理的说理质量仍存在参差不齐的情况。

第二，关于其他案例作为说理依据的问题。指导性案例之外的其他法院案例虽然对法官的拘束力较弱，但也同样可以在实践中作为说理依据，甚至其实在司法实践中，大多数作为说理依据的案例都是指导性案例之外的其他案例。尽管大多数其他案例最终并未被法院采纳为类似案件并影响裁判结果，但是相较指导性案例，其他案例客观上更多地存在于裁判说理当中。

第三，关于当事人提出类案要求参照裁判时，法官如何回应的问题。在北京市的司法实践中，围绕案例展开详细、完整的说理仍非常态，大多数围绕案例进行的说理并不详尽，存在较多直接论断、一笔带过的情形。但是实践中同样也是存在围绕案例展开详尽说理的实践的，这些实践中法官的说理方式可以为推动法官围绕案例展开说理提供技术上的参考。

(二) 完善以案说理

综合上述情形，本书认为，北京市各级人民法院在推动运用案例进行裁判说理的制度构建过程中，可以尝试从以下方面入手寻找解决办法：

第一，对于当事人提出类案要求参照裁判的，无论参照与否都应做出回应。回应当事人诉求是提升司法公信力、降低案件上诉率的基本手段，也是实现司法公正公信的基本要求，当事人提出的类案本质上属于当事人的诉讼理由，直接联结着当事人的诉讼请求。因此，无论是出于对案件进行充分裁决、定分止争的目的，还是为了降低案件上诉率，减轻法院系统整体压力，法官都应当在裁判文书说理部分对当事人提出类案要求参照裁判的诉讼理由进行正面回应。

第二，对于回应说理的详尽程度，可以根据案例的效力高低采取差别化限制。对于结案压力重的法官，尤其是基层法官而言，要求法官对所有当事人提出类案要求参照裁判的情形予以回应必然会加重法官的论证负担。为了平衡法官的工作成本，可以在回应普遍化的基础上，根据所提案例的效力高低，对法官的说理展开程度采取差别化的要求，在同效力等级的类案之间统一裁判说理的详尽程度。

在实践中总结围绕案例展开说理的技巧和可行模式，并在法官内部推广学习。说理技巧的推广学习和说理方式的模式化可以减轻法官的负担，同时也能在说理质量参差不齐的当下促进围绕案例展开说理整体质量的提升。但需要注意，和根据法律法规裁判说理不同，围绕案例展开说理是极为特殊化的过程，是从个案到个案的类比，说理的模式化不能消磨对个案特征本身的重视。

第五章

以案说理的起点：类似案件的检索

"类似案件应当类似裁判"作为一项承载人类朴素正义观的司法原则古已有之，它有时甚至关乎一个国家法治事业的成败。在普通法国家，这一原则表现为直接承认判决本身的法律效力，而在成文法国家则是间接表现为援引已决案件进行释法析理。如何对寻找类似案件辅助审判的过程予以规范化和公开化，是案例制度具体运行中最主要保障。我国正在建设的类案检索制度就是其中的关键环节，法官在进行类案检索时一方面要面对人工选择案件比较点的主观性和恣意性，另一方面还面临着大量裁判文书上网的信息过载和技术过滤的价值非中立性难题。理论界和实务界始终在不断探索类案的有效检索模式，已经形成了一套较为科学可行的操作方法指引，本章将具体呈现在这一程序中需要完成的类案检索步骤。

一、需要类案检索的情形

2024年5月发布的《工作规程》第19条规定："各级人民法院审理案件时，应当检索人民法院案例库，严格依照法律和司法解释、规范性文件，并参考入库类似案例作出裁判。"对案例检索再次作出工作部署。但实际上，案例的检索属于工作强度大，但收效并不稳定的工作，因此并不是对所有待决案件都要做无差别检索。司法实践中大部分案件都是简单案件，简单案件所争议的问题在既有法律规范中已做出调整，法官只需要借助于演绎性的形式逻辑思维，就能推导出案件的裁判结论。在简单案件中，法官通常没有太大的自由裁量余地。与之不同，由于疑难案件在案件事实之确定或法律之适用上存在争议，一般尚未或有待形成统一的裁判尺度，因而只有"疑难案件"才应成为类案检索的重点对象。

"疑难案件"是英美法理学的经典概念，国内学界还是实务界尝试进行了本土化和类型化处理，划分为规范缺失型、理由冲突型、法律模糊型和新型疑难案件这四类[1]。最高人民法院为确保类案检索工作依法推进，避免加重法官的检索负担，也明确规定了类案检索的适用情形。《实施办法》第6条第1款规定："办理案件具有下列情形之一的，承办法官应当进行类案检索：（一）拟提交审委会、专业法官会议讨论的；（二）缺乏明确裁判规则或者尚未形成统一裁判规则的；（三）重大、疑难、复杂、敏感的；（四）涉及群体性纠纷或者引发社会广泛关注，可能影响社会稳定的；（五）与最高人民法院的类案裁判可能发生冲突的；（六）有关单位或者个人反映法官有违法审判行为的；（七）最高人民检察院抗诉的；（八）审理过程中公诉机关、当事人及其辩护人、诉讼代理人提交指导性案例或者最高人民法院生效类案裁判支持其主张的；（九）院庭长根据审判监督管理权限要求进行类案检索的。"

---

[1] 刘树德、孙海波主编：《类案检索实用指南》，北京大学出版社2021年版，第58~65页。

相较于《类案检索意见》中的规定，《实施办法》进一步补充明确了"其他需要进行检索的情形"。此外，法官在裁判说理过程中对类案检索情况负有一定的说明义务，《实施办法》的第7条指出，应当进行类案检索的案件，承办法官应当在审理报告中对类案检索情况予以说明，或者制作专门的类案检索报告。类案检索说明或者报告应当客观、全面、准确反映类案检索结果，并在合议庭评议或者专业法官会议、赔偿委员会、司法救助委员会、审委会讨论时一并提交，并应当随案归入副卷。

二、类案检索的方法

司法程序公开是公正司法的体现，又是公正司法的重要保障。司法大数据公开是时代趋势，相较于几百年前英国普通法的法律人需要费尽千辛查阅法律报告（Law Report），如今的法官和普通公众可以利用各类智能推送功能，从平台海量裁判文书中搜索出相类似的案件材料。但是为了保证检索工作的公平和公正，需要对类案检索的程序、范围和优先级加以明确。

（一）确定类案检索范围的原则

我国案例体系的结构或体系是以指导性案例为龙头、以法院层级为框架展开的纵横结构[1]。通过寻找基于制度和审级的规范性来源，确定类案的审级优先级[2]是类案检索与应用的理性化之前提。

---

[1] 刘树德、孙海波主编：《类案检索实用指南》，北京大学出版社2021年版，第76~80页。

[2] 高尚：《司法类案的判断标准及其运用》，载《法律科学（西北政法大学学报）》2020年第1期。

《类案检索意见》第 4 条第 1 款规定:"类案检索范围一般包括:(一)最高人民法院发布的指导性案例;(二)最高人民法院发布的典型案例及裁判生效的案件;(三)本省(自治区、直辖市)高级人民法院发布的参考性案例及裁判生效的案件;(四)上一级人民法院及本院裁判生效的案件。"以上类案检索的选取范围中隐含两条标准或逻辑,第一种是按照类案约束效力进行检索。这一规定从两个维度归纳和总结了我国现有法律制度下的案例体系。首先,该规定将案例分为指导性案例和非指导性案例,两者的区分标准在于效力层级不同;其次,该规定依照案例所属的法院层级划分了案例层级。第二种是按照类案的时间和说理需求上的接近性进行检索。除指导性案例以外,优先检索近三年的案例或者案件;在本省(自治区、直辖市)高级人民法院案件中没有检索到类案的,也可以在外省(自治区、直辖市)高级人民法院发布的参考性案例及裁判生效的案件中进行检索,在上一级人民法院及本院裁判生效的案件中没有检索到类案的,也可以在其他先进地区法院裁判生效的案件中进行检索。

除此之外,实践中有很多技法或通行做法,比如对案例的检索要以明确裁判规则和相应法律问题为标准,尽量勾勒出一系列而非单个或几个孤立的案例;确定类案检索范围还要注重把握类案背后体现的法律原则与政策等。虽已界定了理论上类案检索的大概范围,法官在实践中还需要进一步形成具体案件的检索思路与方法,结合规定性和灵活性缩小类案判断的范围,兼顾类案检索的公平与效率。

（二）类案检索的步骤

1. 选取数据库

类案检索制度与司法大数据是相互促进的良性关系，不仅体现在大数据提升了类案检索的理论可能和实际效益，同时也体现在类案检索制度对建设案例整理汇编的司法数据库的能力提出要求。目前，可供类案检索的数据库既有官方平台也有非官方平台。官方的检索工具如全国人大的"法律法规库"、司法部的"法律法规数据库"以及最高人民法院的"中国裁判文书网"和最新上线的"人民法院案例库"等；私营的检索工具如北大法宝、北大法意、无讼案例、聚法案例、法信、元典智库等。我国现有的权威可信、功能完善的类案检索数据库主要包括以下几大技术平台：

第一，中国裁判文书网。由人民法院建立的涵盖审判流程、裁判文书、执行信息三大公开平台网站，截至2024年5月26日，中国裁判文书网共公布全国各级法院生效裁判文书14 653余万篇，访问量超过1111亿次。中国裁判文书网的检索结果分别在列表页和全文页展现，在裁判文书列表中，除展现符合检索条件的裁判文书外，还有关联文书以及分类引导树的显示，在中国裁判文书网全文页，除展示裁判文书的具体内容，还有裁判文书关联文书、目录、概要的展示（如图9）。

图 9 在中国裁判文书网中以"交通肇事"为关键词的检索示例

第二,人民法院案例库。根据《工作规程》,最新上线的"人民法院案例库"是由最高人民法院统一建设的案例资源库,最高人民法院对案例采取统一建设、统一归口的做法,最为突出的价值是提供权威和尽可能全面的案例交流、集散平台。人民法院案例库主要收录经最高人民法院审核认为对类案具有参考示范价值的权威案例,包括指导性案例和参考案例。截至2024年5月26日,人民法院案例库共收录案例3924篇,基本实现了对常见罪名、多发案由的"全覆盖",并且高度重视入库案例的时效性,优先选取新近案例。在继续办好、优化中国裁判文书网的同时,建设人民法院案例库,收录体例规范、要素齐全、便于检索的参考案例,切实加大裁判文书公开力度,持续优化裁判文书公开机制。这不仅为广大司法法律界人士提供更加精准、权威的办案参考和研究素材,对于促进统一裁判规则和尺度、避免"同案不同判"具有重要意义,同时也有效回应了人民群众对更深层次司法公开的现实需求。

  第三,中国司法大数据服务网。中国司法大数据服务网是最高人民法院指定的中国司法数据服务平台,由中国司法大数据研究院研发并持续维护,以满足国家和全社会发展对司法数据的共享交换需求为目的,重点围绕司法大数据资源体系梳理、数据资源整合、平台建设和数据共享服务等四个方面开展工作。中国司法大数据服务网的服务对象为涵盖社会公众、政府部门、法学研究机构、司法实务机构在内的各类社会团体和公众用户,旨在推进司法大数据与国家数据资源的融合运用,为司法管理和司法改革提供司法自主统计服务。其功能主要包括专题研究报告、法研灯塔、数智服务、中国法研杯、法律大模型联盟、创新伙伴、信息化测评七大板块(如图10)。

案例在裁判说理中的运用

图 10 在中国司法大数据服务网中以"交通肇事"为关键词的检索示例

第四，北大法宝。"北大法宝"法律数据库是我国最早、最专业的法律数据库，诞生于 1985 年北京大学法律系（现更名为法学院）。"北大法宝"在全国率先进行法律信息的数据挖掘和知识发现，独创了法规条文和相关案例等信息之间的"法宝联想"功能。不仅能直接印证法规案例中引用的法律法规和司法解释及其条款，还可链接与本法规或某一条相关的所有法律、法规、司法解释、条文释义、法学期刊、案例和裁判文书；不仅让用户方便地查到法条，更能进一步帮助用户理解、研究、

· 142 ·

第五章 以案说理的起点：类似案件的检索

利用法条，创造了全新的信息呈现体系。在北大英华公司和北大法制信息中心的共同努力下，该数据库的内容极大丰富，技术全面升级，取得绝对优势的市场占有率，并受到国内外客户的好评，是一套成熟、专业、先进的法律信息全方位检索系统。目前"北大法宝"已发展出包括"法律法规""司法案例""法学期刊""律所实务""专题参考""英文译本""检察文书""行政处罚""企业信用"等 29 大数据库在内的法律信息检索系统，全面涵盖法律信息的各种类型，在内容和功能上全面领先（如图 11）。

图 11　在北大法宝中以"交通肇事"为关键词的检索示例

第五，无讼案例。与前面几个官方背景的案例数据库不同，无讼案例是由律师事务所牵头研发的一款精确、易用、高效的法律检索工具。截至 2022 年已收录超过 9000 万份裁判文书及 155 万条法规，每天持续更新中，通过关键词系统提供优质的搜索体验，已经成为律师群体日常必备工具。该平台定位统管、连接、协同与赋能，帮助法律人尤其是实务方向者管理诉讼。平台具有强大的产品研发团队，先后推出了多款领先法律行业的热门互联网产品，如无讼案例、无讼法规、无讼名片、无讼合作、人工智能法小淘等，受到行业广泛关注（如图 12）。

图 12　在无讼案例中以"交通肇事"为关键词的检索示例

第六，威科先行法律信息库。威科先行法律信息库由威科集团打造，可满足客户高效获取权威信息、精准决策的需求。主要客户群体是众多知名律所、企业、高校等组织，多款热门产品涵盖了境外投资、反垄断、反商业贿赂、网络安全、金融

第五章 以案说理的起点：类似案件的检索

合规、国企合规、知产、税法、劳动法、环保合规和并购重组。威科先行法律信息库的特色是双语法律信息数据库，集法规、国际条约、案例、热点新闻、专业文章，实用模板、在线问答等功能于一体（如图13）。[1]

图13 在威科先行法律信息库中以"交通肇事"为关键词的检索示例

---

〔1〕关于类案检索的各主流网站特点由中国政法大学法学院法理专业华梦莹调研后总结。

除此之外，各地法院纷纷尝试建设自己的案例数据平台。例如，2021年6月8日，宁波海事法院打造的"海事司法案例库"正式上线运行。该平台是国内首个海事司法领域的专业数据库，形成1个"海事案例"主库+"海事法规""海事应用""海事研究""海事发布""海事在线""海事国际"6个特色库的"1+6"模式，成为推进国际海事法中心建设和智慧法院建设、提升中国海事司法国际影响的重要举措。

总体来看，我国司法数据库平台建设已经初具规模。在数据类型方面，多个案例数据库平台不仅收录裁判文书，而且还收录了与之相关法律法规信息；在主要功能方面，大多数案例数据库平台都具备比较完备的常规检索功能，部分数据库平台还具有高级检索、维度检索、类案智能推送等特殊检索功能。同时，司法数据库在数据承载量上限不断突破。曾经有学者认为裁判文书上网会花费巨大经济和制度成本的怀疑在高速发展的数据建设中随之消解。目前智慧司法在实务中需要回应的问题转变为如何切实将建设司法数据库的过往想象以及发展其他智能法律技术的好处真正妥适地落实到现实的司法实践中。

类案检索制度是达成司法数据平台建设与统一法律适用双向实现的重要一环。法官应当根据自己的检索需求，在综合对比官方和非官方检索平台的优劣后选取相应的数据库。通常来说，前者所涵盖的内容往往更广，也更为权威和准确，缺陷在于检索方式更趋向单一，使用方式也较为机械，往往有更精确的用户画像；后者能够弥补前者在用户使用友好性上的缺陷，但相应的越是高级的检索工具，则越需要使用者支付一定的费用，而且非官方平台的检索数据的权威性还待进一步确认，[1]如何对抗算法黑箱是横亘在技术和法律人面前的重要困境。

2. 缩小类案检索范围

《类案检索指导意见》第 5 条规定，类案检索可以采用关键词检索、法条关联案件检索、案例关联检索等方法。因此，确定检索内容应当优先从关键词、法条关联和案例关联几个角度出发。其中，案例关联检索方法比较适合直接适用于检索与指导性案例具有一定相似性的类案，或能够明确类案裁判文书具体编号的类案[2]，因而使用该方法的检索情形较少。

实务中法官可以根据自己的检索便利和办案需求有侧重性地使用前两种不同的检索路径：

第一种检索路径是由规范到案例。这种检索主要适用于待决案件属于稀有甚至罕见的案件，比如传染病防治失职罪案件；或者涉及某个法条的法律适用情况的研究，比如关于《刑法》第 382 条第 2 款规定的"受国家机关、国有公司、企业、事业单位、人民团体委托管理、经营国有财产的人员"贪污的适用情况，此时需要对这些法律条文曾适用的案件情况进行检索。法官在此类情形下既可以直接在数据库中输入"传染病防治失

---

[1] 2020 年，财新曾报道有多家法院在裁判文书中根据一个并不存在的最高人民法院规定作出裁判。报道称，不少法院裁判文书所引用的一份《最高人民法院关于审理民事纠纷案件中涉及刑事犯罪若干程序问题的处理意见》（实际应为假文件）实际上并不是最高人民法院发布的文件，而与上海市高级人民法院 2007 年公布的一份文件《上海市高级人民法院关于审理民事纠纷案件中涉及刑事犯罪若干程序问题的处理意见》内容一致，但文件名和发文机关被篡改，变成了最高人民法院的意见，并被不少上海以外的法院所采用。

[2] 刘树德、孙海波主编：《类案检索实用指南》，北京大学出版社 2021 年版，第 125 页。

职罪"，也可以先在法规库中找到《刑法》第409条或者第382条第2款，依靠数据库提供的该条款与适用该条款相关联的案例，再通过浏览或者进一步限缩关键词等方式检索到相关条款的适用情形和处理结果。这种检索方法操作难度较小，但对办案法官的法条熟悉度和初步判断的精确度的依赖性较高。

第二种检索路径是由关键词到案例。实践中更常见的是从关键词到案例的检索，此类检索的要点在于快速、准确地确定待决案件与检索目标案例之间的连接点，即"关键词"。该方法的基本步骤包括：第一步，整理法律事实，析出争点问题。在整理出与法律要件相对应的争点事实及争点规范的基础上，有层次地梳理出核心事实、重要事实和其他事实情节。在这一环节法官需凭借司法经验，对争议问题得出初步结论，进而明确检索案例的方向。在梳理出法律事实和争点问题的基础上法官基本上就可以明确跟法律争点相关的用于检索的关键词。第二步，利用关键词识别、锁定目标案例，按照梳理出的法律事实和争点问题提取关键词或者关键词组合。案例检索的关键词，大致可以划分为"规范性关键词"和"非规范性关键词"，前者是法律规范中已经界定和表述的概念与术语，如案由（罪名）、犯罪构成要件和量刑概念等，后者是法律规范之外的自然事实或日常用语，比如"领导干部""情妇""气枪"等。掌握"规范性关键词"是法律人的基础能力，在面对待决案件时，能够凭借法律知识储备和司法经验判断出大概要适用哪些规范、法律。而对非规范性关键词的选取更多地考验的是办案人员能否敏锐地抓住待决案件重要且具有特征性的自然事实，并将其转化为法律事实和规范性关键词。如将贿赂案件中出现的非规范性概念"情妇"转化为规范中的"特定关系人"等。有的案件中需要通过"规范性关键词+非规范性关键词"组合的方式锁定案例。比如,要查找涉及通过 App 收集、出售公民个人信息案件如何认定犯罪的案例,那么关键词组合就是"侵犯公民个人信息罪+App",这里的 App 是一个非规范性关键词,但同时也是与待决案件密切相关的特征性关键词。

要注意的是,无论是由规范还是由关键词检索到的类,最后都要根据检索的案例内容或者附加其他条件进一步排除参考意义弱的案例,附加条件比如法官应当按照上文提出的类案检索顺序原则,根据案例的层级、时间、地域等因素进一步比较,选择来源更权威、案情更相似、说理更清晰的案例。案件之间存在差异在所难免,在决定某个案例是否有参考性时,要对事实的相似性做进一步辨别,而且该相似性判断也能够对缩小检索范围时得出的关键信息的修正起到辅助作用,有关内容将在下一章节展开。

3. 相似性判断的实体标准

《类案检索指导意见》第 1 条规定,本意见所称类案,是指与待决案件在基本事实、争议焦点、法律适用问题等方面具有相似性,且已经人民法院裁判生效的案件。第 6 条规定,承办法官应当将待决案件与检索结果进行相似性识别和比对,确定是否属于类案。

司法实践中法官通常以裁判规则为判断类案的基准,裁判规则是司法机关在司法过程中所形成、存在于案例或司法解释中的对某种争议问题的法律解决方案。对于具有统一的格式与结构的指导性案例来说,其裁判要点实际上就是对该案例涉及法律问题与关键事实的提炼，法官把握住裁判要点就把握住了判断待决案件是否与之类似的关键要素。但实践中大量待决的疑难案件并未被最高人民法院公布的指导性案例所涵盖，假如将类案检索范围扩大至指导性案例之外，不同层级的法院、法官的裁判文书风格、体例又会对案例相似性的识别造成阻碍，需要法官对这些判决中类似指导性案例的裁判要点的关键信息进行提炼和概括，最后得出类似"事实要件+法律后果"的案件要点。

《类案检索意见》第1条规定和《〈关于案例指导工作的规定〉实施细则》第9条相比，确定待决案件与指导性案例相似性的标准增加了"争议焦点"。类似的判断往往不是纯粹逻辑上能够推理得出的，其结果取决于比较的角度，而确定比较点的过程中存在多重因素共同作用。因此类案判断要围绕争议点，对具有相关性的关键事实（而非边缘事实）进行重点分析和比较。[1]孙光宁也指出，该补充具有理论和实践上的双重意义，一方面判断争议焦点相似性的过程是对案件的繁简分流，对带有疑难色彩的案件的类案进行认定和检索；另一方面判断争议焦点的相似性需要对两个案件进行归纳，对比两者的请求权基础和被告抗辩理由是否相同，实质上兼顾了法律关系分析方法和请求权基础分析方法。[2]

因此，法官判断已决和待决案件之间是否具有相似性应当综合考量案件争议焦点和裁判规则两个方面，裁判规则又包括

---

[1] 高尚：《司法类案的判断标准及其运用》，载《法律科学（西北政法大学学报）》2020年第1期。

[2] 孙光宁：《类案检索的运行方式及其完善——以〈关于统一法律适用加强类案检索的指导意见（试行）〉为分析对象》，载《南通大学学报（社会科学版）》2022年第1期。

事实认定和法律适用两个部分。综合来看，指导法官判断类案相似性的步骤如下：首先，需要将已决案件与待决案件的基本事实进行相似性识别和比对，这是判断是否构成类案的基本比对点。实践中，法官需要对案件的法律事实，尤其是对裁判结论有直接影响的主要事实进行比较，以判断案件事实是否具有相似性。其次，如果案件的基本事实相似，再对争议焦点进行比较。争议焦点是当事人之间形成纠纷的关键，是案件的核心问题，也是案件相似性识别和比对的核心点。法官在类案判断中需要重点对案件的争议焦点进行比对。再次，分析比较两案的法律适用问题是否具有相似性。法律适用问题也是案件裁判中需要重点考量的问题，是影响裁判结论的关键问题。法律适用问题及其解决一般会在裁判文书说理中充分体现，通过研读生效判决的法律解释并理解先前法官的说理思路和条文解释，有助于进一步把握案例涉及的法律问题和分析裁判观点，据此判断案件是否具有相似性。最后，总结提炼类案的裁判规则。法官应在检索报告中对类案的法律事实、法院的裁判说理、条文引用、裁判结果做一个最大程度的简化表述，得出相应的结论归纳，并以更加可视、可读的方式展现，以便于下一步比对和应用。案件相似点的判断是类案检索中的关键和难题，将在下一章进一步详细阐释。

4. 相似性判断的程序保障

虽然上述步骤尽可能从多个维度考察案件的相似性，但在具体案件检索过程中，这些类案认定的多元实体标准往往会受法官的自由心证影响而具有不确定性，因此相关规定转向通过司法程序的运行来辅助法官确定类案的范围，以保证类案检索的公正性和可靠性。

综合最高人民法院文件和学者意见,现行的程序性保障机制有以下几种:

第一,法官制作类案检索报告。类案检索报告既是类案检索结果及运用的重要表现形式,也是类案检索机制发挥作用的重要载体,通过制作检索报告能有效督促法官尽职尽责地展开类案检索工作。《实施办法》第7条要求,类案检索说明、类案检索报告应当客观、全面、准确反映类案检索结果;同时还统一规范了类案检索报告样式,确保全面反映承办法官就争议焦点进行类案检索的过程、检索到的不同裁判观点、拟采纳的观点和理由。

第二,审判组织内部程序。通过合议庭、专业法官会议或者审委会多方审议对类案认定的合理性进行考察。2015年发布的最高人民法院《关于完善人民法院司法责任制的若干意见》中规定:"人民法院可以分别建立由民事、刑事、行政等审判领域法官组成的专业法官会议,为合议庭正确理解和适用法律提供咨询意见。合议庭认为所审理的案件因重大、疑难、复杂而存在法律适用标准不统一的,可以将法律适用问题提交专业法官会议研究讨论。专业法官会议的讨论意见供合议庭复议时参考,采纳与否由合议庭决定,讨论记录应当入卷备查。"《工作规程》第20条第2款规定,各级人民法院审理案件时,经检索发现人民法院案例库收录有类似案例,但认为正在审理的案件具有特殊情况,不宜参考入库案例的,应当提交审判委员会讨论决定。

第三,诉讼参与人间接参与程序。司法实践中,一些案件当事人、律师及其他诉讼参与人可以在诉讼中进行类案检索，向法院提供类案的参考范围，这是一种相对间接的程序标准。《类案检索意见》第 10 条确认了诉讼参与人可以提交类案（包括指导性案例）作为控（诉）辩理由，承办法官需要对来自诉讼参与人的类案检索结果进行回应。据此，如果各方提交的类案检索范围有重叠，那么承办法官就可以将其认定为有效类案。换言之，各方都认可的类案或者承办法官认可的类案，在形式上就是有效类案，能够发挥参考作用。

STEP2 缩小类案检索范围
三大检索方法：
关键词检索、法条关联案件检索
案例关联检索进一步排除参考意义弱的案例

STEP3 相似性判断的实体标准
四大比较点：基本事实、争议焦点、法律适用、裁判规则

STEP1 选取数据库
官方vs非官方
法官的检索需求和效率便利

STEP4 相似性判断的程序保障
法官制作类案检索报告
审判组织内部程序
诉讼参与人间接参与程序

图 14　类案检索的具体步骤图示

三、类案检索在实务界的应用

（一）类案检索辅助司法裁判概况

随着类案检索制度建设的深入，类案大数据的应用在法院得到了大范围的推广，智能审判系统和检索类辅助平台的推广为加强智慧审判提供了保障支撑。据统计，支持类案自动推送

和能够辅助制作类案检索报告的法院分别有 3256 家和 3191 家。此外，一些地方法院还建设了具有自身特色的案例库。在类案检索的具体应用上，类案检索报告的制作与法官参照类案作出裁判仍然是类案大数据应用于司法实践的主要方式。但是类案检索制度发展至今，类案大数据的应用已经不再仅仅局限于支撑法官作出裁判这一个环节，而是扩展至了诉前调解、立案等诉讼程序的各个环节，并在不同环节发挥出同样重要的作用。

（二）类案检索在不同诉讼阶段的应用

本小节以国内三大互联网法院的民事诉讼为例，介绍类案大数据与类案检索在不同诉讼阶段的应用（如图15）。

01 诉前调解 → 02 立案程序 → 03 审理程序

类案引导调解沟通　　大数据类案推送　　类案推送辅助司法决策
　　　　　　　　　类型化案件结构化起诉
广州互联网法院知识产权　杭州互联网法院智能立案　广州互联网法院类案批量
保护三级维权机制　　　　系统　　　　　　　　　智审系统

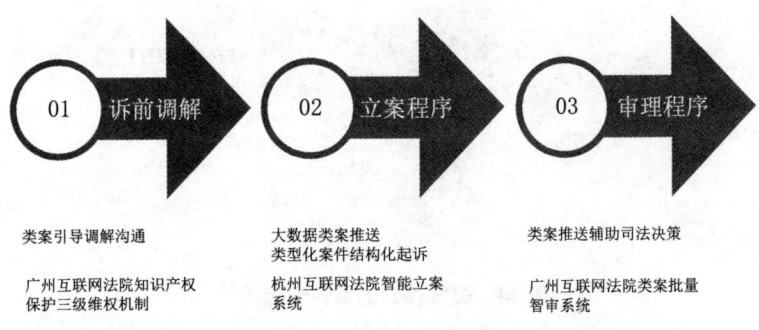

图 15　民事诉讼不同阶段中的类案应用示意图

1. 诉前调解阶段的类案应用

类案不仅仅对法官的裁判而言具备指导功能，也对当事人的诉讼预期具备指引功能。广州互联网法院在建设知识产权保护三级维权机制的过程中，于诉前调解阶段发挥了类案判决结果的指引作用。这要求承办法官诉请必须给予当事人一定期限调解期，引导当事人根据法院的类案判决先予沟通。

类案相较法律规范来说更加的具象，当事人在知晓与自己所诉案件相类似的案件判决结果后，会对法院可能做出的判决有更加清晰的预判。这样的预期为当事人参与诉前调解提供了相对稳定的参考，同时也提高了调解结果的接受度。

2. 智能立案系统中的类案实践

杭州互联网法院将类案大数据应用在了立案阶段，具体体现为杭州互联网法院智能立案系统中的大数据类案推送功能以及类型化案件结构化起诉两方面。

随着杭州互联网法院智能立案系统上线，该法院的立案程序实现了全程自动化，在当事人提交的诉讼请求符合立案标准的条件下，智能立案系统能够自动识别并且完成立案审查程序，进而做出立案与否的决定。当事人在通过智能立案系统实现立案后，系统会向当事人推送类型案件相关情况，帮助当事人完成对自己所诉案件裁判结果的预判。

对于类型化的案件来说，根据《杭州互联网法院诉讼平台审理规程》第5条规定："类案在线起诉。特定类型纠纷在线结构化起诉案件，按系统要求输入。"智能立案系统对同一类型的案件设置了同一类型的结构化起诉页面，将诉状内容进行解构，帮助当事人更加精准地填写诉状，从而改变了因当事人文化水平不同、写作风格迥异，导致诉状内容千姿百态的情况，让诉状更加规范化，也更便于智能立案系统识别、审查案件的立案受理条件。

3. 类案批量智审系统

广州互联网法院坚持"简案快审、繁案精审"理念，轻重分离、快慢分道，促进审判工作提质增效，针对互联网金融纠纷数量多、原告诉求高度相似、证据采信标准明确、法院裁判尺度统一等特点，打造"类案批量智审系统"（以下简称"智审系统"），首创示范庭审、示范调解、在线交互式审理、在线联审四大模式。智审系统依托区块链、云计算、人工智能技术，实现办案流程一键智能完成。智审系统覆盖存证调证、申请立案、立案审查、送达、证据交换、庭审、宣判等诉讼环节。通过对典型性案件进行示范性审理，可以真正实现"审理一件、化解一片"。曾经一案调解最多有2503名类案当事人在线旁听，促成近千名当事人线上和解，为涉网纠纷化解按下"快进键"。截至2020年8月31日，智审系统受理互联网金融纠纷38 921件，结案34 905件，在线立案率、在线交费使用率、电子送达覆盖率、在线举证率均为100%，每件案平均立案时长62秒，平均审理周期33.6天，比传统模式缩短65.68%。

在类案推送辅助司法决策方面，智审系统以"T"字形模型搭建检索系统框架，在横向上自动关联本院既判案件，对于具有相同要素的案件自动标识为类案进行推送，为法官提供更全面的案件信息（如图16）。例如，当同一公证书被多次使用于大批量案件时，智审系统可对该公证书进行关联案件检索，使法官知悉同一公证书被应用于多少案件中，有效识别批量维权行为，准确认定维权费用。纵向上，智审系统对接裁判文书公开信息及数据库，通过案件特定要素进行检索，并根据类案推送指导意见，形成相应层级化推送，保证案例推送的精确性与全面性。[1]

---

〔1〕 参见广州互联网法院类案批量智审系统：https://cases.gzinternetcourt.gov.cn/home，最后访问日期：2022年11月21日。

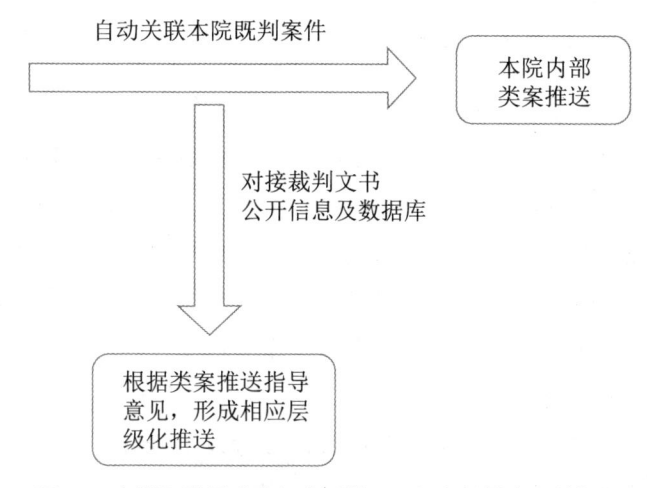

图 16　广州互联网法院智审系统"T"字形检索系统框架

4. 类案总结优化审判

自案例指导制度和类案检索制度推行以来，法院越发重视对案件的类型化整理，通过总结同一类型案件的审理思路和裁判要点，统一类案审理思路和方法，从而实现对类案类判的追求。以上海市第一中级人民法院为例，自 2018 年 12 月以来，上海市第一中级人民法院在官网上定期推送类型化案件的审理思路和裁判要点，截至 2022 年 11 月 2 日一共推送 69 期，内容涵盖民商事纠纷、刑事案件、刑民交叉案件程序问题、诉讼程序等多个方面，具体内容见附件 1。

上海市第一中级人民法院不断探索类案裁判方法总结工作机制，注重优化审委会对审判实践的指导功能，通过对类案审理中的审判经验及裁判方法进行归纳和提炼，形成统一的思路和方法，全面促进法官裁判案件水平和审判能力的提升，不断提高司法裁判品质，不断提升司法公信。

(三) 律所类案检索报告

在大力推行案例指导制度的当下，不仅法院在审理待决案件时应当检索类案，律所同样甚至更为重视对类案大数据的应用。案例检索作为法律人的一项基本技能，对于诉讼或非诉律师来说并不陌生。《类案检索意见》出台后，如何参照该意见的要求精准检索类案、筛选类案，并以规范的类案检索报告的形式呈现检索结果，同时体现律师工作的价值，成为类案检索制度对律师的全新挑战。

律所的类案检索报告制作可以参考以下步骤：首先，拆解待决案件，明确类案的检索标准；其次，选定类案检索平台，明确类案检索方法，进行类案检索；最后，根据检索结果制作类案检索报告。

除了上述关于检索报告内容的基本要求外，在检索结果的呈现上，还具有以下特色：第一，总结检索结果，并将整体结论放在具体检索结果之前。类案检索的目的是通过检索梳理与待决案件法律问题相关的已有裁判观点，并通过类案与待决案件之间的对比分析，解决待决案件如何裁判的问题。因此，对检索结果的总结，有利于法官对于同类案件的现有裁判观点形成一个整体的认识。如检索到大量类案的裁判观点有利于己方主张，整体结果的呈现也有助于法官形成具有倾向性的初步认识。第二，类案信息应包括案件名称、案号、审理法院、裁判时间、与待决案件类似的案件事实/争议焦点、法院关于与待决案件类似争议问题的认定等，如类案为指导性案例，还应特别注明为"指导性案例"。其中，"案件名称""案号"可供法院对案件溯源、验证使用，"审理法院"可供法院判断参照适用的价值,"裁判时间"与上述《类案检索意见》关于优先检索近三年的案例或者案件的要求对应,"与待决案件类似的案件事实/争议焦点""法院关于与待决案件类似争议问题的认定"便于法院进行类案识别与运用。

在呈现形式上,可以以文字或图表形式向法院呈现。文字形式可以全面展现并深入分析不同的类案中裁判的理由和观点;图表形式可以直观地呈现出类案与待决案件的异同,以及类案的裁判规则。两种形式亦可灵活运用,采用文字和图表结合的方式,各取所长,呈现更清晰、全面的检索结果。某种意义上讲,律所对类案的应用是案例指导制度落地生根的前提和基础。

四、我国类案检索报告机制的构建与完善

美国最高法院霍姆斯大法官曾说,一个先例古老这一事实本身并无意义。一个与我们今天面临的问题相关的古老先例,不应仅仅因为它的年代而被视为不具有权威。然而,出于同样的原因,"如果现在的法律规则不具备比亨利四世所确立的法律规则更好的理由,那将是令人厌恶的。但如果当时确立法律规则的依据早已消逝,人们仅仅出于对过去的盲目效仿而持续适用规则,那将更加令人厌恶"。[1]

---

[1] Oliver Wendell Holmes, Jr., "The Path of the Law", 10 Harvard L. Rev. (1897), pp. 457-478 at 469. 霍姆斯不相信旧的规则通常会以这样一种草率的方式被遵守。尽管最初产生一条规则的原因可能已经被遗忘,但它可能由于被适应而仍然有效:"聪慧的头脑仍会探究如何给予解释。考虑政策制定的根据可能会解释其缘由,并使其与事务当下的情形相调适;然后,这些规则就适应了人们为它寻找出的这些新理由,从而开启一段新的生涯。旧的形式增添了新的内容,而形式本身也及时加以改进以适应新的内容。" O. W. Holmes, Jr., *The Common Law*, Boston: Little, Brown & Co., 1881, p. 5.

通过类案指导审判实践有助于司法责任制的全面落实。检索和参考类案既是法官理解法律规定和裁判规则的重要辅助手段，也是当法律出现空白或模糊时统一司法裁量尺度的重要机制。然而，上述《类案检索意见》出台后，部分地区尝试将检索类案并制作检索报告演变为强制要求，在推行中遇到了很大阻力。在调研时有法官表示，大多数简单案件不需要检索，而少量疑难案件在检索后得到的结论却五花八门，令人更加不知所措。有法官在调研中出示了其关于"知假买假"所做的类案检索结果，在同类案件中，12个案件的法官支持了知假买假行为，而另有11个案件的法官反对知假买假。法官们表示，在审判案件工作量巨大的背景下，检索案例更多的是为了参考和获取其他法官的审理思路，但是"本来就拿不定主意，检索后更拿不定主意了"。这表明，类似案件的判断不能局限于法律逻辑的层面，否则，当法官在找到多个类案但不同判的案件后，将无法决定应如何审理当前待决案件。因此，实现类似案件类似审判需要构建起一套完备的类案检索与报告制度。笔者认为，这一制度未来的发展方向应当是法官在类案推送平台的辅助之下，通过法律推理，结合案例效力层级和价值判断，做到类似案件类似审判，最终对待决案件作出科学、合理的判决结果。

（一）类案推送平台与人工办案相结合

在党的十八届四中全会后，法律大数据和人工智能技术获得了飞速发展；与此同时，员额制改革和司法责任制改革等现实原因也促使人们在类案检索和类案指导制度方面对大数据和人工智能技术寄予了厚望。左卫民教授指出，通过人工智能实现类案类判已被视为贴近一线法官需要的重要内容。"从小处看,人工智能辅助类案类判可以起到拓宽裁判思路,发散裁判思维的作用。从大处看,类案类判技术具有一定的发展前景,未来也可能成为确保司法统一适用,维护司法公正,避免司法不公的手段,还或许能成为一种新型司法判决质量控制机制。"[1]

当前,类案推送平台发展迅速,既可以提供专业检索(案由、法规、关键词),也可以使用自然语言,就文本相似性进行类案精准推荐(如用"借钱到期后不归还本金和利益""职业碰瓷"等字样检索),通过"模块化"的方式来锁定需要的案件。但即便如此,推送的结果依然浩如烟海。因此,依据大数据的类案推送平台,只能是实现类案指导的技术辅助。在调研中曾有技术专家强调,"有多少人工、才有多少智能"。这反映了两个问题:一是类案推送平台的功能定位是辅助法官办案,而非代替办案。所谓辅助,就是尽量提供有效率、结果准确的参照,但其中最核心的环节——对关键事实的寻找和相似性的判断——都只能由法官自己来完成。二是类案推送如果要达到人工智能的标准,需要后台人员、法官对系统的不断完善,这些都是人工智能得以发挥效果的智力支持。比如技术人员手动添加标签,法官对类案推送结果进行反馈(帮助系统自主学习)。因此,案例推送平台的定位应当是作为法官审理案件的技术辅助。想要充分发挥类案推送平台的作用需要建立一套类案检索、类案推送、类案判断的统一标准。包括明确法官在检索类案的过程中需要人工确认和甄别哪些要素,法官在办案中如何从类案推送的结果中获取信息。笔者认为,其中的具体分工

---

[1] 左卫民:《如何通过人工智能实现类案类判》,载《中国法律评论》2018年第2期。

应当是：

第一，确定本案案件类型、案由和争议焦点：需要法官结合个人的审判经验和日常生活经验进行人工识别。

第二，根据争议焦点搜索先例：法官依靠类案推送平台完成。

第三，识别先例中的裁判规则（不限于要旨）：需要法官人工识别。

第四，通过关键事实辨别相似性：需要法官人工识别。

第五，在构成类案但结论不同的案件中，确定参照的优先级：需要人为确定标准，再由类案推送平台执行。

第六，作出是否需要类似审判的结论：需要法官综合多方面考虑作出判断。

(二) 完善类案的判断方法：明确法律推理方法和案例效力层级

在借助类案推送平台进行类案判断的过程中，法官的职责在于科学、规范地使用法律推理方法。当出现多个类似案件的判决结果各不相同的情况下，结合类案结果的准确性和效力等级作出最后的判断。

第一，明确法官适用类比推理的规则和方法。从争议焦点和关键事实出发，寻找类案中蕴含的裁判规则。具体的步骤包含：识别争议焦点，通过案由和争议焦点锁定类似案件的范围，确定案件中的裁判规则，对关键事实进行比对，最终作出是否构成类案的判断。

第二，寻找基于制度和审级的规范性来源，确定类案的审级优先级。调研中法官们普遍反映：同一类案件经常会看到不同省份、不同法院作出不同判决；甚至最高人民法院内部在不同时期或同一时期不同审判庭也作出过不同判决。调研中四川省某基层法院法官指出，其在审理一则劳动纠纷案件时，"检索并参照了广东省高院的先前类似案件作出了审判，本以为正确的，但因为没检索成都中院的，后来被改判了"。法官们普遍认为，"这种情形的大量发生，一方面会影响我们对法律的理解，另一方面律师和当事人会以此为依据提出五花八门的抗辩"。正是上述这些类案数量庞大但判决结果多样的现象，导致类案检索与报告制度难以发挥指导审判的预期效果，甚至会大大增加法官的工作量。解决这一难题，审级永远是最重要的因素。在实践中，除了最高人民法院的指导性案例外，法官往往只关心上一级法院对应法庭的法官如何审理先前类似案件。比如某基层法院法官指出，其自己审理的案件70%对口上一级中级人民法院的民六庭，此时民六庭法官对这一法律问题的理解对当前待决案件的审理就有巨大的影响。因此在未来的类案指导制度推进过程中，需要结合司法实践的实际情况，明确类似案件之间的效力优先级。其中，最高人民法院发布的指导性案例属于应当参照的范畴；指导性案例以外最高人民法院作出的其他类似、高级法院以及上级法院的类似案件属于应当参照的范畴。在此之外，对于复杂、疑难和新类型的案件，譬如杭州互联网法院审理过此类的类似案件，其虽然不具有应当参照的效力，但其论证思路、判决理由可以作为说理依据。最后，与司法惯例有明显重大分歧的判决，理应承担更重的论证义务。

综上，通过司法类案指导司法实践，对于统一法律适用，全面落实司法责任制具有关键意义。在我国，依靠大数据迅猛发展带来的技术支持，法律逻辑和法律知识更为全面扎实的法律人共同体，以及一套以案例为依托、以统一法律适用为目标的法律解释机制，必将实现类似案件类似审判的司法形式正义，实现"让人民群众在每一个司法案件中感受到公平正义"的目标。唯有在更高站位、更深层次、更宽领域、以更大力度深化新时代人民法院司法体制综合配套改革，全面落实司法责任制，形成系统完备、科学规范、运行有效的制度体系，全面提升司法能力、司法效能和司法公信，方能推动公正高效权威的中国特色社会主义司法制度更加成熟更加定型，使法治在国家治理体系和治理能力现代化中扮演更加重要的角色，发挥更加基础性的作用。

五、类案检索研究趋势

司法大数据是智慧法院建设的重要依托，自 2016 年最高人民法院提出建设"智慧法院"以来，围绕人民法院的信息化建设，司法大数据的发展也持续深入，先后经历了电子化、网络化、数据化和智能化四个阶段，可供检索和应用的数据储备越发丰富。类案检索是对司法大数据的重要应用形式，是连接司法大数据和司法裁判实践的重要桥梁，也是案例指导制度的重要辅助。随着案例指导制度建设的成熟，类案检索的制度化建设也正在稳步推进。在学术研究层面，关于类案检索的研究数量呈现增长态势，为类案检索制度化建设和类案检索的司法实践提供了大量的理论支撑。从司法实践层面看，类案检索的应用不再仅仅局限于法官裁判，而是可以见于从立案到裁判的各个诉讼阶段。作为类案大数据应用的集中体现，类案检索报告的制作也正在走向标准化，类案检索报告不仅仅服务于法官裁判，当事人应诉同样依赖类案大数据的支持。

本部分将对有关类案检索的学术研究发展态势进行描述，因为类案检索的学术研究发展态势在一定程度上也反映了类案检索实践的发展状况，换言之学术热点总是受到来自制度建设需求和政策性文件的指引。

在中国知网中以"类案"为主题进行检索，在将学科范围限定为社科类，并对检索结果中与司法裁判、法院类案检索无关的文献进行排除之后，检索得到文献 1435 篇（发表年度趋势见图 17）。从类案研究的发表年度趋势中可以看出，有关类案的研究从 2015 年开始呈现持续、快速增长的态势，尤其是 2018—2022 年期间，相关文献的年发表量从 2018 年的 41 篇急速增长至 2022 年的 318 篇，2024 年中国知网预测类案相关研究文献的发表数量为 362 篇。

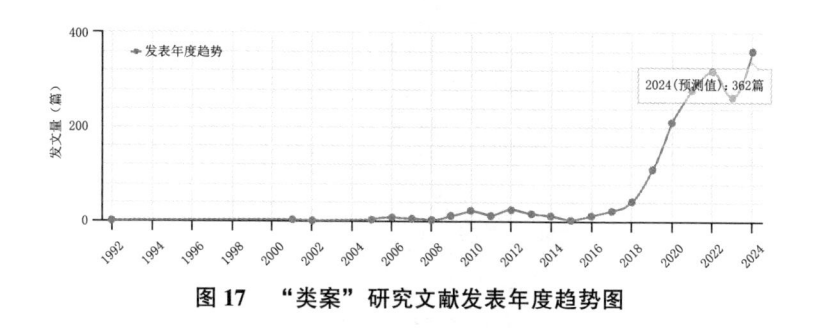

图 17　"类案"研究文献发表年度趋势图

回顾类案检索制度建设历程可以得知，2015 年对于案例指导制度而言是一个重要的时间节点，因为当年最高人民法院印发了《〈关于案例指导工作的规定〉实施细则》，其中明确了指导性案例的编选标准，而类案检索的制度化建设是以案例指导制度为依托的,其发展的重要目的即在于为案例指导制度提供重要辅助,将指导案例和审判实践连接起来。因此,类案研究文献在2015年呈现爆发式增长并非偶然,而是体现了学术研究和司法实践的深度关联,是学界对中国司法制度建设的直接回应。

学术研究的主题分布同样可以反映类案检索制度建设的重点和不足所在。在类案研究文献中,研究文献数量占比较高的主题有"类案检索""指导性案例""人工智能"和"类案监督"等,研究文献所涉内容分布于"检察监督""司法适用""智慧法院"和"民事诉讼"等多个领域(如图18)。由此可见,有关类案检索的研究开始得到学术界的广泛关注,而引发重点讨论的则主要是类案检索的机制和类案的效力地位问题。

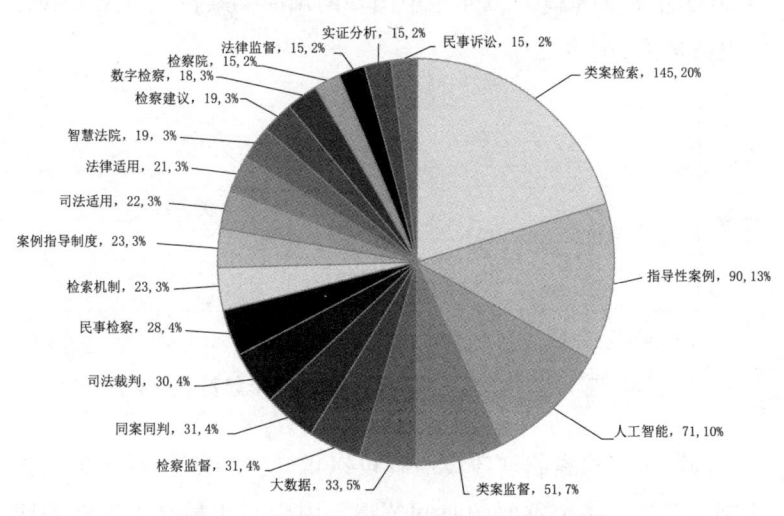

图18 "类案"研究文献主要主题分布图

第五章 以案说理的起点：类似案件的检索

其中，有关"检索机制"的研究直接关联类案的检索实践，在类案研究的文献中，讨论"类案检索"的文献数量为145篇，占所有文献数量的20.28%。从研究趋势看，关于类案检索机制的讨论最早出现于2018年，文献发表数量为1篇，此后这一主题下文献发表量总体呈现增长态势，2022年中国知网有关类案检索机制的文献发表量达到24篇，2024年中国知网预测相关文献发表量将达到25篇（如图19）。其中，魏新璋、方帅则对2018年的类案检索机制进行了检视，认为彼时类案检索机制在制度上未明确类案检索适用的范围和检索案例效力层级，在技术上检索推送案例不够精准，类案类判实践差异显著，因此司法实践中类案检索并未普遍适用，有必要推进司法与技术的融合，从标签精细化、系统集成化、数据优质化入手，提升类案检索系统功能。同时，要完善类案检索操作规则，明确类案检索机制的性质、检索机制的适用范围、检索的案例范围、检索的方式、检索结果的运用方式等，为司法实践提供明晰实用的规则指引。[1]梁平对京津冀法院的类案检索实践进行研究，认为当前类案检索存在技术、法律知识供给、认知等方面的困境，亟待以有助于检索系统"建构案情"为目标加强类案检索的基础性支持，提高检索结果的精准性和匹配度。[2]汪海燕、陶文婷从解释学视角切入，认为有关类案检索机制的规定在周延性上存在不足，如类案范围未完全明确、类案价值体现规定不详、

---

[1] 魏新璋、方帅：《类案检索机制的检视与完善》，载《中国应用法学》2018年第5期。

[2] 梁平：《基于裁判文书大数据应用的区域法治化治理进路——以京津冀类案检索机制的构建为例》，载《法学杂志》2020年第12期。

类案及相关材料属性不明。[1]王宇焘从行政案件"类案"的界定入手，分析行政案件"类案"基本要素与检索方法，并就构建类案检索的司法适用提出意见建议。[2]有关类案检索机制研究的增多意味着类案检索制度化建设关注度的提升，随着制度建设的深入发展，学者们也关注到了类案检索制度所暴露出来的问题，并尝试通过实证研究和学理探讨寻找可行的解决方案。

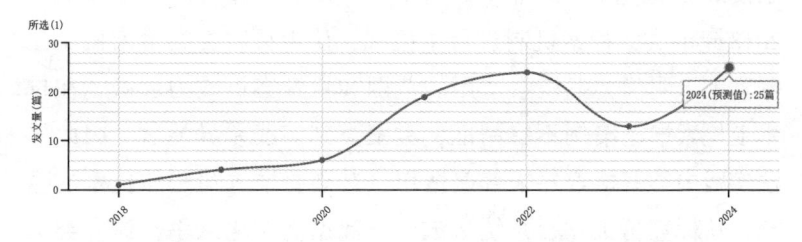

图19 类案研究文献中"检索机制"主题研究文献发表量趋势图

---

〔1〕 汪海燕、陶文婷：《刑事案件类案检索机制研究——由解释学检视展开》，载《山西大学学报（哲学社会科学版）》2021年第5期。

〔2〕 王宇焘：《司法责任制背景下行政案件类案检索机制研究》，载《社会科学战线》2021年第10期。

第六章

以案说理的关键：类似案件的判断

为落实司法责任制，统一司法裁判尺度，《司法责任制实施意见》中明确规定："承办法官在审理案件时，均应依托办案平台、档案系统、中国裁判文书网、法信、智审等，对本院已审结或正在审理的类案和关联案件进行全面检索，制作类案与关联案件检索报告。"2018年7月25日，时任最高人民法院院长周强在贯彻落实全面深化司法体制改革推进会精神专题视频会议中进一步强调："全面落实司法责任制，统筹推进人民法院司法体制综合配套改革。"[1]对于类案进行检索并制作检索报告，发挥类案指导审判、统一裁判尺度的作用，既是《司法责任制实施意见》的明确规定，也是全面落实司法责任制，维系社会共同价值，建设社会主义法治国家的应有之义。

在类案检索报告机制中，明确"类案"的判断标准是其关键，也是实现统一法律适用的核心。但类案的判断标准是一个宽大但又多少有些模糊的话题，既包括法律逻辑上的困难，也包含制度设计上的困难。从法律逻辑上讲，只要有相似案由往

---

[1] 孙航：《全面落实司法责任制 统筹推进人民法院司法体制综合配套改革》，载《人民法院报》2018年7月26日，第1版。

往就被认为是同一类案件（广义的类案），但是究竟需要满足何种程度的"类似"才需要"类似审判"，是最容易产生争议的，也是类案能否解决疑难案件审判的关键所在。因此，明晰类案的判断标准是类案指导制度能否具有生命力的基本前提。从制度设计上讲，有些问题法官依靠法律推理能够解决，有些则是需要依赖一套完备的审级制度、司法理念、政策解读和价值判断才能解决的。因此，明确类案的判断标准，实现类案的指导功能，既需要解决法律逻辑上的困难，也需要克服制度设计上的难题。本书通过案例分析和实证研究相结合的研究方法，对借名买房类案件进行比较分析，探索法院在审理待决案件时如何从类案中获得关键事实和裁判规则，确立类案的判断标准，继而指引待决案件的审理。

一、"类似"案件的认识论基础

早在古希腊时代，亚里士多德就在其《尼各马可伦理学》中将正义视为一种独特的伦理美德。现代西方法治的论战中，围绕类似案件对待的正当性基础有多种讨论。哈特等人认为"类似情况类似对待"（treat like cases alike）原则是正义概念的核心。[1] 富勒则将这一原则与法治联系在一起，而法治又被视为一个自由国家的核心特征。[2] 而在德沃金的理论中，以整

---

[1] H. L. A. Hart, *The Concept of Law*, ch. VIII; Ch. Perelman, Justice (1967); De la Justice (1945).

[2] Lon Fuller, *The Morality of Law*; John Rawls, *A Theory of Justice*, §38; cf. Judith Shklar, Legalism.

全性为包装的类似情况类似对待的一般理念扮演着核心角色。[1]类似情况是否必须类似对待的问题对于实践理由同样也很重要。事实上，它可能作为一个具体的实践问题比作为一个理论问题更为重要。在一个以复杂的官僚组织为特征的社会中，这一问题尤为重要；在其中，很多不同的行动者会在大致相似的情况下作出大量的决定。[2]

类似案件无疑是存在的。甚至可以说，生活中大多数案件都可以以某种方式进行归类。近年来很多学者或法官从思辨哲学的角度认为"不存在完全相同的案件"[3]，进而指出"同案同判"是伪命题的结论，这无疑是一种语言逻辑上的诡辩。通常意义上讲，实践中普遍认为民事案件中案由相同的都属于同类案件，在案由相同的基础上如果核心情节相近的案件毫无疑问就是类似案件。法律系于生活，虽然生活极少精确重复自身，但相似性的倾向和程度还是显著的。司法类案在实践中不仅存在，而且是大量、广泛地存在。调研中基层法院法官们普遍反映，其日常受理的约90%的案件属于适用法律简单，在生活中大量重复出现的案件。[4]这类案件多属于人类社会生产、生活中广泛存在的情况，比如普通的扒窃行为，正因其在人们生活中司空见惯，才会受到立法的专门"关照"。对于此类案件而言，判断是否属于类似案件并非难事，作出裁决也并不困难。然而，案件的类似性有其边界，在复杂、疑难、新型案件出现

---

[1] Ronald Dworkin, *Law's Empire*; Neil MacCormick, *Legal Reasoning and Legal Theory*; cf. Raz, *The Relevance of Coherence*.

[2] 张骐：《论类似案件应当类似审判》，载《环球法律评论》2014年第3期。

[3] 周少华：《同案同判：一个虚构的法治神话》，载《法学》2015年第11期。

[4] 在四川中院座谈中多位法官提出了这一判断。

时，对于新案件与以往案件是否仍属于"类似"的判断和把握，则如德国法学家考夫曼所指出的，是法律根本的核心难题。[1]正因如此，对"类似"案件的判断是解决类案类判的核心问题。[2]

二、类案的判断标准

在逻辑上，如果两个案件在所有要素方面均相同或相似，则无疑属于类似案件。这类情况在实践中并非没有。但是就类案指导制度所期望达到的目的和作用而言，各个方面完全类似的、生活中大量重复的简单案件往往早已由法律给予了明确的规定或者由法院发布过相应的司法解释。法官审判此类案件时对类案的需求是随之减弱的。正如调研时得到的反馈情况显示，很多基层法院法官认为：随着自己审判经验的积累，绝大多数的案件都可以划归为"简单案件"，这类案件是不需要寻找类案支撑的；相反，需要检索类案和关联案件的案件多属于新型、疑难的案件。但既然是疑难、新型、复杂的案件，其同类案件的数量自然是相对少的，它们在事实特征、法律特征、争议焦点、判决结果和制约因素等方面，或多或少是有些区别的。这就迫使我们在判断类似案件时需要从以上诸多比较维度中，找出究竟哪些要素对于类案比较是具有实质意义的，才能推动类案检索和报告机制对于疑难案件的处理发挥出预期的作用，提

---

[1] "相同性难题，是法律根本的核心难题"，参见［德］亚图·考夫曼：《类推与"事物本质"——兼论类型理论》，吴从周译，学林文化事业有限公司1982年版，第65页。

[2] 高尚：《司法类案的判断标准及其运用》，载《法律科学（西北政法大学学报）》2020年第1期。

高法官审理案件的效率，推进司法责任制全面落实。

"类似性只是一个程度的问题"[1]，类案的判断在法律推理方面主要分为三个方面：确定比较点，围绕比较点分析差异不同点，以及通过对事实、法律和价值的综合考量作出是否构成类案、是否需要类似审判的结论，从而克服反向推理导致的结果不可知。

(一) 类案比较的维度

类案的判断是一个多层次的，且由不同因素综合起作用的过程，类案判断的结果取决于比较的维度。达克斯伯里教授指出，由于并没有两个绝对相同的案件，"区别"总是在某种或者另一个意义上是可能的。[2]关于司法类案的比较维度，很多学者进行了深入的研究：王利明教授提出类似性应当包含四个方面，即案件的关键事实、法律关系、案例的争议点、案件所争议的法律问题；[3]黄泽敏博士与张继成教授认为，要判断待决案件与指导性案例是否做到了相似案件相似审判，需要了解事实特征、法律特征、判决结果和制约因素四类要素，但其中"最终标准是实质理由论证"；[4]雷磊教授指出，当两个具体案件在重要性特征上完全相同时，应当对它们得出相同的判决结论；[5]段文

---

[1] 屈茂辉：《类推适用的私法价值与司法运用》，载《法学研究》2005年第1期。

[2] Neil Duxbury, *The Nature and Authority of Precedent*, Cambridge University Press, 2008, pp. 113-114.

[3] 王利明：《成文法传统中的创新——怎么看案例指导制度》，载《人民法院报》2012年2月20日，第2版。

[4] 黄泽敏、张继成：《案例指导制度下的法律推理及其规则》，载《法学研究》2013年第2期。

[5] 雷磊：《为涵摄模式辩护》，载《中外法学》2016年第5期。

波教授认为，狭义的同案指的是诉讼标的相同；张骐教授总结的比较维度包括争议点、案情、关键事实和是否属于狭义的指导性案例，其中基本的比较点是争议问题和关键事实；[1]张志铭教授主张在案例比较中对（与法律适用直接或间接相关的）案件事实进行定性分析，对案件情节进行定量分析；[2]四川高院与四川大学联合课题组主张以裁判要点为判断类案的基准，检验相关联的必要事实和法律问题是否具有相似性。[3]我们将上述研究中提到的案例比较之维度进行归类总结，其中包括但不限于：争议焦点、关键事实（事实特征）、法律关系、法律特征、法律问题、判决结果、实质理由、制约因素、诉讼标的等方面。

由于案件之间总有或大或小的差异，因此在进行类案筛选和比较时需要确定哪些是类案比较时实质的维度或者方面。正因如此，英国学者沙龙·汉森提示我们关注下列议题：

第一，现在的法律肯定与那时的相似吗？

第二，如果存在些微的事实差异，情况将会如何？

第三，如果存在一系列些微的事实差异，该案还充分相似吗？[4]

---

[1] 张骐：《再论类似案件的判断与指导性案例的使用——以当代中国法官对指导性案例的使用经验为契口》，载《法制与社会发展》2015年第5期；张骐：《论类似案件的判断》，载《中外法学》2014年第2期。

[2] 张志铭：《司法判例制度构建的法理基础》，载《清华法学》2013年第6期。

[3] 四川省高级人民法院、四川大学联合课题组：《中国特色案例指导制度的发展与完善》，载《中国法学》2013年第3期。

[4] ［英］沙龙·汉森：《法律方法与法律推理》，李桂林译，武汉大学出版社2010年版，第71页。

在我国，法官对类案进行判断时需要一套符合法律逻辑和司法规律的标准来确定类案判断时核心的比较维度，即确定比较点。正所谓"类比的关键在于确定比较点，而类比的结果取决于比较点的选择"[1]，如果抛开语境地讨论女人与男人、飞机与船、狗与熊是否类似，将很难得出结论，因为这不是逻辑上能够推理得出的。[2]比较点的确定既有权力运用的成分，亦有理性认知的因素在其中起作用，即权力的运用须得到理性——论证意义上的保证。[3]

(二) 类案判断的核心焦点

事物类似的方面可以说是无限广泛的，只有"相关类似性"对于解决待决案件有直接的帮助。[4]判断类似案件的核心焦点是争议点相似和关键事实相似。争议点是进行类案判断的比较点，只有从相关的争议点出发才能判断关键事实是否相似。比如对借名买房类案件进行比较分析时，各个案件中当事人可能有不同的诉请、提供了不同的证据，甚至案由也可能存在差别（既有买卖合同纠纷，也有物权保护纠纷等）。但是如果法官在审理当前待决案件时，唯一想了解的就是"借名买房后房屋的归属问题"，此时需要从这一点出发，围绕借名买房的相关要素

---

[1] 雷磊:《为涵摄模式辩护》，载《中外法学》2016年第5期；参见[德]阿图尔·考夫曼:《法律获取的程序——一种理性分析》，雷磊译，中国政法大学出版社2015年版，第129、162页。

[2] [德]亚图·考夫曼:《类推与"事物本质"——兼论类型理论》，吴从周译，学林文化事业有限公司1982年版，第81页。

[3] 雷磊:《为涵摄模式辩护》，载《中外法学》2016年第5期；参见[德]阿图尔·考夫曼:《法律获取的程序——一种理性分析》，雷磊译，中国政法大学出版社2015年版，第129、162页。

[4] 张骐:《论类似案件的判断》，载《中外法学》2014年第2期。

检索关键事实。关键事实相似是判断待决案件与先前案件是否属于类似案件的核心比较点。如果围绕同一争议焦点的关键事实不同，则两个案件必然不属于类似案件。比如，在借名买房类案件中，关键事实是借名人是否全部出资以及是否存在实质上的借名合意，如果两个案件在以上关键事实上存在不同，则不属于类案，不具有类似案件类似审判的必要性。

判断类似案件的辅助标准和检验方式是案由相似和行为后果相似。其中，案由相似并非绝对标准，但是案由代表案件的类型，绝大多数情况下也决定了案件的争议焦点，在实务中有人甚至直接认为案由相似的案件就构成类案。本书采取类案的狭义理解，案由相同或类型相同是类案判断的首要步骤，也是排除大量不相关信息的最有效方式。行为后果的相似性也是判断是否构成类案、是否需要类似审判的重要因素。如果相似的行为和情节造成了截然不同的行为后果，在法律上也会有不同的评价。譬如就刑法中故意杀人而言，如果两个案件中的行为、情节相近，但一个仅仅造成未遂的后果，另一个却造成了杀人既遂的后果，那么两个案件通常不构成类案，审理案件的法官也不再受到类似审判的约束。

其他诸如案件情节、法律关系、非核心的案件事实等要素是判断类案时的参考性因素。

（三）相关的关键事实

类案的判断主要是行为判断。[1]但是，行为中的事实要素

---

〔1〕 屈茂辉：《类推适用的私法价值与司法运用》，载《法学研究》2005年第1期。

涉及生活中的方方面面，不可能完全相似，在案情比对时也无法全部、逐一地进行检视。因此，类案判断要围绕争议点，对具有相关性的关键事实进行重点分析和比较。斯通教授以多诺雷诉史蒂文森案（Donoghue v. Stevenson）为例表明，该案中的下列事实要素如若有所替换，均不会改变判决的结果，那么这些要素就不是实质性的事实，比如：

（a）关于代理的事实：本案中的死蜗牛，在此处也可以是任何其他的蜗牛，或者任何令人恶心的其他肢体，抑或是非物理形态的其他元素。

（b）关于损失的媒介：本案中的不透明姜汁啤酒瓶，在此处也可以是其他不透明的饮料瓶，或者任何饮料瓶，或者任何人类的其他容器。

（c）关于被告身份的事实：本案中是有经销商委托的产品制造商，在此处也可以是任何制造商，或者任何与产品有关系的人。

（d）关于损失媒介的潜在危险的事实：在本案中产品可能因为这种过失而变得危险，或者相反。

（e）关于原告的伤害的事实：本案中造成个人身体的伤害，在此处也可以是任何心理、精神上的伤害，或者任何伤害。

（f）关于原告身份的事实：本案中是苏格兰的寡妇，在此处受害者的身份也可以只是一个苏格兰女人，或者任何国籍的女人，或者任何人。

（g）关于原告与这个致害物品关系的事实：本案中是购买者赠送的，在此处也可以是由原告直接从被告处进货的零售商那里买来的，或者从任何零售商买来，或者从任何与购买者有关处得到。

（h）关于损失要素的未被发现的事实：比如此处可以是蜗牛并没有被原告所发觉，或者没有被其他相关人发觉。

（i）关于诉讼时间的事实；该案件发生在1932年，可以是1932年之前，也可以是1932年之后，抑或是任何时间。[1]

毋庸置疑，上述（a）到（i）都不是判决理由中的实质部分，全都可被替换，仍然不影响判决的实质。因此，需要从案件的必要事实和实质构成要件来判断，[2]也即寻找"实质性事实"（material fact）或与案件的事实关系"有密切关联的核心意思（本意、要旨）"[3]，从而防止边缘事实不同而架空先前案例的含义。

三、判断标准的运用

（一）案件类型的确定

类案首先应当是类型化事实相似[4]的案件，这一环节需要评判者依据其审判经验甚至直觉加以判断。以邹兵建博士对非法持枪罪是否存在司法偏差的研究为例，其从赵某华日常经营气球射击摊为典型案例出发进行类案的比较分析，将"非法持有枪支

---

[1] Julius Stone, "The Ratio of the Ratio Decidendi", *The Modern Law Review*, Volume 22, 1959, No. 6, p. 604.
[2] 于同志：《论指导性案例的参照适用》，载《人民司法》2013年第7期。
[3] 周光权：《刑事案例指导制度的发展方向》，载《中国法律评论》2014年第3期。
[4] 于同志：《案例指导研究：理论与应用》，法律出版社2018年版，第93页。

罪"作为案由，以"气球"为关键词，在中国裁判文书网上进行搜索，获得了 22 个与赵某华案类似的案件。通过研读确认，这些案件都是因为经营气球射击摊而被检察机关以非法持有枪支罪提起公诉的案件。但作者认为经营气球射击摊只是行为人持有玩具枪或仿真枪的一种情形。为加深研究，全面考察行为人持有玩具枪或仿真枪而被法院判决构成非法持有枪支罪的情形，邹兵建博士又进一步采取了"'非法持有枪支罪'+'玩具枪'"的组合方式进行检索，得到判决书 47 份，以及用"'非法持有枪支罪'+'仿真枪'"的组合进行检索，得到判决书 406 份。[1] 以上检索得出的结论构成其研究法官在审理"非法持有枪支罪"类案件中对主观故意这一要件如何处理时的研究素材。

在该研究中，确定案件中的"案件类型"（非法持有枪支罪）与"关键词"（气球）这一检索搭配属于只能由法官依靠直觉和经验才能够完成的工作。而且，是否将气球的概念替换为或玩具枪或仿真枪，也需要法官依据直觉、生活经验、审判经验进行判断。在此基础上。法官再从待决案件中通过案由的判断来识别关键事实和核心争点。

（二）关键事实的判断方法

从争议焦点着手，可以识别出哪些是类案判断中具有实质意义的关键事实。对其进行比较和判断的方式主要有以下几种：

第一，依靠感知经验判断。虽然在普通法国家待决案件与先例案件之间的相似判断被认为是遵循先例原则的心脏，但对

---

[1] 参见邹兵建：《非法持有枪支罪的司法偏差与立法缺陷——以赵春华案及 22 个类似案件为样本的分析》，载《政治与法律》2017 年第 8 期。

于何为"相似"并无确切定义，法官主要依据自己的审判经验并借助于区分技术来判断案例之间是否存在"相似性"。实践中一个很常用且有效的方法就是通过感知经验。黄泽敏和张继成提出，"若通过感知经验可以直接判断待决案件的案件事实符合裁判要点的描述时，只要不存在实质理由论述形式，即可判定待决案件与指导性案例相同"。但前提是双方当事人能够达成一致。对于通过感知经验无法直接判断待决案件的案件事实是否符合裁判要点的描述，需要符合"实质理由论述形式"时可判定待决案件与指导性案例相同。[1]

第二，围绕争议焦点，借助裁判规则定位关键事实。一个案件中具有实质意义的关键事实可能不止一个，在判断类案时只有围绕争议焦点的关键事实才有比较的意义，因此，围绕争议焦点判断关键事实是事半功倍的方式。与此同时，判断是否属于类案的认识论依据是规则。[2]作为类比依据的比较点实际上也是规则。例如"浓盐酸"与"手枪"的共同点在于它们都"能给人身造成伤害的危险工具"。所以，要将适用于手枪的法律后果类比适用于浓盐酸，首先要确定一条规则——"所有能给人身造成危害的危险工具都是武器"[3]。因此，在对两个以上案例的事实特征进行比较时，需要抽象出先前案例的裁判规则，再检验关键事实这体现了关键事实与裁判规则之间的辩证关系。"通过比较大量的相关先例，阐明某项规则，如果可以的

---

[1] 黄泽敏、张继成：《案例指导制度下的法律推理及其规则》，载《法学研究》2013年第2期。

[2] 黄泽敏、张继成：《案例指导制度下的法律推理及其规则》，载《法学研究》2013年第2期。

[3] 雷磊：《为涵摄模式辩护》，载《中外法学》2016年第5期。

话，还要将规则协调一致地适用于所有相关先例，并且依据事实检验这一阐释是否违背形式上可能有所变化的规则。"〔1〕正因如此，司法实践中法官通常以裁判规则为判断类案的基准，检验待决事实与裁判规则中所包括的必要事实是否具有相似性，以及待决案件所要解决的法律问题与裁判规则涉及的法律问题是否具有相似性。〔2〕

最高人民法院近期发布的"类案与关联案件检索报告模板"中，第一部分内容即裁判规则，并且专设"裁判规则指引"栏目。可见，确定裁判规则既是类似案件判断时的关键，也是类案检索报告最终的目标。

第三，运用"否定判断法"检验是否属于关键事实。在普通法国家，法官经常使用的方式是：提炼一个法律命题，将它变换为否定陈述，将否定陈述适用到该案件中，如果结果相同，则所确定的法律命题不是该案件的判决理由；如果结果不相同，则确认的法律命题是该案件的判决理由。〔3〕后文将通过借名买房类案件的比较研读展示如何通过这一方法检验关键事实。

（三）行为后果的相似性判断

由于案件事实和情节的复杂多样性，案件中的行为后果无法一一对应，在类案判断中更没有逐一仔细核对的必要。在完

---

〔1〕［美］卢埃林：《荆棘丛——关于法律与法学院的经典演讲》，明辉译，北京大学出版社2017年版，第67页。

〔2〕 四川省高级人民法院、四川大学联合课题组：《中国特色案例指导制度的发展与完善》，载《中国法学》2013年第3期。

〔3〕［英］沙龙·汉森：《法律方法与法律推理》，李桂林译，武汉大学出版社2010年版，第72页。

成了案件类型或案由、关键事实相似的判断后，可对行为后果进行补充考察，此时只从粗略的分类角度进行判断即可：分析两个案件造成结果的严重程度、危害大小是否足以影响类似案件的判定。比如同样是在电梯里劝阻他人吸烟，造成了严重法律后果的案件（田某菊诉杨某生命权纠纷案）与其他毫无法律后果的情形就不构成类似案件。

（四）案例作为说理依据的论证顺序

法官在尝试通过在先案例释法说理、支撑判决结果时，应当确保对"是否属于类案及其理由""是否适用参照及其理由"以及"所述类案与判决结果之间的关联"等内容均有较为清晰的展现。

首先，要将类案作为裁判说理依据的第一步必然是判断在先案例是否属于类案。实践中，案件很难做到两两之间完全匹配，作为一种"从案件到案件的推理"，类案的判断所强调的是二者之间事实层面上的部分共性。[1]在进行类案判断时，应当遵循"确定案件类型""判断关键事实""运用行为后果进行辅助检验"的三步判断方法；其中关键事实的判断是类案判断的核心焦点，判断关键事实的具体方式包括"充分依靠审判经验""围绕争议焦点，借助裁判规则定位关键事实""运用'否定判断法'检验关键事实"。司法裁判是一种高度依赖经验的法律活动，其中有很多难以被步骤化的思维过程，[2]而围绕类案作为

---

[1] [德]托马斯·M.J.默勒斯：《法学方法论》（第4版），杜志浩译，李昊等校，北京大学出版社2022年版，第434页。

[2] 孙光宁：《指导性案例参照适用中的案件事实相似性判断》，载《国家检察官学院学报》2022年第3期。

第六章　以案说理的关键：类似案件的判断

裁判说理依据机制的探讨，一个重要的目的就是将这些思维过程落实到裁判文书文本的说理表达当中。因此，更为关键的问题在于，法官如何在说理过程中将本案与前案的相似性用有限的篇幅进行精准说明。其中，论点的排布可以按照思维过程的顺序进行。论据的选择则需要分情况讨论，在论证前案与本案构成类案、具有部分共性时，可以考虑相似性论据、当然推论、规避论据；在论证二者不存在共性、不属于类案时，则可以考虑使用反面推论和归谬法。无论结论如何，唯有充分的理由阐述才能增强说理的说服力和可信度。

其次，即便前案与本案在事实层面构成相似，成为类案，也不必然意味着类案应当被参照，因为类案还受到效力的约束，这一点也需要法官在使用类案进行裁判说理的过程中运用排除规则进行效力上的检验。[1]这种情形仅出现在法官对当事人提出的类案进行回应时，当事人出于自利的动机，往往只会提出有利于己方诉求的类案进行主张。但是，由当事人选取的类案，尤其是非指导性案例的前案，其判决结果有可能与前案判决作出法院的同级或上级法院在后判决有出入。因此，在裁判说理文本中，法官除了明确类案判断的结果之外，也需要指出参照与否的结果并简要说明理由。

最后，明确在先案例是可参照的类案仅仅是将类案作为说理依据前置工作，法官的核心说理义务在于构建类案与判决结果之间的联结。这种联结可以通过案与案之间的具体比较与类推实现，遵循一种"由类似的事实要件导向类似的法律结果"

---

[1]　雷磊、牛利冉：《指导性案例适用技术的国际比较》，载《治理研究》2018年第1期。

的思路。但是在我国遵循体系取向法律方法的环境下，作为"对比第三项"的裁判规则的加入更符合我国法官的思维方式，即跳出两个案件之间的直接比较，而是在前案中寻求一种一般性的法律陈述，再通过涵摄演绎的方式将来自类案的裁判规则适用于本案，形成本案的判决结果。从现实来看，目前我国能够为法官提供明确的裁判摘要或裁判要旨作为参考的案例多为指导性案例、公报案例和部分典型案例，而在司法实践中法官仍将面对大量由当事人提供的未对裁判要旨进行总结的在先案例，这就要求法官在说理的过程中，先进行类案裁判要旨的总结工作，再将类案裁判要旨适用于本案判决。

四、注意的问题

（一）类比推理的逻辑困难：如何对待不同点

对类案进行判断时运用类比推理是一个自然而然的选择。[1] 由于类比推理是一个"从特殊到特殊"的推理，因此相较于演绎推理"从一般到特殊"的推理，前者在逻辑上面临的问题更多，其可证成性需要克服逻辑上的困难。其中的根本问题是如何对差异点的相关性加以确定。[2]

第一，比较与辨异的方法。如果案件的大多数要素相似，究竟何种差异会导致法院作出不同的裁判？卢埃林指出，"完美无缺的比较与区分"是无法实现的，需要借助"比较与辨异的

---

〔1〕 张骐：《论类似案件的判断》，载《中外法学》2014年第2期。

〔2〕 [德]罗伯特·阿列克西：《法律论证理论——作为法律证立理论的理性论辩理论》，舒国滢译，中国法制出版社2002年版，第338页。

逻辑方法"。[1]但是，正如卢埃林在例子中展示的情景："在第一个先例中，你们看到了事实 a、事实 b 和事实 c，诉讼程序 m 和结果 x。在第二个先例中，如果幸运的话，你们会再次看到诉讼程序 m，但这次却是事实 a、事实 b 和事实 d 以及结果 y。现在，你们如何才能确切地获知，在第二个先例中，导致结果发生变化的是事实 c 的缺失，还是新事实 d 的出现呢？法院或许会告诉你们。但是，我再次强调，你们比较先例的目的是检验法院的说法。接下来，你们转向第三个先例。你们再一次看到了结果 x，以及事实 b、事实 c 和事实 e，但事实 a 缺失了，并且这一次的诉讼程序不是 m，而是 n。这就在一定程度上强化了你们这样的怀疑，也就是，事实 c 是导致结果发生变化的那个因素。但是，这仍然缺乏关键的检验。"[2]如我们所看到的，我们或许可以掌握一种科学的预测方法，并且可以在材料允许的范围内使用这种方法。但即便如此，我们没有一门可以非常准确地预测类推结果的科学。[3]

第二，反向推理及其克服。反向推理在逻辑上（而非目的上）一直是可以取代类似推论的。卡尔·恩吉施曾用一个例子来解释"相似性"判断的根本难题，即如何处理不同点所引发的反向推理，如何从前提的不同性推出法律结果的不同性。[4]

―――――――――
[1]［美］卢埃林：《荆棘丛——关于法律与法学院的经典演讲》，明辉译，北京大学出版社 2017 年版，第 62 页。
[2]［美］卢埃林：《荆棘丛——关于法律与法学院的经典演讲》，明辉译，北京大学出版社 2017 年版，第 66 页。
[3]［美］卢埃林：《荆棘丛——关于法律与法学院的经典演讲》，明辉译，北京大学出版社 2017 年版，第 66 页。
[4]［德］卡尔·恩吉施：《法律思维导论》（修订版），郑永流译，法律出版社 2014 年版，第 180 页。

《德国刑法典》第226条a款规定,如果伤害身体的行为,比如文身或者在人体上做医学实验,经由受伤者本人的同意且不违反善良风俗,此时这一伤害行为不违反法律。那么这种"同意"带来的法律后果可否推至受害者同意行为人剥夺自由的情形呢?比如一个大学生请求他人将自己关在研究所里,以便他能不受干扰地做他的博士论文,是否违反刑法关于非法拘禁罪的规定?制定法没有作出明确规定,但是人们能通过对第226条a款进行类比推理来填补这一漏洞:"如果行为没有违反善良风俗,恰如受伤者同意的身体伤害,受害者同意的剥夺自由也必定是允许的。"[1]原因在于:"身体伤害和剥夺自由相互是如此的相似,以致有正当性去假设,之于身体伤害是适当的东西,对于剥夺自由是合理的。……身体伤害与剥夺自由必定有一些共同点(即侵害人身利益),以便能被置于相同对待之境地。"[2]类比推理逻辑的特征在于认为法律明确规定的"同意的剥夺自由"与没有明确规定的"同意的身体伤害"具有"相似性"。[3]

更为经典的例子来自《学说汇纂》中"十二铜表法"的规定:"四足动物"的所有者,对动物因其野性引起的损害负有责任(相当于当前"动物饲养者"的责任)。那么,所有者对两足

---

〔1〕[德]卡尔·恩吉施:《法律思维导论》(修订版),郑永流译,法律出版社2014年版,第178页。

〔2〕[德]卡尔·恩吉施:《法律思维导论》(修订版),郑永流译,法律出版社2014年版,第178~179页。

〔3〕[德]卡尔·恩吉施:《法律思维导论》(修订版),郑永流译,法律出版社2014年版,第180页。

动物，如非洲鸵鸟因其野性所造成的损害是否负有责任？[1]如果进行严格解释，两足动物，比如鸵鸟，也具有相当大的野性。如果适用的是类比推理，那么答案是肯定的；如果适用反向推理则答案正相反。[2]

  类比推理的模式：

  大前提：如果一只四足动物因其野性对他人造成了损害，那么其所有者有义务进行赔偿。

  相似性：两足动物也可以具有与四足动物一样的野性。

  结论：当一只两足动物因其野性对他人造成了损害，其所有者有义务进行赔偿。

  反向推理的模式：

  大前提：如果一只四足动物因其野性对他人造成了损害，那么其所有者有义务进行赔偿。

  不同点：两足动物不是四足动物。

  结论：当一只两足动物因其野性对他人造成了损害，其所有者无需进行赔偿。

这两个框架的区别在于中间句——"两足动物也可以具有与四足动物一样的野性"与"两足动物不是四足动物"两个语句在逻辑形式上都是正确的。[3]获得有说服力的判断毋宁说需

---

  [1] Ferdinand Regelsberger, Pandekten I, Leipzip, 1893, Band 9, Kap. 1. ［德］卡尔·恩吉施：《法律思维导论》（修订版），郑永流译，法律出版社2014年版，第181页。
  [2] Ingeborg Puppe, Kleine Schule des juristischen Denkens, 3. Aufl. Vandenboeck & Ruprecht, S. 169.
  [3] Ingeborg Puppe, Kleine Schule des juristischen Denkens, 3. Aufl. Vandenboeck & Ruprecht, S. 169-170.

要实质性的论证。[1]在纯粹形式逻辑上,这两种将导致完全不同结果的推理是同等合理的。人们既可以说:四足动物不是重点,重点是危险动物因其野性造成的损害,两足动物与四足动物在"具有野性"方面是完全相同的;也可以推断,只对四足动物所规定的法律,不能适用于其他动物。

再如2019年的吉尔汉姆诉司法部案中的争议焦点是地区法官是否属于1996年《就业权利法》中所称的"工人",并由此有权享受该法规对举报人的保护。[2]从该案件中提取理由(ratio)似乎很容易,困难的是如何区分相关、不相关和模棱两可的因素:吉尔汉姆所担任的司法职位显然是相关的,而她的名字和性别显然是无关的,但其他因素确实是模棱两可的:比如她作为一名地区法官的身份是否重要,或者该案件理由是否适用于其他任何司法职位,等等。明显相关、明显无关以及明显需要进一步思考这三个类别之间的界限是灵活的:一个能言善辩的律师在后来的法官面前辩论案件时,可能会把一个因素从一个类别推到另一个类别。法律人经常面临着"是类比推理还是反向推理,应置何种推理于优先地位,以便利用它来在逻辑上彻底地怀疑这种法律论证"[3]的困惑,而对类比的证成往往是通过价值判断才能实现。

(二)类似案件判断的核心:价值判断

类比必须与实质论证相结合,因为它本身属于"高度不饱

---

[1] Ingeborg Puppe, Kleine Schule des juristischen Denkens, 3. Aufl. Vandenboeck & Ruprecht, S. 171.

[2] Gilham v. Ministry of Justice [2019] UKSC 44.

[3] [德]卡尔·恩吉施:《法律思维导论》(修订版),郑永流译,法律出版社2014年版,第181页。

和"的论证形式。[1]正如于同志法官指出,案件相似性的判断过程,就是按照一定的价值标准,在若干具有关联性的指导性案例中选择、确定与待决案件事实最为接近、裁判效果最好的一个,从而参照试用。[2]

第一,解决类案判断的根本难题需要探求立法目的。恩吉施指出,在类比推理与反向推理的抉择中,与纯粹逻辑无关,"逻辑必须与目的论相连"。也即,在逻辑上是正常的形式推理过程,在实践上只是在与具体的实体的理解相连时才发生功效,这种理解必须通过特殊的法律方法论获得。人们甚至可以再进一步说:法律的类比推理还根植于法律的土壤——制定法和习惯法的规定,以及制定法和习惯法的一般价值判断。[3]因此,探求立法者的本意和社会生活中蕴含的社会价值,是解决类比推理和反向推理难题的重要视角。

第二,对类案判断的证成需要依赖普遍实践论辩的规则和形式。既然类推是实质论述的一种形式结构,"在确定相似性的过程中……类推以某种价值评价为基础。为证立这种价值评价,在法律论辩中所有可能的论述都是许可的"。[4]在对类案进行判断时,类比推理提供了一种框架和模式,但是为了证成这种价值判断的理性,需要回归到普遍实践论辩的规则和形式。

---

[1] 雷磊:《为涵摄模式辩护》,载《中外法学》2016年第5期;参见[德]阿图尔·考夫曼:《法律获取的程序——一种理性分析》,雷磊译,中国政法大学出版社2015年版,第129、162页。

[2] 于同志:《论指导性案例的参照适用》,载《人民司法》2013年第7期。

[3] [德]卡尔·恩吉施:《法律思维导论》(修订版),郑永流译,法律出版社2014年版,第182页。

[4] [德]罗伯特·阿列克西:《法律论证理论——作为法律证立理论的理性论辩理论》,舒国滢译,中国法制出版社2002年版,第347页。

第三，类案判断指向的实质价值准则是人类的共同理性。佩雷尔曼指出，法官必须在某种价值判断的指引下来实现自己的任务，这种价值判断的准则就是"合理""可接受"和"社会上有效"等原则。[1]一般而言，符合人类共同理性、可供类比或反向推理的论证，且被认为对法律补充是有用的实质性观点，包括"法的一般性原则，法律秩序的精神，领导阶层的评价，正确的法，自然法及'事情的本性'，'为达到合适的目的的合适的手段，有时还有'法官的创造性个人评价'"[2]。由于运用这种法律逻辑的智力手段，法官就为法律带来了正义、衡平、社会效果等价值。[3]佩雷尔曼直言："法律基本上是关于各种价值的讨论，所有其他都是技术问题。"[4]完成类案的检索并不意味着已经一劳永逸地解决问题，法官最重要的工作不如说是找出各种价值的根据，实现其平衡，进而达到各种价值的综合。

2018年9月17日发布的最高人民法院《关于在司法解释中全面贯彻社会主义核心价值观的工作规划（2018—2023）》，旨在通过培育和践行社会主义核心价值观，实现统一裁判标准和裁判尺度的目的，恰恰印证了这一司法逻辑。

---

[1] 沈宗灵：《佩雷尔曼的"新修辞学"法律思想》，载《法学研究》1983年第5期。

[2] ［德］卡尔·恩吉施：《法律思维导论》（修订版），郑永流译，法律出版社2014年版，第190~191页。

[3] 沈宗灵：《佩雷尔曼的"新修辞学"法律思想》，载《法学研究》1983年第5期。

[4] 沈宗灵：《佩雷尔曼的"新修辞学"法律思想》，载《法学研究》1983年第5期。

五、类案判断的实例分析：以借名买房类案件为对象

类案的指导意义是从多个类似案件的比较中展现出来的。"任何先例都不可能孤立地有意义，孤立地对待先例，不会给你们提供任何指引。"在对类案进行检索和报告时，需要对大量同类案件进行比较分析，通过提取裁判规则来比较关键事实。在此以借名买房类案件为例，展示类似案件在实践中的判断方法。

借名买房是日常生活中经常发生的情形，是指房屋的实际出资人借用他人名义购房，并以他人名义登记房屋所有权的行为。借名买房通常发生在熟人或者亲人之间，但是现实生活中经常出现纠纷。对于如何理解和适用《民法典》"物权编"第209条规定的物权公示原则，法官、学者和社会大众之间一直存在较大的认识分歧。根据物权变动的公示公信原则，为避免给交易相对人带来不可预见的损害，维护交易安全和稳定，物权的所属应当进行公示，其中不动产的公示方式是登记。根据《民法典》"物权编"第209条规定："不动产物权的设立、变更、转让和消灭，经依法登记，发生效力；未经登记，不发生效力，但是法律另有规定的除外。"对此，可以理解为不动产物权必须经过登记始发生物权效力，一经公示，即产生公信力。但也有人认为，物权法并未在立法上确认物权行为的无因性，不动产物权变动仍应以有效的债权行为作为前提。对于此类法律没有明确规定，但实践中大量存在的法律情形，检索类案进行参考是法官最常见的选择。此时，假设一名法官通过对当前待决案件案情的初步了解，将本案的争议点归纳为"借名买房后房屋的归属"，以期从类案和关联案件中获得审判指导，他可

以通过下述方式获得此类案件的裁判规则，进而对关键事实进行分析和评价。

笔者以"借名买房"作为关键词在中国裁判文书网上进行搜索，共得到判决书2668份。从审级划分，其中最高人民法院1份，高级法院196份，中级法院1216份，基层法院1255份；从地域划分，其中北京1289份，广东218份，江苏138份，天津125份，其他所有省份的判决书数量均不足100份。据此分析，借名买房情况出现的频繁程度与经济发展程度，譬如拆迁、限购限贷政策、反腐力度等因素关系密切。

通过随机抽取6则案例的比较分析（其中最高人民法院1则、北京高院2则、北京一中院1则、天津高院1则、广西高院1则）可以了解到，在裁判文书中由双方当事人举证时提到的事实要素有很多，各个案件中的重要情节也丰富多样，包括但不限于以下事项：出资情况、贷款还款情况、借名合意（是否有书面协议，其真实性如何；是否有口头协议，如何举证）、借名买房时《物权法》是否已经出台、对于借名的事由能否提供合理解释、房屋由谁居住、房屋由谁装修、水电费及物业费由谁缴纳、房产证由谁持有、当事人之间何种关系（亲兄妹、外祖孙、夫妻），等等。其中，法院判决理由中提到的事项有：出资情况（包括首付款的交付和贷款还款情况）、借名合意、借名买房时《物权法》是否已经出台、关于借名事由能否提供合理解释、出资人装修并实际使用等因素（参见附件3）。由此可以印证前文的判断，在进行类案检索和比较时有可能会出现非常多的事实要素，对其进行全部、逐一检视势必导致类比推理结果的不可知。此时，从众多具有参考意义的事实中识别和提取出关键事实就成为重中之重。

(一) 关键事实的判断

需要说明，在对此类借名买房类案件进行判断时，对关键事实的识别和选取会受到选取案件的数量、层级、地域、案件的准确性和特殊性等诸多要素影响。由于以上6则案件均未涉及"第三人"的问题，因此在此类案件的比较时就没有增加第三人这一比较维度。但如若待决案件中涉及保护善意第三人的相关问题，那么法官在选取和检索此类案件的关键事实时也会随之调整、变化，其归纳的裁判规则也会进一步细化和深化。但这也是类案指导制度富于变化、快速及时的表现所在。

类案判断时涉及的要素非常多，如果对多个案例进行多维度的比较，其排列组合的结果将会浩如烟海，其结果的指导性和说服力也会相应减弱。此时可以采用前文的"否定判断法"对关键事实进行判断。具体而言，在诸多判决理由中寻找法官重点分析了哪些问题，以此作为线索展开判断。当出现某一事实要素难以断定其是否属于关键性的事实时，可以采取否定判断法，反问："如果回答是'否'，是否可以直接得出相反结论？"如果能直接得出相反结论，则该事实往往是关键事实。比如在多个案件中，只要法官判定不存在借名买房之合意（口头及书面协议均无），则直接判决其不属于借名买房的情形，那么"是否存在借名买房之合意"则必然是关键事由。如果答案是"不一定""并不绝对""还要考虑其他情况"，比如房屋是否为借名人实际居住以及房产证的持有人这一类事实，在6则案件中既有借名人持有房产证且实际居住，但判给出名人的，如刘某兰与马某梅、马某英所有权确认纠纷案；也有出名人实际居住,但当事人主张借名所有的,如商某合同纠纷案;也有根本未提及的。那么,综合几则案件可以发现,是否持有房产证、是否实际居住,并非判断借名买房类案件的关键事实。

(二)借名买房中的关键事实

依循以上的方法,本书通过对 6 则案件的比较分析,从诸多事实要素中区分出判断是否构成借名买房案件的关键事实和仅仅具有参考意义的非关键事实(参见图20)。

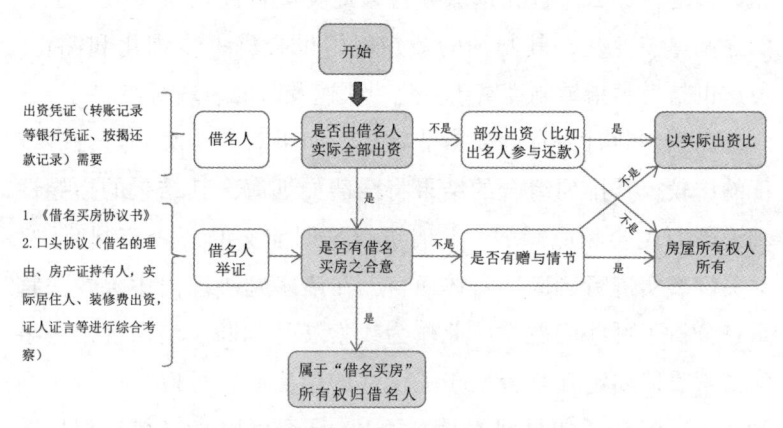

图 20　借名买房中关键事实的判断

从图 20 的"否定判断法"可以推断,在此借名买房类案件中:

(1)核心的关键事实有两项:一是双方是否存在借名买房之合意,二是借名一方能否充分证明其支付了全部价款(包括按揭购房中的贷款是否由借名人全部实际支付)。

(2)其他事项均非关键事实,但具有参考意义:

第一,借名事由并不关键。马一德教授对 50 则借名买房类案例进行了实证分析，其中重点分析了借名买房的房屋类型：政策房（16 则）、商品房（四种不同事由，合计 28 则）、商品房（三种不同事由，合计 6 则），在对以上 50 则案件进行比较研读后，得出借名购买政策房获得支持的占 25%，借名购买商品房获得支持的 88%，[1]但是细究其各类型案件支持或否定的理由时又是五花八门的。笔者认为，虽然该研究展现出了法律适用不统一的现象，但更说明了借名买房的房屋性质以及借名事由不是关键的因素。尽管在多个案件中都有当事人提出借名买房行为违反当时限购政策的，进而主张不予认定效力的，但并不属于判断此类案件的关键事实。如从陈某、褟某武物权保护纠纷再审案中可以推测，法律默许通过借名的方式规避限购限贷政策，同理，即便是为了规避申报等理由借他人姓名买房，仍然可以以实际出资为重要的判断依据。当然，借名的事由虽然并非关键事实，却在很多案件中具有重要的参考意义，尤其是双方在对"书面借名买房合意"的真实性，以及是否存在"口头借名买房"事实存在不同意见时，法官确实会参考哪一方能提供合理的解释。诸如借用回迁指标、经济适用房购房指标等，都是日常中经常出现的借名买房事由，对于法官的证据采信具有重要参考价值。

第二，由谁居住以及房产证的持有人是谁，都不是关键。这一点与物权登记制度的立法本意是一致的，不以实际占有为判断依据。但是在审理借名买房的案件时，实际由谁长期居住，对于法官综合判断当事人之间的关系也是重要的参考。以陈某童与王某顺房屋买卖合同纠纷案为例，法官将持有房产证并且

---

[1] 马一德：《借名买房之法律适用》，载《法学家》2014 年第 6 期。

实际长期居住作为判断双方是否有"借名买房"的口头协议的重要依据，对判断"借名合意"是否真实存在具有一定的意义（出名方无法为其多年来始终不主张权利提供合理解释）。

由此可知，借名原因、出名人是否承认、由谁居住、谁持有房产证等均属于非核心事实。至于当事人和代理人经常举证的一些其他事项，比如当事人的关系、房屋的具体地点、借名购房纠纷中常见的"换房"情节、由谁装修、物业水电费的支付、消防改造费由谁支付等，均不是法院考虑的情节。

通过从以上生效案件的比较研读，对关键事实和非关键事实的区分，可以得出此类借名买房案的裁判要旨，即双方存在"借名买房"的真实合意，且有充分的证据证明诉争房产首期房款、按揭款以及其他相关款项等实际由借名人支付的，则可认定登记在出名人名下的房屋属于代持有性质，房屋所有权不归出名人所有，而应归借名人所有。

（三）政策与价值的综合考量

以上结论表明，虽然在审理上述案件时，《物权法》出台已届二十载，但是在审理借名买房类案件时，法院倾向于将实际出资情况和当事人关于借名买房的约定作为主要的判断依据。本书在此并不评判法院审判思路的正确与否，但是在法律对此有立法保留时，法官作出此类判决背后无疑是有价值选择的：判定房屋属于借名人所有，符合实际的出资情况，但却构成对《物权法》中登记制度的消极反应。况且，实践中借名买房的行为背后往往有各种各样的案外事由，比如为规避国家房贷、税收、登记等相关法规政策，借用他人资格享受某种购房优惠，转移财产以逃避债务等，这些行为本质上是为了对抗国家政策，如果判决房屋归借名人所有，等同于为政策的执行开了口子，会造成竞相效仿的后果。此外，如果能证明借名人全部实际出资，且具有借名买房之合意（比如口头协议，但另一方矢口否认），同时又有借名人出钱装修、长期持有房产证、实际长期居住等情节，此时判定房屋归登记人所有，不符合目前的司法惯例，也将严重违背诚实信用原则，不利于保障善意相对人基于物权公示公信力产生的信赖利益，与社会主义法治国家通过法律实现公平正义的目标相背而行。因此，虽然完成了类案的检索，但究竟是鼓励诚实守信而作出符合实质正义的判决？还是维护法律和政策的权威，依据物权行为无因性来判决案件？法官在实践中一直在进行价值判断。

当然，反观类案指导制度，它的优势恰恰在于及时、迅速地适应社会变化。无论是个人的价值判断、审判实践中的惯例抑或是国家政策的导向，都处在不断变化之中。2017年8月4日发布的最高人民法院《关于进一步加强金融审判工作的若干意见》（法发〔2017〕22号）第18条明确规定："依法保障房地产市场平稳健康发展，防范房地产市场的金融风险传导。高度重视房地产市场波动对金融债权的影响，依法妥善审理相关案件，有效防范房地产市场潜在风险对金融稳定和金融安全的传导与冲击。统一借名买房等规避国家房产限购政策的合同效力的裁判标准，引导房产交易回归居住属性。"虽然并未明确此类合同效力，但从其所使用的"规避""回归"等词语的感情色彩上判断有从严监管的倾向，这意味着对于借名买房规避国家房产限购政策的合同一律无效。对于借名买房，规避国家房地产调控政策的行为的法律评价将会有新的变化。因此，随着新的指导性案例、典型案例以及法官根据新的情况作出的新的判决，关于借名买房的司法裁判规则也会随之发生变化。而上述的类案判断标准则是适应这种变化的方法论基础。

第七章

以案说理的困境：类似案件的冲突与解决

中共中央印发的《法治中国建设规划（2020—2025）》中提出要深入推进严格司法，推动类案专业化办理，确保法律适用统一。从案例指导制度到类案机制，我国近年来推行的一系列改革均旨在着力解决群众反映强烈的"同案不同判"问题。[1]而且，运用类案的能力也是评判法官法律素养的重要标准之一。[2]但相应配套机制的缺位，使得类案冲突的问题没有得到回应，广大法官群体在审判案件时仍然要依赖于司法解释和个案请示等传统的诉讼外手段。将普通法国家的自发性模式和大陆法国家的建构性模式进行适度融合，不失为一种尝试。而其中，明确案例的效力层级，对于法官参照类案，以及司法案例平台进行大数据计算和推送具有重要意义；在效力层级的基础上，构建类案冲突的分歧提交与解决机制，有助于建立上下级联动的案例沟通机制。换言之，既然类案冲突难以根本杜绝，那么构建一套解决冲突的方法将至关重要。

---

[1] 姜启波主编：《中国案例指导》（总第6辑），法律出版社2018年版，"代序"。

[2] Franz Bydlinski, Grundzüge der Juristischen Methodenlehre, facultas wuv, 2. überarbeitete Aufl., Wien 2012, S. 117.

作为司法活动的必然产品,司法案例是呈现法律思想的载体,[1]而类似案件类似审判更被视为是司法公正的构成性因素。[2]正因为案例对于实现平等价值具有特殊作用,[3]党中央和最高人民法院对于发挥案例指导作用,实现统一法律尺度的目标寄予厚望:党的十八届四中全会在《中共中央关于全面推进依法治国若干重大问题的决定》中明确提出"加强和规范司法解释和案例指导,统一法律适用标准",指明了加强案例指导对于统一法律适用的意义。党的二十大报告中,习近平总书记再次强调"努力让人民群众在每一个司法案件中感受到公平正义"。[4]在这一精神的指导下,我国在推进法律统一适用的法治进程中,发展出了指导性案例、典型案例等多种呈现形式,以及类案检索报告制等制度机制。但是类似案件究竟如何才能实现类似审判,一直是实践中未能完全攻克的难题。其中,类案检索报告机制作为实现法律平等与安定性价值的制度路径,备受实务界瞩目。2018年12月4日,最高人民法院发布的《关于进一步全面落实司法责任制的实施意见》中要求健全完善法律统一适用机制,对于"存在法律适用争议或者'类案不同判'可能的案件,承办法官应当制作关联案件和类案检索报告"。2019年2月发布的"五五改革纲要"中进一步要求"完善统一

---

[1] 彭宁:《最高人民法院司法治理模式之反思》,载《法商研究》2019年第1期。

[2] 张骐:《论类似案件应当类似审判》,载《环球法律评论》2014年第3期。

[3] 蒋惠岭认为,对于同一法制之下的不同主体出现法律适用的结果不一致是对宪法中平等权的侵犯。蒋惠岭:《法律统一适用机制再认识》,载《法律适用》2007年第3期。

[4] 习近平:《高举中国特色社会主义伟大旗帜 为全面建设社会主义现代化国家而团结奋斗——中国共产党第二十次全国代表大会上的报告》,2022年10月16日。

第七章 以案说理的困境：类似案件的冲突与解决

法律适用机制……完善类案和新类型案件强制检索报告工作机制"，发挥类似案件指导审判、统一裁判尺度的作用。类案检索报告机制构成了法院内部实现统一法律适用的重要制度性尝试。2021 年 11 月发布的《实施办法》从最高审判机关的职能定位出发提出了统一法律实施的具体要求。

与此同时，司法体制改革进入"大数据时代"，各类司法案例数据库中案例数量呈井喷式增长。然而，在大数据的辅助下类案检索后得到的类似案件往往数量庞杂且判罚不一，大量类似但不同判的案件在司法数据库中同时存在，使得法官在检索类案后难以从纷繁多样的案件中选取适宜指导当前审判的类案，在某种程度上阻滞了通过类案检索机制推进法律统一适用这一目标的实现。智能审判辅助平台的应用虽然为法官检索类案提供了极大的便利，但也给法官参照类案造成了实际的困扰。当不同判决之间存在矛盾与冲突，致使现有判决之间无法形成内在的相互支撑时，法律的预见性和规范性将无法得到体现和保障。[1]由此，类案之间彼此冲突，是实现类似案件类似审判的现实障碍，而司法大数据平台的高速发展又放大了这一问题的后果，将之全然呈现在公众面前。提供类案冲突的解决模式，是实现司法统一的前提。

为应对和解决法官同时面对多个"类似案件"时无所适从的局面，最高人民法院先后出台了《类案检索意见》和《分歧解决机制的实施办法》等指导文件，从领导与决策机构、决策程序上作出原则性规定。然而，上述制度的适用范围和可操作

---

[1] 刘树德：《刑事司法语境下的"同案同判"》，载《中国法学》2011 年第 1 期。

性表明，规则制定者似乎认为类案冲突属于实践中的少量甚至个别现象，仅依靠最高人民法院若干职能或直属部门对类案分歧进行实质审查（本书称之为"建构式"）即可完全化解。这是对类案冲突之现状、成因及本质的误解。研究表明，只有构建一套兼具建构性和自发性模式的类案冲突解决的综合配套机制，方能发挥类案统一法律适用之功能，真正实现通过类案指导审判取代个案请示之初衷，从而明确法官在面对类案冲突时应当如何参照类案。

一、实践中的类案冲突

类案检索报告机制的背后隐藏着一种理论预设：找到类似案件，就等于找到了"正确且唯一"的答案。然而，在实践中往往并不只有一个"正确"结论，而是有一堆"可容忍"的结论。[1]此时，从诸多类案中发现和识别待参照的类案成为这一机制有效运行的前提。

自党的十八届三中全会发布《中共中央关于全面深化改革若干重大问题的决定》以来，司法数据平台建设得到极大加强，司法案例的作用和地位受到越来越多的认可，各种司法案例检索平台以及各种形式的案例汇编相继问世。然而，多样性的平台和案例汇编主体的多元化所带来的问题是：针对同一法律问题的类案数量庞大，且判罚不一致的情况极为突出。这在客观上阻碍类案检索报告机制在法律统一适用中的作用，并消减人们对类案能够提供实质公正的信心。本书以司法实践中争议较

---

〔1〕 ［德］阿图尔·考夫曼：《法律哲学》（第2版），刘幸义等译，法律出版社2011年版，"第2版序"。

大的"职业打假者知假买假"这一问题为例入手进行了类案检索和初步调研,以期回答以下问题:类似案件是否只有一个?它们彼此一致吗?类案冲突是否属于个别现象?

(一) 知假买假类案件中的类案冲突

对于知假买假者是否能够获得惩罚性赔偿,实践中存在认识分歧。我国 2018 年修正后的《食品安全法》第 148 条第 2 款规定:"生产不符合食品安全标准的食品或者经营明知是不符合食品安全标准的食品,消费者除要求赔偿损失外,还可以向生产者或者经营者要求支付价款十倍或者损失三倍的赔偿金;赔偿的金额不足一千元的,为一千元。但是,食品的标签、说明书存在不影响食品安全且不会对消费者造成误导的瑕疵的除外。"关于消费者对产品存在不符合食品安全标准的情况是否需要知情,并未规定。在此之前,2014 年 3 月 15 日起实施的《最高人民法院关于审理食品药品纠纷案件适用法律若干问题的规定》(后于 2021 年修正) 第 3 条规定:"因食品、药品质量问题发生纠纷,购买者向生产者、销售者主张权利,生产者、销售者以购买者明知食品、药品存在质量问题而仍然购买为理由进行抗辩的,人民法院不予支持。"从文义解释上讲,消费者并不需要清楚所购食品是否符合安全标准,也即这一条款并未对知假买假的情况做例外规定。然而,如果探究立法者原意,不难发现立法者之所以给予食品消费者十倍赔偿的权利,主要的考虑在于食品对社会公众身心健康的特殊性,而未食用或根本不打算食用的"职业打假人"是否应当获得这种赔偿确实有待商榷。部分判决书中法官认为,职业打假人重复购买同一商品主张惩罚性赔偿,属于牟利性质的购买,有违诚实信用原则,依法不应予以支持。尤其是实践中涉及鹿茸、人参、海参、茅台酒等名贵食材的案件中，职业打假人斥巨资购买大量食材，相应的惩罚性赔偿金额远高于一般食品类案件中真正消费者的赔偿金额，而且如何判罚将对经营者的后续生产经营造成巨大影响。正因如此，虽然食品安全法中并没有明确排除知假买假者获得惩罚性赔偿的资格，但是实践中法官在此类问题上存在较大的认识分歧，从而导致各地、各级法院对此问题出现判罚不一致的情况。

（二）通过大数据检索类案无法获得唯一答案

第一，不同数据库的推送结果并不一致。

当前，具有较大社会影响力和稳定客户群体的司法案例平台主要包括：中国裁判文书网、北大法宝法律数据库（简称"北大法宝"）、无讼案例等。由于以上数据库的运营和收费方式各有侧重，使得其客户群体既有交叉，又各有针对性，因此笔者对知假买假问题在上述数据库中进行了逐一检索。

在无讼案例中搜索"知假买假"，共有5142篇案例，平台提供了两种排序方式，分别是"相关性"或"裁判日期"。其中置顶的两则案件：成都市中级人民法院2017年3月"佛山市力源尚品商贸有限公司、冯某泉买卖合同纠纷案"和从化区人民法院2016年11月"李某聪与昆明弘德茶业有限公司、浙江天猫网络有限公司网络购物合同纠纷案"，两则案件均支持了惩罚性赔偿的诉请。此外，由于无讼案例提供的检索报告功能只支持50则以内的案件，本书将依照"相关性"排序获得的50则案件作为比照样本与其他数据库的类案检索结果进行比对分析，试图了解不同数据库推送案件是否有重合。

第七章　以案说理的困境：类似案件的冲突与解决

在北大法宝的司法案例模块中进行搜索时，平台提供了组合式搜索的模式，如果选择"标题"+"精确"搜索，仅有两则案例，按照"参照级别"排序后分别是"江苏高院发布消费者权益保护典型案例之五：黄某与某商场买卖合同纠纷案——非食品、药品领域知假买假的买受人，无权主张惩罚性赔偿金"和"孙某山诉南京欧尚超市有限公司江宁店产品质量纠纷案——知假买假者可以主张十倍赔偿"，后者是《人民司法·案例》中收录的案例。如果选择"全文"+"精确"搜索，共有5976篇案例。

中国裁判文书网相关案件共收录5968篇，提供了法院层级、审判日期、审判程序共三种排序方式。置顶的案件是黑龙江省高级人民法院2019年12月14日"肇源县肇源镇兴运五金商店、佛山市顺德区泰源实业有限公司侵害商标权纠纷二审民事判决书"，但并非与惩罚性赔偿相关的案件；在推送中的第四、五则案例均系四川省高级人民法院推送的关于购买假冒伪劣白酒的"职业打假人"再审案件，均未支持惩罚性赔偿。

通过比较分析可知，上述三个司法案例平台收录的"知假买假"类案件数量大体一致，均在5000~6000篇之间，可以推断其中的重合度很高，但是由于类似案件的数量极多，任何法官或律师不可能为了检索类案将所有案件全部浏览和分析，因此数据库的推送顺序极为重要。笔者对北大法宝、中国裁判文书网以及无讼案例推送的前十案例进行比对，未发现重合案例。这表明，即便各平台收录案件相似，但是算法和推送顺序各不相同，导致检索者在不同数据库中得到的类案并不相同。

第二，不同的关键词搜索得出的结果不一致。

对于明知是假货而购买，意图获得惩罚性赔偿金的群体，实践中有"职业打假人"的称呼，那么选择是"知假买假"作为关键词还是"职业打假人"作为关键词，对于检索结果亦有不同。如果在无讼案例网站上搜索"职业打假人"，则共有8536篇。其中，置顶的前五则案例中有三则涉及消费者知假买假，但是与搜索"知假买假"后得到的前五十则案例也没有交叉。

第三，同一平台、同一关键词搜索后的多个案例之间裁决结果并不一致。

在北大法宝推送的置顶案件"吴某林诉朱某奇消费者权益保障纠纷案"发生于2009年，销售者对保健用品进行虚假说明，消费者知假买假后有权向销售者主张"退一赔一"。而北大法宝推送的另一则有关淘宝网站上购物的"孙某芳、钟某萍产品责任纠纷案"的裁判结果截然相反，该案一审法院浙江省杭州市余杭区人民法院认为，孙某芳重复购买无中文标签的进口食品并提起索赔诉讼，表明其购买涉案产品并非为生活消费需要，故其无权基于食品安全法主张十倍赔偿，其要求钟某萍支付价款十倍赔偿金的诉请，不予支持。二审法院浙江省杭州市中级人民法院认为，结合孙某芳就其购买的进口食品无中文标签及检验检疫合格证明问题在原审法院提起十余起诉讼的情形，应认为孙某芳重复购买无中文标签的进口食品并起诉索赔的行为，明显不属于为生活消费所需，故对孙某芳依据《食品安全法》第148条第2款主张惩罚性赔偿的诉求，原审法院不予支持并无不当。孙某芳的上诉理由本院不予采信。

第四，不同平台、同一关键词搜索后的置顶案件之间裁判结果并不一致。

第七章 以案说理的困境：类似案件的冲突与解决

中国裁判文书网推送的前两则案件，均未支持知假买假者的惩罚性赔偿请求。其中，四川省高级人民法院在"张某、成都福兴酒店管理有限公司买卖合同纠纷再审审查与审判监督民事裁定书"中认为，原告张某在短时间内购买了价值高达7.9万余元的高度白酒，在购买后也未用于个人消费。且在两次购买白酒时均带有公证员一同前往，并进行了拍照、录像，在购买白酒后将所购白酒存放在公证处。这与一般消费者购买商品的做法明显不同，应当属于买假索赔的职业打假人，不能适用《食品安全法》第148条关于十倍赔偿的规定。四川省高级人民法院于2019年9月27日作出的另一则判决中认为，原告在短时间内购买了价值高达15万余元的高度白酒，在购买后未用于个人消费；且在两次购买白酒时均带有公证员一同前往，并进行了拍照、录像，在购买白酒后将所购白酒存放在公证处。这与一般消费者购买商品的做法明显不同，应当属于买假索赔的职业打假人。[1]而在无讼案例网站推荐的置顶案件中则支持了对知假买假者的惩罚性赔偿，法院认为："知假买假行为的负面作用，其根源不在于知假买假人的主观恶意，而在于食品安全环境恶劣，不应本末倒置、反果为因。"法律并未明文否定知假买假，《最高人民法院关于审理食品药品纠纷案件适用法律若干问题的规定》就是在"两害相权取其轻"后的最终决定。因此，法院认可原告的消费者身份，对其消费者权利予以保护。

---

[1]《李石头、成都图腾铂金酒店管理有限公司买卖合同纠纷再审审查与审判监督民事裁定书》，载https://wenshu.court.gov.cn/website/wenshu/181107ANFZ0BXSK4/index.html? docId=e484f382b7d94b6a94c0aafa007c8169，最后访问日期：2021年3月19日。

（三）类案冲突并非个别现象

通过对不同数据库中"知假买假"类案的研读发现，我国当下大数据时代的类案检索中出现下列特点：第一，相关案例数量极大，法官没有逐一阅读的可能，平台也没有进行全样本分析的技术能力和必要。此时，推送顺序至关重要。但从当前实践来看，各个平台的推送顺序各不相同。第二，推送结果取决于多种因素。无论是检索者选取不同的案例数据平台，还是采取不同的检索关键词，最终检索结果均不相同。由于平台各自的特点决定着不同的客户群体，短期内各个平台无法互相取代，由此会导致不同人按照各自检索习惯得到的检索结果并不相同。第三，类案的判罚结果不同。无讼网中的前两则案例，全部支持了知假买假者的惩罚性赔偿请求；北大法宝推送的前三则案例，两则支持，一则反对；中国裁判文书网推送的前两则案例，全部是反对给予知假买假者惩罚性赔偿。

这一研究结果呈现出高度普遍性。类案冲突现象在实践中难以根本杜绝，是因为争议案件的存在本身是不可避免的。孟德斯鸠指出，造成案例之间的相互矛盾的原因既包括法官的认知不同，即法官对近似或相同的案件会形成不同的判决；同时也取决于辩护的情况，即便是同一个法官面对相同的案件，如果当事人的辩护意见不同，判决结果也会存在差别。所以判决的前后矛盾往往无可避免，只能尽量减少。[1]德国法学家默勒斯在其新著《法学方法论》中认为，若不能直接从法律或已有

---

[1] 参见［法］孟德斯鸠：《论法的精神》（上册），张雁深译，商务印书馆2020年版，第90页。

的先例中为争议的法律问题找到答案，寻求法的解决方案势必会成为一项艰辛的工作。[1]司法大数据是双刃剑，一方面，我国正处在司法大数据高速发展的时代，法官了解和借鉴别人的审判经验非常便捷[2]；另一方面，类案在全国范围内的数量可能极为庞大，如果没有对司法案例效力层级的权威规定或普遍共识，而各个数据库的收录情况和算法偏好又存在巨大的差别，那么法官将难以获得有效和有价值的类案。因此，通过自发性与建构性方式相结合来保证类似案件的类似审判，这正是通过类案检索报告机制统一法律适用的初衷。

二、类案冲突的原因

类案冲突解决模式的缺位，势必制约类案检索报告机制发挥预期作用。

首先，缺乏统一的类案检索原则和方法。法官的法律推理方法如何与大数据时代背景下的类案检索和参照相结合是一项巨大的挑战。在调研中，部分发达地区法院的法官直言，由于案件审理的工作量巨大以及对个人专业能力的自信，自己从《分歧解决机制的实施办法》出台至今从未制作过，也从未考虑过制作类案检索报告；而在推行了类案强制检索的一些省份，法官则指出，类案数量的浩如烟海带来了识别和选取类案的难题。[3]以四川省

---

[1] [德]托马斯·M.J.默勒斯：《法学方法论》（第4版），杜志浩译，李昊等校，北京大学出版社2022年版，"中文版前言"第1页。

[2] 胡云腾：《谈谈在司法责任制下如何保证法律统一适用》，载《中国审判》2016年第9期。

[3] 以上调研结论分别来自上海市第一中级人民法院、上海市徐汇区人民法院、四川省高级人民法院、四川省成都市中级人民法院。

法官制作的类案检索报告《李某案涉嫌玩忽职守、受贿罪一案的类案检索报告》为例可知，法官检索到的类案数量庞杂，至少包含四类：第一类是在中国裁判文书网中关于玩忽职守罪刑事判决书4100份和刑事裁定书1058份。第二类是上级法院和指导性案例，包括最高人民检察院指导性案例2件。第三类是中国司法案例网中检索的案例，包括公报案例34件、审判参考案例159件。第四类是本地案例情况，包括成都两级法院共涉及玩忽职守案例18件。[1]这一普遍现象表明：在进行类案检索报告的制作时，法官经常面对如此海量的判决书，加之各个数据平台收录的案件和采纳的算法均不相同，呈现给法官的推送结果往往千差万别。此时，如果没有法官共同默认的类案检索报告原则和方法，不仅会加重法官的工作负担，而且往往无法达成统一的法律意见。

其次，缺乏司法案例参考位阶体系。在我国司法案例中，除指导性案例的效力是"应当参照"外，其他案例的效力均没有得到官方的认可。然而，近年来从《司法责任制实施意见》和"五五改革纲要"等官方文件的表述中可以看出，在法律统一适用的层面上，"类案"这一概念的范畴明显有不断泛化的趋势。可以作为"类案"的案件并不局限于指导性案例，而且相关文件也从未要求法官只能从指导性案例中寻找类案并生发出裁判规则。在实际工作中，为了适应案例研究的需要，多级法院的案例工作更是并行发展，形成了先例研究的系统化，[2]但

---

[1] 该报告系四川省部分法院法官提供的真实类案检索报告。
[2] 雷磊：《法教义学与法治：法教义学的治理意义》，载《法学研究》2018年第5期。

第七章 以案说理的困境：类似案件的冲突与解决

这同时导致同类案件中达到"类似性"的案件在全国范围内的数量极为庞大，如果没有对司法案例效力层级的权威规定或普遍共识，法官将很难从众多相冲突的类案中获得有效的建议。

最后，现有的分歧案例提交与衡平机制难以满足实践的需要。我国是由最高人民法院以"释法"的名义来实现法律的统一适用。[1]针对类似案件中存在法律适用分歧的问题，最高人民法院于2019年发布《分歧解决机制的实施办法》。根据《分歧解决机制的实施办法》规定，最高人民法院审判委员会是法律适用分歧解决机制的领导和决策机构；审管办、各业务庭和法研所提供决策参考。但这一模式存在较为突出的人力成本和效率问题。也正因如此，《分歧解决机制的实施办法》只针对两种类案冲突情况：一是最高人民法院生效判决之间的法律适用分歧；二是在审案件与最高人民法院生效判决所确定的法律原则或标准的分歧。但是，由于类案冲突现象在现实中绝非偶发性的，广大法官在检索类案时时常会遇到因为检索平台和推送顺序不同带来的判决结果迥异的类案。在《分歧解决机制的实施办法》的模式下，这些都不属于可以提交的分歧；退一步讲，即便扩大了分歧提交的范围，上级法院也无力进行逐一审查和答复。这就导致《分歧解决机制的实施办法》无法解决实践中存在的与最高人民法院生效裁判并无关联的其他大量类案冲突，因此不具有进一步推广的可能性，会制约类案检索报告制度向更深、更广发展的空间。

---

[1] 安晨曦:《最高人民法院如何统一法律适用——非正规释法技艺的考察》，载《法律科学（西北政法大学学报）》2016年第3期。

三、类案冲突的解决进路：行政建构还是自发演进

在类案检索报告机制中真正棘手的问题在于：当法官面对多个彼此冲突的类案时，是应当自行决断，还是将分歧提交给有权机关进行裁断？为了实现法律适用的统一，各个国家都在进行不同的探索和实践。针对先例的冲突问题，普通法系国家和大陆法系国家的实践主要出现了两种不同的观点和做法：一是法官应当通过法律推理自行裁断的"自发性模式"；二是法官应当将分歧提交给上级相关机构，由有权部门进行决定和答复的"建构性模式"。从最高人民法院现行规定和实践来看，我国似乎倾向于采取行政建构的模式。然而，历史经验和域外实践表明，只有法官自身掌握类案的选择与识别方法，才能在审判效率与同案同判的实质公正之间寻求某种平衡。考虑到我国的现实国情和实际需要，上述两种模式在我国都有存在的价值和意义：在解决类案冲突时，我们既需要依靠法官在日常案件的审理中自行识别、选取进而运用类案，同时也需要构建类案冲突解决模式作为制度保障。实际上，在法安定性与实质正义之间进行衡量时，必须考虑判决的耐久性、迄今为止的接受程度、法院的地位、判决的意义、当事人合理支出的信赖以及第三人的利益等各种因素。[1]

（一）法律推理的自发模式

所谓法律推理的自发模式，是指在审理案件中由主审法官

---

〔1〕〔德〕托马斯·M.J. 默勒斯：《法学方法论》（第 4 版），杜志浩译，李昊等校，北京大学出版社 2022 年版，第 143 页。

第七章 以案说理的困境：类似案件的冲突与解决

从彼此矛盾的诸多类似判决中选取自己认可的类案予以参考，后续再依靠上诉审来保障法律适用的一致性。其理论依据来源于阿列克西外部证成的第三组规则，遵循先例的基本理由是可普遍化规则，即相似情况相似对待。对于想要偏离先例的人来说，需要承担相应的论证负担。[1]在自发模式中，法官需要通过法律推理，结合一定的方法和标准来对先例进行评判。自发模式的要素包含：

第一，共同的先例运用方法。由于法官本人掌握自由裁量的权利，因此自发模式的核心点在于能否熟练掌握区分技术。在普通法中，"区分"（distinguish）既包含先例内的区分和先例之间的区分，所谓先例内的区分主要是指判决依据与附带意见之间的区分；先例之间的区分主要在于证明先前案例与当前案例之间存在事实性区别。[2]在普通法国家的审判实践中，以联邦制的美国为例，各州有自己的法律，但运用先例方式的相似性保证了整个美联邦仍然有"共同适用的法律"，其中包括思维方式、运作方式、解读先例和依据先例或制定法进行推理的方式等普通法技艺的相似。[3]

第二，共同的先例评判标准。法院在决定是否遵循某一先例的影响因素主要包括案件的规范性效力、审理案件的法院级别、该先例是否具有持续性、主审法官的知名度以及判决理由

---

[1]〔荷〕伊芙琳·T. 菲特丽丝：《法律论辩导论——司法裁决辩护理论之概览》（原书第2版），武宏志、武晓蓓译，中国政法大学出版社2018年版，第184页。
[2] Neil Duxbury, *The Nature and Authority of Precedent*, Cambridge University Press, 2008, p. 113; Schauer, Precedent, pp. 594-595.
[3]〔美〕卢埃林：《荆棘丛——关于法律与法学院的经典演讲》，明辉译，北京大学出版社2017年版，第64~65页。

说服力[1]等。通过法律教育和职业训练,普通法国家的法官在先例的评判标准方面能够保持相对一致。

第三,上诉审裁决作为司法统一的保障。以美国为例,如果先例冲突无法通过上述方法和标准解决,那么州法院会通过上诉审的方式诉诸联邦法院的裁决,后者从整体上相当于一个"共同适用的法律库"。[2]可见,运用先例方式的相似性以及对未尽的问题提供权威的裁决是实践中保证统一法律适用的基础。

第四,法院自己享有推翻权。在很多普通法司法管辖区内,终审法院有权推翻自己的先例。1966年英国上议院在《实践声明》(Practice Statement)中宣布法院在某些案件中可以自由推翻自己先前作出的先例。而美国最高法院最早行使自我推翻的权力可追溯于1844年。[3]推翻权为法官摆脱自己不喜欢的先例提供了可能性,而推翻权的意义之一就在于适当地发展法律。[4]但推翻先例受到多个限制性原则的制约,比如"不存在新理由原则"(no new reason principle)和"论证依赖原则"(justified reliance)。[5]即如果不能提供新的理由并给出充分论证,不能推翻先例。

自发性模式是法官独立行使审判权,但是通过共同的先例

---

[1] Neil MacCormick & Robert S. Summers eds., *Interpreting Precednets: A Comparative Study*, Dartmouth Publishing Company Limited, 1997, pp. 34-36.

[2] [美]卢埃林:《荆棘丛——关于法律与法学院的经典演讲》,明辉译,北京大学出版社2017年版,第64~65页。

[3] Louisville, Cincinnati, and Charleston RR v. Letson, 43 U.S. 497 (1844).

[4] J. W. Harris, "Towards Principles of Overruling—When Should a Final Court of Appeal Second Guess?", *Oxford Journal of Legal Studies*, Vol. 10, No. 2 (1990), pp. 193-194.

[5] J. W. Harris, "Towards Principles of Overruling—When Should a Final Court of Appeal Second Guess?", *Oxford Journal of Legal Studies*, Vol. 10, No. 2 (1990), pp. 156-180.

使用与评判方式、上诉审以及推翻先例的技术，保证法律统一适用。因此自发性模式更像是先例制度发展中的早期和自然的阶段，具有审判效率高、保障法官独立审判等优势。大量法官在日常的案件审理中对判决的自主运用是推进法律发展的重要方式，因为"社会秩序不是自上而下的理性设计的结果，而是在数百或数千分散个人的互动中自发产生的"[1]。尽管如此，在普通法国家，基于司法克制等多种复杂因素和考虑，即便是享有最高司法权的最高法院也并不会经常推翻先例。以美国联邦最高法院推翻先例的数量和比例为例，从1789年到2004年那届美国联邦最高法院任期结束，美国联邦最高法院在133个案例中明确推翻了208个先例，但实际上，明确被撤销的裁决共有162个，平均下来每个任期还不到一个，仅占最高法院宪法判决中很微小的一部分。[2]事实上，除了直接推翻先例，普通法国家的法院改变其裁决还有其他巧妙方法，后者往往作为主要方式。在我国，由于没有遵循先例的制度设计和历史传统，类案的主要功能是对成文法的解释和补充，法官群体在面对冲突类案时，需要的是有权解释的部门对法律的权威解释，而不像普通法国家的法官可以通过遵循、区分和推翻先例来直接发展法律。因此仅仅依靠自发性模式不能解决类案冲突给法官带来的困惑。

（二）行政主导的建构模式

所谓行政主导的建构模式，是指以行政手段构建一套与上

---

[1] [美] 弗朗西斯·福山：《政治秩序的起源——从前人类时代到法国大革命》，毛俊杰译，广西师范大学出版社2012年版，第247页。

[2] [美] 迈克尔·J. 格哈特：《先例的力量》，杨飞等译，杨飞校，中国法制出版社2013年版，第11页。

诉审并列的类案冲突解决模式。该模式对应的是德国在判例制度方面的实践。其特点是由最高级别的法院通过对个案中法律问题的回答来实现法律解释的一致性，[1]目的在于统一法律适用。其特点包括：

第一，专门的偏离先例提交制度。自20世纪50年代起德国就建立起了一套偏离先例的提交报告制度，《德国法院组织法》第121条、《德国基本法》第100条、《德国民事诉讼法》第132条等条款中均规定了相应的偏离先例提交权或提交义务。在德国，意欲偏离先例的法官应当按照规定将偏离案件中的法律问题向有关机关提交，由后者对先例的偏离进行讨论并作出决定。

产生提交义务的前提主要是：其一，高级法院意欲偏离先例中的法律问题（Rechtsfrage）。《德国法院组织法》第121条规定，各州高等法院在案件中只决定法律问题而不决定事实问题。所以，提交制度中只涉及法律问题，这是与上诉审最根本的区别。所谓法律问题主要包括以下几种情形：对具体构成要件进行解释；[2]可能涉及联邦和州的竞争关系；[3]对不确定的法律概念进行解释；[4]以及程序性规定。[5]其二，该法律问题

---

[1] Lothar Kuhlen, Die Abweichung einer Entscheidung von einer anderen und die Betrachtung des Einzelfalles, Juristische Arbeitsblätter, 1986, Heft12, S. 592.
[2] BGH 10.6.1986-1 StR 41/86, BGHSt 34, 94.
[3] BGH 4.12.2001-4 StR 93/01, BGHSt 47, 81.
[4] NJW 1993, 3081. Huber, in: Beck'scher Online-Kommentar GVG, 9. Edition, Stand: 15.11.2020, München, §121, Rn. 6.
[5] NJW 2004, 3643; Kotz/Oğlakcıoğlu, in: Münchener Kommentar zur StPO, Band 3/2, München: C. H. Beck, 2018, §121, Rn. 33.

第七章　以案说理的困境：类似案件的冲突与解决

对判决而言具有显著性（erheblich）。[1]在判决的显著性方面，该法律问题应当是判决的支撑性理由。[2]

第二，专门的衡平机构。为了更好地解决类案冲突，德国早在1879年帝国法院设立时期就开始通过"联合民事审判庭"和"联合刑事审判庭"来协调各民事审判庭和刑事审判庭内部的判决冲突，并于1886年设立"全体大会"，协调民事和刑事案件之间的冲突。[3]《德国法院组织法》第121条第2款和第132条的相关规定旨在促进司法的一致性和保证法律安定性原则，[4]有助于法律解释的一致性。[5]具体而言，首先，在联邦法院之间，如果某个联邦最高法院（普通法院、行政法院、财税法院、劳动法院和社会法院）[6]意欲偏离其他联邦最高法院的先例，则需要将分歧向最高法院联合大审判庭提交（《德国基本法》第100条第3款第2句）。其次，在联邦最高法院内部，如果联邦最高法院的某个审判庭想要偏离另一个审判庭的先例，需要将案件向大审判庭（Großer Senat）提交。刑事审判庭之间的分歧交由刑事大审判庭；民事审判庭之间的分歧交由民事大审判庭；

---

[1] Kotz/Oğlakcıoğlu, in: Münchener Kommentar zur StPO, Band 3/2, München: C. H. Beck, 2018, §121, Rn. 31.

[2] BGH 21.3.1991-1 StR 3/90, BGHSt 37, 350.

[3] 卢佩：《司法如何统一？——以德国联邦最高法院判例为实证分析对象》，载《当代法学》2014年第6期。

[4] Graf, in: Beck'scher Online - Kommentar GVG, 9. Edition, Stand: 01.08.2020, München, §132, Rn. 1-3.

[5] Ernst-Walter Hanack, Der Augleichdivergierender Entscheidungen in der oberen Gerichtsbarkeit, Hamburg. Berlin: R. v. Decker's Verlag · G. Schenck, 1962, S. 64.

[6] 其中五大法院系统的程序性规定分别见《德国民事诉讼法》第132条第2款、《德国行政法院规章》第11条第2款、《德国劳动法院法》第45条第2款、《德国社会法院法》第41条第2款和《德国财税法院规章》第11条第2款。

刑事和民事之间的分歧交由联合审判庭（《德国法院组织法》第132条第1款规定）。最后，如果一个州高等法院想要偏离另一个州高等法院或联邦最高法院的判决，则需要将案件提交给联邦最高法院（《德国法院组织法》第121条第2款）。[1]

第三，询问程序。《德国法院组织法》第132条第3款规定了询问（Anfrage）的程序。询问程序具有阻挡效力和约束效力，避免了多余的提交。[2]从询问程序的意义和目的出发，一个审判庭的询问，构成了对其他审判庭的阻挡（Sperrwirkung），并且相关的决议包含了约束效力，通过该决议统一了当前法律意见的变化。从这一刻起，只要没有向大审判庭上诉，旧的法律意见即告结束。[3]

综上，德国偏离先例报告制度是相关法院或审判庭依靠将待解释的法律问题提交给大审判庭和联合审判庭，后者通过商讨来统一法律辖区内对同一法律问题的理解。偏离报告制度正是齐佩利乌斯眼中的先例作为"试错"[4]机制的一种偏离纠正机制。该制度的优势在于能够更为审慎地提供统一的法律解释，以行政化手段保证了司法统一。缺陷在于可能会带来程序上的拖延，并且加重联邦最高法院的负担。因此，德国学界也意识到，适用《德国法院组织法》相关规定时，最重要的是准确把

---

〔1〕 参见高尚：《德国判例使用方法研究》，法律出版社2019年版，第202~203页。

〔2〕 Graf, in: Beck'scher Online-Kommentar GVG, 9. Edition, Stand: 01.08.2020, München, §132, Rn. 12.

〔3〕 KK-StPO/Hannich Rn. 13.

〔4〕 ［德］齐佩利乌斯：《法学方法论》，金振豹译，法律出版社2009年版，第120页。

握司法安定性与个案正义之间的尺度。[1]

(三) 中国特色模式之探索：自发与建构的有机融合

建构性模式和自发性模式各有优势，前者更加侧重于解决根本性的法律理解冲突，后者则较好地保障了法官的自由裁量权和审判效率。作为中国特色社会主义国家，我国在基本国情、发展道路和终期目标等方面与其他国家有着本质上的区别，对法律统一适用的迫切需求和多重困难因素更是为构建具有中国特色类案制度提出了巨大的挑战。一方面，作为单一制国家，社会公众有对类似案件获得类似审理的正当预期；另一方面，我国人口众多、各地区之间经济发展水平和风俗习惯差异较大，且属于多民族国家的国情决定了统一法律理解与适用具有很大的难度。作为中央统一领导的重要一环，最高人民法院管辖着全国 31 个高级法院、409 个中级法院和 3177 个基层法院，[2]如何保证对法律的一致理解和司法裁判的相对统一，寻求一种让法官在面对先前类案时达到"自由和约束之平衡"[3]的中间道路，是进行司法治理的最大难题。

根据《分歧解决机制的实施办法》第 1 条的规定："最高人民法院审判委员会（以下简称审委会）是最高人民法院法律适用分歧解决工作的领导和决策机构。最高人民法院审判管理办

---

[1] Lothar Kuhlen, Die Abweichung einer Entscheidung von einer anderen und die Betrachtung des Einzelfalles, Juristische Arbeitsblätter, 1986, Heft12, S. 592-593.

[2] 张伟刚：《全国四级法院微博体系建成》，载《人民法院报》2014 年 12 月 5 日，第 4 版。

[3] Ernst-Walter Hanack, Der Ausgleich divergierender Entscheidungen in der oberen Gerichtsbarkeit, Hamburg · Berlin: R. v. Decker's Verlag · G. Schenck, 1962, S. 353.

公室（以下简称审管办）、最高人民法院各业务部门和中国应用法学研究所（以下简称法研所）根据法律适用分歧解决工作的需要，为审委会决策提供服务与决策参考，并负责贯彻审委会的决定。"《分歧解决机制的实施办法》的发布，标志着最高人民法院在分歧解决方面试图探索一种由行政权主导的建构性模式，其特点在于具有明确的领导机构、决策机构以及分歧提交程序。这一模式的优点是决策权集中和统一，解释效力更强。缺点则是程序较为繁复，在一定程度上影响审判效率，而且能够受理的案件数量有限，无法覆盖到高级人民法院以下法院法官的审判工作中。为了进一步在全国范围内解决类案冲突问题，目前有上述两种域外模式可供参考，但是考虑到我国的实际情况，照搬照抄任何一种模式都无法适应我国司法实践需要和司法规律的要求。

一方面，如果仅依赖行政建构模式，将现有机制在全国范围内推广，要求法官将其在审理案件中遇到的相冲突的类案全部、逐一向有权机关提交，对于上级司法机关而言是无法承受之重；而且考虑到诉讼时效的要求，对于审理案件的法官和法院而言也不切实际。2022年3月8日下午，最高人民法院审判管理办公室副主任刘树德在解读《最高人民法院工作报告》时表示，2021年地方各级人民法院审结、执结案件数量突破"三千万大关"，达到历史新高的3010.4万件，人均结案237.6件。"特别是一些案件受理量位居全国前列的基层法院，如上海浦东法院、北京朝阳法院等，人均办案量更大。"[1]如此繁重的办案压力和案件数量，要求主审法官在检索类案时必须有切实可行

---

[1] 参见《聚焦两会丨审执结案件突破三千万大关 法官人均每天办结一件案子》，载https://t.ynet.cn/baijia/32326884.html，最后访问日期：2022年11月17日。

的类案选取方法和标准，自行消化相冲突的案例。在一定程度上采取自发性模式，有助于提升下级法院尤其是承办法官发展法律的参与度和参与感，为类案检索报告制度提供一个自下而上的反向监督，从而更有效地发挥类案在大陆法系制度中的意义和作用。

另一方面，如果不提供冲突解决机制作为制度保障，法律的安定性和司法统一将无从谈起。有学者认为，除指导性案例以外，其他案例所蕴含的裁判规则出现冲突时应由法官自行综合考量加以定夺。[1]但是，基于类案冲突有时并非关于正确性，而是关于价值判断的冲突，如果完全交由法官自行决断，无法真正实现法律统一适用，对于涉案当事人而言构成了实质的不平等。以前文检索的职业打假者知假买假类案件为例，知假买假者选取购买的货品往往更为名贵、价格更高，且更加注重证据的收集和保存，此时究竟是否严格按照法律文义适用相关法律？如果揣摩立法者原意，是否会认为知假买假者的行为存在违背善良风俗或构成不当得利？法官会否考虑过重的判罚对当地企业和就业的实际影响？这些都属于价值判断的范畴。法官往往在法律价值的指导下进行法律推理，[2]但即便是主张依靠实践者理性证成判断类案的学者，也承认法官在判断类似案件时只宜进行非主观性价值判断。[3]在类案的价值判断中，如何

---

[1] 孙海波：《类案检索在何种意义上有助于同案同判？》，载《清华法学》2021年第1期。

[2] 张骐：《司法推理价值判断的观念与体制分析》，载《浙江社会科学》2021年第2期。

[3] 相似性判断应尽力避免主观恣意，而成为一种具有相对客观性的理性决断，参见孙海波：《重新发现"同案"：构建案件相似性的判断标准》，载《中国法学》2020年第6期。

做到避免主观恣意，并非易于把握的尺度。我国不属于判例制国家，即便是上级法院的判决也不具有法律上的约束力，同级法院之间更没有彼此参照的义务。法官在价值判断中享有过高的自由裁量权，将使法律安定性和司法统一成为无本之木。因此，必须有一套能够具有更广覆盖性的、以行政建构为主导的类案冲突解决机制作为类案检索报告机制的最终保障。

正因如此，我国适宜并且必须构建一套符合中国特色、兼顾自发模式与行政模式的上下级法院对待法律分歧等司法问题的沟通合作机制。协调好行政构建与自发演进这两种模式之间的关系，需要三方面保障：其一，法官适用司法类案的方法，即类比推理方法的一致性；其二，法律人对司法案例的效力和参照意义保有基本的共识；其三，为冲突案件提供高效和畅通的提交与衡平机制。2024年《工作规程》第20条第2款规定："各级人民法院审理案件时，经检索发现人民法院案例库收录有类似案例，但认为正在审理的案件具有特殊情况，不宜参考入库案例的，应当提交审判委员会讨论决定。"

《工作规程》第23条规定："人民法院案例库实行动态调整机制。地方各级人民法院认为参考案例在法律适用方面存在不当，或者裁判理念等应当有发展、完善，不宜作为参考案例的，应当提出意见并说明理由，参照本规程第二章规定的流程层报最高人民法院相关审判业务部门审查；有适宜案例可资替换的，应当同时报送。最高人民法院相关审判业务部门认为参考案例需要出库的，应当提出意见并说明理由，报分管院领导审批后，送研究室办理；有适宜案例可资替换的，应当同时送研究室审核。最高人民法院研究室认为参考案例需要出库的，商相关审判业务部门处理。"

从其中体现的工作思路可知,制度设计者有意识地在类案统一的基础上提供个案商情的制度准备。

四、德国对偏离先例的监督与救济

如何回应和处理下级法院所提交的争议涉及德国联邦法院对不同法律见解的衡平问题。除了具体的法律观念,早在德意志帝国时期,德国为统一而有效的司法建立了简化高效的程序和组织框架,即四部"帝国司法程序组织法",分别是《德国联邦宪法法院法》《破产法》《德国民事诉讼法》和《德国刑事诉讼法》。进入到现代法治国阶段,德国法需要对偏离提交的案件作出裁判。例如德国联邦最高法院就扮演了对提交案件进行裁断的角色,法官需要判断其提交理由是否充足并决定是否允许其偏离先例进行裁判,此时最高法院运用的这种裁决手段就被称为"衡平"(ausgleichen)。这种衡平裁决程序的运用,目的在于对偏离先例的申请进行过滤和检验,允许和推进正确的偏离先例,同时又要防止恣意的、错误的对先例的偏离,从而形成一种良性的对于先例的监督与救济制度。以下便以德国1969年、1983年以及1995年三个静坐示威活动是否构成《德国刑法典》第240条之强制罪为例,分析何谓提交制度中"可提交的分歧"以及联邦法院是如何回应这种分歧的,从而展示德国法中对于偏离先例的监督与救济。

(一)以德国刑法中强制罪的理解与适用为例

《德国刑法典》第240条强制罪规定:

（1）非法使用暴力或以明显的恶行相威胁，强制他人为一定行为、容忍或不为一定行为的，处3年以下自由刑或罚金刑。

（2）如果使用暴力或者以恶行相威胁迫使他人达到所追求的目的，被视为可受谴责的，该行为即是违法的。

（3）犯本罪未遂的，亦应受罚。

（4）情节特别严重的，处6个月以上5年以下自由刑。情节特别严重一般是指，行为人①强制他人为性行为，②强制孕妇终止妊娠，或③滥用其作为公务人员的职权或其地位。[1]

其中，如何理解和适用第2款"使用暴力或者以恶行相威胁迫使他人达到所追求的目的，被视为可受谴责的"成为刑法理论和司法实践中的一个难点。譬如在德国参与一项民主活动，通过静坐示威和阻塞道路来表达政治诉求，是否属于该条规定的"可罚的强制"，在面对具体案件的适用和分析方面，州高等法院、联邦最高法院以及联邦宪法法院在案件的裁判上持有了不同的观点。而根据《德国基本法》第103条第2款的"确定性原则"，对于法律的适用需要明确和具体，而上述争议恰是因为法律规定的"含糊"而需要通过个案来进行具体化和明确化。由此，在涉及对《德国刑法典》第240条中"强制"的使用和认定时，对于静坐示威是否或者在何种情况下构成了对于强制罪法益的损失，需要通过联邦最高法院和宪法法院的先例予以

---

[1] 译文参考徐久生、庄敬华译：《德国刑法典》，中国方正出版社2004年版，第118页。

阐明。三个先例的争议主要围绕强制罪中构成要件的两个方面展开：其一，"静坐"和"阻塞交通"是否属于使用"暴力"的行为？其二，如何理解"被视为可受谴责的"这一要件？对此，有三则最具有代表性的案件：

案件一：联邦法院刑事审判庭"BGHSt 23, 46"判决。[1] 1969年，案件中的被告为了反对科隆市公交公司（KVG）涨价，组织中小学生在两条很重要的公交轨道交汇处静坐抗议。对于这种非传统意义上的具有强制效果（Zwangswirkung）的阻碍行为是否属于《德国刑法典》第240条中的"暴力"在当时引发了争议。科隆州高等法院认为静坐阻碍交通的行为虽然是消极的身体对抗，但是满足了"暴力"的构成要件特征；而对于是否满足"被视为可受谴责的"［即"可责性"（verwerflich）要件］问题，在当时主流观点看来由于表述过于空泛，不具有讨论的意义和可能性，仅做泛泛理解，无需具体阐述和检视。因此法院经过裁判得出"以阻碍交通为目的的静坐示威总是违反《德国刑法典》第240条第2款的"[2]结论，该法律意见被联邦最高法院接受，并获得了长时间的遵循。由此，根据1969年联邦最高法院的该先例来看，静坐示威阻碍交通的行为一般情况下构成了强制罪，具有刑事违法性。

案件二：这一"以阻碍交通为目的的静坐示威总是违反《德国刑法典》第240条第2款的"法律意见在面对1983年科隆自由周活动的裁决（BVerfGE 73, 206）时遇到了新的问题。科隆州高等法院受理的被告在1983年的"自由周"活动中参加

---

［1］ BGH, 08.08.1969-2 StR 171/69.

［2］ OLG Köln, NStZ 1986, 30 (32).

了一个未登记的静坐活动。德国联邦国防军计划封锁这个路段作为发射区域，在其中布置防空导弹营。静坐示威者欲使飞机调转方向，但是他们并没有对此做认真的打算，也许只是有点忘形或者只是想在时间上延迟飞机的行进。结果导致飞机被延迟了一个半小时起飞。对此案是否也符合《德国刑法典》第240条第2款的情况，一审劳动法院和州上诉法院的看法截然相反。一审中劳动法院遵循以往的先例（BGHSt 23，46），以《德国刑法典》第240条"强制罪"为由判处被告有罪，并处以金钱罚。而上诉时州法院认为原被告并不符合强制罪的构成要件，仅仅裁判其违背了《德国集会法》（Versammlungsgesetz）第29条第1款第1项，其行为构成了违规但并不触犯刑法。理由是州法院认为案件中被告行为确实应当理解为使用物理武力（phychische Gewaltsanwendung），然而这种行为并不具有"可责性"（verwerflich）。因为，在这类案件中的"可责性"的确定总是要考虑其所追求的远期目标（Fernziel）[1]。主审法院认为应对《德国刑法典》第240条第2款中不确定的法律概念"做有利于被告的解释，以使其仍能与法治国原则相符"。[2] 因为案件中被告人行为的目的在于实现法治国家的宗旨和目的，因此行为不具有可责性。这一基本原则与州法院的观点相吻合，认为被告无罪。

案件三：联邦宪法法院在"BVerfGE 92，1"（1995年1月10日）中指出，"当示威者在街道上静坐示威，以至于他人（如军用车辆）唯有将其碾压致死方可继续通行"的行为，本质上并非暴力，将静坐行为解释为"暴力"是一种违宪的扩大解

---

〔1〕 OLG Köln, NStZ 1986, 30 (31).

〔2〕 OLG Köln, NStZ 1986, 30 (32).

第七章 以案说理的困境：类似案件的冲突与解决

释，因为它超越了法律解释的可能界限，也违反了《德国基本法》中的罪刑法定原则。由此，静坐不再被视为一种暴力，从而在理论上否认了"因为静坐是广义的'暴力'，所以触犯了强制罪构成要件"的论证逻辑。然而，德国联邦最高法院同时又创设了所谓的"第二位列判决"，并主张暴力可能存在于如下情形之中：当某一车辆在示威者前停车，而跟随该车行驶的其他车辆由于示威游行以间接正犯的方式受到了暴力强制（BGHSt 41, 182）。此时间接正犯为示威者，其工具为停在第一位的军用车辆，排在第二位列的其他车辆为受强制的被害人，也就是说联邦刑事法院的判决虽与宪法法院判决一致，肯定了示威者的暴力并非针对军用车辆，但又创设了针对其后的车辆的间接暴力的可能性。由此，静坐阻碍交通的行为在新的意义上具有了可罚性。表1总结了三个先例之间的分歧。

表1 《德国刑法典》第240条第2款强制罪的理解与适用

案　号	静坐行为是否属于"暴力"？	是否需要考察"可责性"？	静坐能否被理解为"第二位列判决"？	静坐行为是否可罚？
BGHSt 23, 46	是（扩张解释）	不关心	未讨论	可罚
BVerfGE 73, 206	是（扩张解释）	有争议，因为需要考虑"远期目标"	未讨论	不可罚
BVerfGE 92, 1	不是（扩张解释违宪）	不是，因为远期目标很难考察	是，因为通过第一辆车阻碍了第二辆车	可罚

（二）对提交案件的检验和受理

前述提到了判断案件是否符合"偏离先例提交"的标准，德国罗塔·科伦（Lothar Kohlen）教授在此基础上总结出了五步骤的检验方法，[1] 以下参照此方法，以静坐案件为例，展示联邦最高法院对于提交的案件采取的检验步骤：

第一步：在先前判决的论证中将一个法律语句 R1 作为基础。在此，判断科隆州高等法院是否有意偏离"BGHSt 23, 46"的判决首先要回答的问题是"先例 BGHSt 23, 46 中的法律观点 R1 是什么"。根据科隆州高等法院的判决，R1 是：故意妨碍交通构成《德国刑法典》第 240 条第 2 款的违法行为。该判决在学说和司法实践中都被理解，而且联邦最高法院还曾将该解释誉为"理由充分的"。[2] R1 属于法律语句。

第二步：R1 对于先前判决是具有显要意义的（erheblich）。科隆州高等法院在判决中明确表示赞成联邦最高法院此前的观点，从而侧面肯定了这一前提，该理由对于判决是具有重要性的。

第三步：在当前判决论证中应当以一个法律语句 R2 作为基础。科隆州高等法院的观点可以总结为：如果对于案件情况没有经过一个有价值的权衡时，故意阻碍交通并不构成《德国刑法典》第 240 条第 2 款的违法。R2 是一个法律语句。

第四步：R2 对于当前判决是具有显要意义的。R2 对于州高等法院当然也是重要的。只有如此被告才能够符合《德国刑法

---

[1] Lothar Kuhlen, Die Abweichung einer Entscheidung von einer anderen und die Betrachtung des Einzelfalles, Juristische Arbeitsblätter, 1986, Heft12, S. 594.

[2] BGH StV 1986, 297 (298 unter1).

典》第 240 条第 2 款的构成要件，该构成要件还被作为合宪性审查对本案发挥作用。

第五步：R1 和 R2 导致了对于新案件的不同判决。R1 和 R2 的区别是否对于 OLG 提交的这个案件的审判具有显著的意义。因为它为了驳回检察机关的上诉，因此采取了 R2 而不是 R1 的观点作为基础。[1]

在经过以上五个步骤的分析之后，收到提交申请的联邦法院将会作出判断，是否受理其提交。

（三）对提交案件的衡平性判断

经过上述五步骤的分析，受理偏离提交的法院则需要从实质角度对提交的偏离请求作出判断。在德国，对提交案件进行衡平时采用的主要手段是法律解释和法律续造。其中法律解释的核心指向解释规准（Auslegungscanon）及其位阶；而法律续造的核心则指向了法哲学路径的选择，也即正视"法价值"的不可回避性。以上述静坐案件为例，其争议焦点有二：首先对"暴力"采取何种理解的争议，此属于法律解释的范畴，需要遵循文义解释、历史解释以及立法者意图解释等解释准则；在此基础上对"可受谴责的"这一要件进行判断，其中内涵了价值判断的法律续造，联邦最高法院在分析提交时综合考察和判断了"强制罪"所保护的法益。因为在对先例进行衡平时主要涉

---

[1] 对比邓矜婷博士总结的美国法中判例规则的使用：其一，比较后案与判例异同；其二，分析不同点是否可以被消除；其三，评价有意义的不同点所具有的突破判例约束的力量；其四，分析评价新对抗的事实；其五，综合考虑。参见邓矜婷：《确定先例规则的理论及其对使用指导性案例的启示——基于对美国相关学说的分析》，载《法商研究》2015 年第 3 期。

及解释准则的运用和法价值的权衡。

在法律解释方面,漏洞填补原则的依据和位阶仍被誉为"最好的法哲学问题"[1],因为它可以通过类型化的方式最大化地体现先例法的作用,即将不确定的范围尽量通过确定不同的"类型"(Typus)进行限缩,而非致力于作出更为概括的定义。像第二刑庭在"BGHSt 23,46"中认为自己能作出的"抽象定义的"判决,以及其现在又宣布"排除"了的判决,都无论如何不是要试图为"可责性"的行为做一个概括的定义,或为了给生活中的事实关系做一个"无漏洞的分类",而只是为"通过游行故意阻碍交通"这类案例群做一个不完全的先例法上的概念确定。[2]然而无论如何,方法论并不能消除对于解释的个人化的、规范性的设定。[3]因此,德国联邦最高法院在面对提交的案件时,尽管有法律教义学的浓重色彩,但仍然不能回避对价值的判断和选择。在此,秉持何种法哲学,以及如何面对法律的价值位阶的问题就凸显出来:"两个审判庭有分歧时,大审判庭的意见被允许:在这些案件中,法的价值如法的确定性和信赖保护应当被前置,并且一般要求遵循业已选择的法律发展道路。对于持续性判决的偏离只能以例外的形式出现,即应当有明显重要或压倒性的理由对其予以支持。"[4]重要的是

---

〔1〕 [德]卡尔·恩吉施:《法律思维导论》(修订版),郑永流译,法律出版社2014年版,第192页。

〔2〕 Lothar Kuhlen, Die Abweichung einer Entscheidung von einer anderen und die Betrachtung des Einzelfalles, Juristische Arbeitsblätter, 1986, Heft12, S. 600.

〔3〕 Lothar Kuhlen, Die Abweichung einer Entscheidung von einer anderen und die Betrachtung des Einzelfalles, Juristische Arbeitsblätter, 1986, Heft12, S. 594.

〔4〕 BGHZ 85, 64 (66); BGHZ 87, 150 (155); 125, 218 (222).

第七章　以案说理的困境：类似案件的冲突与解决

如何以一个实质上正确的方式来解释和使用法律规范。[1]因为，"不仅是实质正义，而且是法的确定性同属于法治的原则。而法的一致性恰好服务于法的确定性。而保障法的一致性是上诉法院而非初审法院的任务"。[2]德国法官的法哲学指引他们试图在法律的发展（Fortentwicklung）与法律的一致性（Rechtseinheit）之间寻求一种平衡，努力去协调实质正义与法律的一致性之间的张力，即便二者并非彼此冲突的价值。这也是为何考夫曼教授主张探索和追求一种"一致性"而非"正确"的法学方法论的原因。[3]

正如齐佩利乌斯所指出，对同样情形予以同等对待的原则可以成为发现法律漏洞的根据，按照这种方式，法律漏洞的确定还具备了这样的功能，即发现法秩序当中价值判断不一致的情形，并打开了消除这种不一致的通道，"在法律漏洞的问题上，体系争议原则和'法的统一性'原则同样需要加以考虑。按照这些原则，法律问题的解决不仅仅要合乎逻辑地纳入由同位阶和更高位阶法律规范组成的体系当中，而且要在目的上与这个体系保持一致"。[4]

因此，对偏离先例的衡平仍然是一个综合性的判断，需要

---

[1] Neil MacCormick & Robert S. Summers eds., *Interpreting Precedents: A Comparative Study*, Dartmouth Publishing Company Limited, 1997, p. 37.

[2] OVG NW June 27th, 1986, file number 19A10005/85, p. 19.

[3] 之所以说一个"一致性的"而不说是一个"正确的"法学方法论，是因为会有不同的"正确的"法学方法论，或者说有多个"可容忍"的结论。参见[德]阿图尔·考夫曼：《法律哲学》（第2版），刘幸义等译，法律出版社2011年版，第98页。

[4] [德]齐佩利乌斯：《法学方法论》，金振豹译，法律出版社2009年版，第94页。

平衡各种因素，通盘考量做出一个决断。而这种衡平主要取决于两个方面：一是从法律解释的角度进行把握，以法律解释为主要依据；二是以价值判断作为重要标尺和补充。

（四）对偏离先例的报告义务的违反

在德国，如果州法院违反报告义务，没有将分歧提交到联邦最高法院，既不会影响到判决的有效性也不会影响其法律效力。[1]对此也并不存在特殊的救济。然而如果州法院在特定案件中虽然满足了所有提交前提，但仍不将案件提交，将会违反《德国基本法》第100条第1款第2句有关法律规范的审查，从而使联邦宪法法院以违宪为由撤销州法院已生效判决。[2]也即如果下级法院违反了提交义务，则会失去在后面可能的违宪审查中的豁免。由此可见，对于偏离先例的报告制度而言，其救济方式仍然是在司法审判的框架之内，这也反映出偏离先例报告制度并不与司法独立的现代法治国理念相违背。

五、类案冲突解决的综合配套机制

实现类案推进法律统一适用的目标，不仅要确保类似案件类似审理，保障法官依法独立行使审判权，还要兼顾审判效率，而非增加法官的工作负担。因此，将法官依赖理性推理自行裁决与依赖行政权进行提交相结合，对类案进行分情况讨论是化解上述冲突的重要方式。类案的综合配套机制包含三个层面：

---

〔1〕 Kissel/Mayer, Gerichtsverfassungsgesetz Kommentar, 6. Aufl. 2010, §121Rn 24; KK/Hannich §121 Rn. 41a; Franke §121 Rn. 73.

〔2〕 比如 BVerfGE 23, 288, 319, 以及 BVerfG NJW 1002, 2075 等。

一是确定自发性模式与建构性模式的交叉点；二是在自发性模式中为法官确立类案中各类司法案例的参考位阶和依据；三是在建构性模式中完善类案的分歧提交与解决机制。从而既便于办案法官自行评判，保障自由裁量权的行使，也为类案冲突的最终解决提供制度依托。

（一）确立自发性模式与建构性模式的分界点

实现自发性模式与建构性模式有机结合的关键是找到两种模式的分界点，也即找到法官自行决定参照哪一类案，与将类案冲突提交给有权机关之间的界限。司法责任制加强了法官审判的独立性，[1]有学者主张参考类案是道德要求而非法律义务，[2]因而法官不受制于其他类案。无论是从适用法律，还是参照类案的角度，法官都有进行法律解释和价值判断的权利。这是法官进行法律推理的应有之义。因此，发现冲突类案后将其提交，属于法官的一种权利，而非义务。那么从审判效率和司法规律和现实情况出发，当类案冲突属于以下情况时，法官可以自行从相冲突的类案中选取参照类案：

第一，通过"权衡性比较"，能够判断出冲突类案中何者更为类似。案件的"类似性只是一个程度的问题"[3]。在同为类案的情况下，两个案件在事实结构和情节要素等诸方面势必会存在些许差别。法官需要对不同类案之间的一致性和不一致性

---

[1] 王迎龙：《司法责任制是依法独立行使审判权之保障》，载《人民法院报》2015年11月3日，第2版。

[2] 陈景辉：《同案同判：法律义务还是道德要求》，载《中国法学》2013年第3期。

[3] 屈茂辉：《类推适用的私法价值与司法运用》，载《法学研究》2005年第1期。

进行权衡比较，选取其中实质上更为类似的案件进行同等对待。仍以前文知假买假类案件为例，有的案件中原告购买时存有录像，并且存在带领公证员一同前往等情节；有些案件中所涉标的是人参、鹿茸、茅台酒等名贵食材或名酒。如果法官通过考察这些具体乃至特殊的情节能够做出权衡性比较，确定参照的类案，则由法官自行决定。此外，如果法官在检索类案时，能够通过法律解释等方式确定冲突类案本身适用法律错误，或者通过类推以及区分技术，确定冲突类案与当前待决案件并非类似案件，也可以自行决定参照冲突类案中其认为正确和类似的案件。

第二，借助案例效力等级以及其他评判因素，能够选取优先案例。无论是施行先例制度的普通法国家，还是有先例实践的大陆法系国家，法官在参照先例时最重要的考虑因素就是作出判决的法院级别。即便是在大陆法系德国，法官实际上都会遵循联邦最高法院发布的判决，偏离最高法院判决需要承担更大的论证负担。因此，如果法官在冲突类案中能够根据一套较有共识的案例效力等级选取其参照类案，则不必将分歧提交给上级法院。

第三，属于事实问题而非法律问题。在德国，启动提交程序需要满足的一个重要前提就是必须是对法律问题的提交。提交的争议问题应当至少包含法律问题，而不能仅仅是事实问题，因为纯粹事实问题的分歧可以通过上诉制度而非提交制度来寻求救济。[1]

第四，该类案冲突对于当前案件的裁判并不重要。每一案

---

〔1〕 Ernst‐Walter Hanack, Der Ausgleich divergierender Entscheidungen in der oberen Gerichtsbarkeit, Hamburg · Berlin: R. v. Decker's Verlag · G. Schenck, 1962, S. 137, 140.

件都可能存在多个法律问题，只有对具有"显著性"特征的"立论理由"的偏离，或者说是在所有"有意义的方面"[1]充分相似，才符合提交的要求。[2]如果类案之间的冲突问题并非待决案件的关键问题，则法官可以自行选取类案，或者决定不参照任何类案。

在上述情况下，法官可以自行决定参照类案的选取，并不需要启动建构模式中的类案冲突提交程序，而是依赖后续的上诉审保障法律的统一适用。反之，如果满足以下条件，法官则需要将类案冲突向上级法院提交：多个相冲突的类案与待决案件都构成类似案件，需要法官作出主观性价值判断才能选取类案的；类案冲突涉及的是对当前待决案件关键性的法律问题；法官无法判断哪一种法律解释正确；用案例效力等级难以确定冲突类案之间的优先级。

（二）"超级先例"或"持续性先例"

对案例做出分层和分类属于各国司法实践中的普遍做法。美国法律实践中有"超级先例"（super precedents），主要是指那些司法与非司法的裁决得到法院或其他政府部门的认可而经常被引用。这些超级先例包括：①基本惯例；②基本原理；③对特定事情的基本判决，如支持法定货币的合宪性。[3]德国

---

[1] Neil MacCormick, *Legal Reasoning and Legal Theory*, Clarendon Press, 1978, pp. 185, 190.

[2] Ernst-Walter Hanack, Der Ausgleich divergierender Entscheidungen in der oberen Gerichtsbarkeit, Hamburg · Berlin: R. v. Decker's Verlag · G. Schenck, 1962, S. 244.

[3] [美]迈克尔·J. 格哈特：《先例的力量》，杨飞等译，杨飞校，中国法制出版社2013年版，第253~258页。

有类似的概念，通常被法律共同体称为"持续性先例"。意指德国联邦最高法院在审判实务中的一贯之见解，其中往往既包含本法院一贯之见解，也保护实务界一贯之见解。前文指出，德国法中没有遵循先例原则，法官造法没有正式拘束力，但是习惯法却被认为是位阶低于《德国基本法》第 20 条第 3 款规定的"法律与正义"的一种法律渊源。[1]由此，先例在变为习惯法之后仍然可以成为法律渊源。在德国，持续性先例作为先例虽然仍然不是正式的法律渊源，但是因为其已经成为司法实践中法律人的一种惯习，因此如果从习惯法的角度进行理解，这种持续性判例已经具有了正式的法律渊源地位。[2]

第一，构成持续性先例需要满足何种标准。持续性先例是否有明确的区分标准以及产生的标志，有以下两种观点：第一种观点认为，持续性先例的开始并没有确切的时间点和标准。本迪特教授认为，先例规则的确立，往往不是来自某一个判决，而是当一系列案件获得相似的结果时，我们可以假定法官此时能够达成一种共识，即这种有利于原告的判决结果在此类案件中是正确的判决结果，未来审判此类案件的法官也应当依次作出裁判。但是人们虽然无法确切地判断持续性案例中的先例规则是在哪一时刻开始产生的，但却可以肯定存在这样一个时刻，我们认为法律规则已经存在，如果某个法官再不理睬过去的判

---

〔1〕 从纯学术角度，习惯法的效力层级是否低于《德国基本法》第 20 条第 3 款的 "法律" 或 "正义"，这一问题的讨论见 Herzog in Maunz/Dürig ed., Grundgesetz Kommentar, Volume III, Munich (looseleaf, last update February 2004), Article 20 Annotation 52.

〔2〕 吴从周：《试论判例作为民法第 1 条之习惯法：为我国判例制度而辩护》，载《台大法学论丛》2010 年第 39 卷第 2 期。

第七章 以案说理的困境：类似案件的冲突与解决

决，仅以特定案件的是非曲直来断案，是不可接受的。"如果法官所作出的判决与司法中所确立的规则相反，他们至少要解释为什么先前判决是错误的。"[1]第二种观点或者存在一个开创性的案例，比如德意志帝国法院作出的癖马案判决，就是以个案的形式最早获得关注和认可，进而获得持续性的遵守，那么这个判决从产生之初就具有先例约束力，这种先例具有确切的开始时间。

第二，持续性先例的生成机制探讨。在分析持续性判例群的形成与发展、偏离与修正时，我们可以借用马克斯·韦伯关于法律规则的产生过程来分析，他认为法律规则的产生和发展往往经历这样的过程："某种反复实施的行动产生了心理上的'调适'，它所引发的行为先是构成清晰的习惯，后来被体验到具有约束力；随着意识到这种行为在众多个人间的扩散，它终于作为'共识'融入人们半自觉或完全自觉的'预期'中，即预期他人也会有意义相同的行为。最终，这种'共识性认识'会要求强制执行的保证，由此，它们便与单纯的'惯例'产生了区别。"[2]随着这些做法成为规范的习俗，而被认为具有约束力之后，此时可能会产生某种惰性，但如果在这种惰性之上又出现了新的变化，那么革新的根源并不是外部条件的变化，其实际决定性要素毋宁说是人们采取的新的行为路线，它会导致现存法律规则的意义变化，或者导致创设新的法律规则。

在前文探讨习惯法与先例的关系时我们提到了德国学界往

----

[1] [美] T. M. 本迪特：《论先例规则》，高鸿钧译，徐炳校，载《环球法律评论》1991年第3期。

[2] [德] 马克斯·韦伯：《经济与社会》（第二卷·上册），阎克文译，上海人民出版社2010年版，第890~896页。

往以"法之确信心"作为习惯法和先例的区别要素。即德国文献中习惯法的两大构成要素:"第一,长时间与反复的惯习(längere und gleichmäßige Übung);第二,一般人的确信,或者共同体内一般人的法律确信心。后者是区分习惯法和判例的关键所在。"[1]习惯法与法院的惯习之间最大的差别在于一般人有没有法意识和法确信的存在。然而如何确定这个"一般人的法意识"是否存在则是更严峻的难题。虽然拉伦茨强调,习惯法的效力基础在于"一般人法的确信","只有司法界无异议地接受是不够的,它需要的是相关的社会团体对之均有法的确信,而非仅在法律人之间形成法的确信"[2];但他同时也注意到了这种对于法的确信是否存在是很难判断的,具体的评价标准可能很复杂,比如"相关最高法院的判决在文献上以及在'一般舆论'上是否已经获得完全赞同,抑或仍有反对意见,是否能够迅速被执行,以及能够在多大程度上能与以前表示过的法之确信相符合"[3]。由此,法院判决的"一般人的法律确信心"是否存在以及其判别标准都是很模糊的,并不能自证。就时间而言,如果一个持续性判决长时间未遭到反对并得以遵守,那么它可以像"习惯法"一样发挥效力,这一点已经是毋庸置疑的了。[4]问题在于最高法院的判决需要经过多长的时间?在何

---

[1] 吴从周:《试论判例作为民法第 1 条之习惯法:为我国判例制度而辩护》,载《台大法学论丛》2010 年第 39 卷第 2 期。

[2] Karl Larenz, Methodenlehre der Rechtswissenschaft, Berlin: Springer, 1991, S. 433.

[3] Karl Larenz, Methodenlehre der Rechtswissenschaft, Berlin: Springer, 1991, S. 433.

[4] Karl Larenz, *Über die Bindungswirkung von Präjudizien*, in: Hans W. Fasching/Winfried Kralik (Hrsg.), Festschrift für Hans Schima zum 75. Geburtstag, 1969, S. 250.

第七章 以案说理的困境：类似案件的冲突与解决

种范围内能够成为习惯法？因此结合先例的持续时间、同案同判的要求、基于正确性的说服力以及出于对上级法院的信任，拉伦茨总结出在符合下列条件下最高法院的判决可以被认为是一种习惯法：其一，该判决见解表达出一个已经为交易上所接受的规则；其二，该规则符合一般人普遍的法意识，也就是说一般人不仅预期在法院诉讼时应该遵守该规则，而是进一步地把这个规则，毫不怀疑地当作一个"法律的要求"。[1]

现代国家法律渊源理论中的所谓习惯法，其主要构成之一就是持续性先例。法院作出的具体判决经过长时间被其他法院遵循并成为法院的惯习，最后在一般人的普遍法意识中获得确信。这不仅使法院，而且使当事人及其法律代理人，以及普通民众对此裁判建立起信任，能够促成其最终成为习惯法而获得规范性的约束效力。换言之，判例中的一部分持续性先例因为符合习惯法的要素，扮演了习惯法角色，从而成为法的正式渊源。

（三）自发层面：为法官提供选取类案的原则与标准

布莱尔·莱特教授在前文提到的达克斯伯里教授例子的基础上做了进一步演化，指出：孩子们常常认为父母关于兄弟姐妹的决定具有先例效力，这主要是基于"平等对待"的理由——"为什么我哥哥可以做 X，而我却不能？"假设父亲告诉14 岁的儿子可以在上学的晚上熬夜看电影，却禁止 11 岁的女儿这样做。此时女儿如果反对说"你让我哥哥熬夜看电影"，那么她就在诉诸先例。此时父亲作为本案中的"法官"，他区别先例可能基于如下的理由和考虑，包括但不限于：

---

[1] Larenz/Wolf, Allgemeine Teil, §3 Rn. 43.

(1) 年龄较大的儿童需要的睡眠较少，因此可以比年龄较小的儿童睡得更晚，而且其第二天在学校的表现仍然很好。

(2) 如果熬夜，年龄较小的孩子更容易尿床。

(3) 男孩理应比女孩享有更多特权，因为男孩的生活更加艰辛。

(4) 男孩的责任比女孩少，所以如果他第二天很累，也没什么关系。

(5) 这孩子最近在家庭责任方面做得非常出色，理应得到这份殊荣。

(6) 过去的经验表明，儿子需要的睡眠比妹妹少。

在这些理由中，第3点属于典型的性别歧视，如果决定处理结果之原则的道德价值值得怀疑（如第3点中关于男孩和女孩的性别歧视假设），"平等对待"的诉求就会失效。第1点和第4点属于"履行第二天职责的能力"；第2点"避免尿床"、第5点"基于美德"以及第6点基于"生理和心理需要"（可能与第1点重叠）。选择其中任何一种理由来描述先例案件的细节，都会影响先例在本案中的适用，即女儿要求熬夜看电影是否符合先例。如果父亲选取两个"案例"中唯一相关的因素——"都是父亲的孩子"——那么女儿就会赢得"上诉"；反之，女儿可能会在所有其他相关相似性的表述方式上输掉上诉，除非她能证明一般类别事实上并不适用于她：例如，她并不需要比她哥哥睡得更多，她从不尿床，等等。[1]

---

[1] Brian Leiter, "Realism about Precedent", in Timothy Endicott, Hafsteinn Dan Kristjansson & Sbastian Lewis, *Philosophical Foundations of Precedent*, Oxford University Press, 2023, pp. 314-315. 由中国政法大学法理专业硕士韩润声翻译。

第七章 以案说理的困境：类似案件的冲突与解决

即便是在遵循先例的普通法国家，案例的遵循和区分也从来都是相伴相生的。无论是达克斯伯里教授关于大女儿和小女儿获得生日礼物的类似案件不同处理；还是布莱尔·莱特教授关于兄妹熬夜看电影的类似案件不同处理，都表明了实际类似案件的不同处理在生活中更为常见和难以避免，同时也更需要说理。此时理由的选取决定了区别先例的努力是否被认可。英国上议院 1966 年的《实践声明》允许法院在"看起来是正确的"时偏离先例。在这一重要的制度变化之下，英国最高级别的法院（如今的最高法院）推翻先例的有限案例是该条款含义的司法实例。同样，遵循先例的道德价值本身并没有告诉我们法院可以基于哪些具体理由推翻先例。

在探索解决类案冲突的自发性模式时，需要为法官提供选取类案的原则和标准。也即当法官自由决定类案选取中，通过遵循一致的原则和案例效力等级，明确当类似案件不同审判时，以何者为参考基准，才能保障法律适用的一致。

1. 明确类案冲突时的优先原则

以德国司法实践为例，解决类案之间的冲突主要遵循下列优先原则：

第一，成文法优先原则。从法律规定出发保证成文法的优先地位（Vorrang des Gesetzes）[1]是解决冲突的首要原则。在德国等大陆法系国家，由于成文法作为正式法律渊源，在解决类似案件之间的冲突时，法官首先要从成文法出发，进行基于文义和立法者原意的法律解释。我国作为具有大陆法系传统的国

---

[1] Franz Bydlinski, Grundzüge der Juristischen Methodenlehre, facultas wuv, 2. überarbeitete Aufl., Wien 2012, S. 139.

家，法典和法律规定是解决类案冲突的首要依据，选取类案的首要标准是类案中对法律的解释和理解符合法律文义的规定。

第二，"领跑"判决优先原则。在一系列判决中，往往有个别明确、有优势的判决作为"领跑的判决"[1]（leading cases, 德文：Ausreißerentscheidung），这类判决往往在作出伊始就获得关注和多次援引。在我国，最高人民法院发布的指导性案例、公报案例以及最高人民法院和各省高院作出的典型判例，均具有领跑判决的性质和特点，在解决类案冲突时应当具有优先参照的地位。

第三，上诉审法院优先原则。从审级意义上讲，上诉审法院的判决对下级法院无疑具有重要的参照意义，即便二者的判决在法律规定上是具有同等正当性的。这也正是拉伦茨将德国的先例认为"事实约束力"[2]的主要原因。在实践中，法院受判决的约束，意味着法院受到先前判决的决定（而非其论证）的约束，因此不能在后来的判决中作出矛盾的判决。[3]相当于前文德沃金所说的"纵向效力"[4]。事实上，在我国司法实践中，基层法院法官如果在检索类案时发现多个相冲突的类案，如果依据法律文本的文义无法直接得出结论，并且没有相应的指导性案例或典型案例，此时法官会优先参照自己上诉法院以

---

[1] Franz Bydlinski, Grundzüge der Juristischen Methodenlehre, facultas wuv, 2. überarbeitete Aufl., Wien 2012, S. 130.

[2] Karl Larenz, Methodenlehre der Rechtswissenschaft, 5. Aufl., Berlin: Springer, 1983, S. 412.

[3] Alpmann Brockhaus: Studien Lexikon Recht, herausgegeben von Jesof A Alpmann, 4. Auflage, Verlag C. H. Beck München, S. 26.

[4] Neil Duxbury, The Nature and Authority of Precedent, Cambridge University Press, 2008, pp. 61-62.

及所在省份高级人民法院是否有类似判决,这是基于对上诉后被改判而形成的一种潜在约束和影响。

第四,公平正义优先原则。公平正义原则在司法审判中始终是价值判断的首要依据。但公平正义原则并不是指在所有情况下对所有人的机械平等,而是防止对法律共同体成员恣意的、实质的、无根据的区别对待。[1]为了实现让人民群众在每一个案件中感受到公平正义的目标,法官在多个相冲突类案之间进行选取时势必要以更符合公平正义、符合社会主义核心价值观原则作为标准。

2. 确立遵循类案的参考位阶

即便在奉行遵循先例原则的普通法国家,法官从多个先例中选取支配当前案件的过程也常常是困难的,因为当前的案件可能和许多相互冲突的先例相似。[2]对此,实践中一般有三种主要的理解:第一种观点,法官诉诸纯粹的个人理性来选取类案。然而,不同的论证视角可能会从先例中得到不同的理由。由于每个人的理性出发点不同,仅仅诉诸个人的理性理解并选取类案,往往无助于实现法律的统一。第二种观点,诉诸大数据计算后的各类判决在全国的比例。目前一些法官在适用大数据平台时往往机械地使用大数据的结论,如只关注某一类案件的判决方式在全国同类案件中所占的百分比,这种纯粹的"比例分析"对案例的情况并不能具体问题具体分析。数据本身只是一种素材,它的功用取决于使用者的使用方式。简单粗暴地

---

[1] Franz Bydlinski, Grundzüge der Juristischen Methodenlehre, facultas wuv, 2. überarbeitete Aufl., Wien 2012, S. 130.

[2] [美]斯蒂文·J. 伯顿主编:《法律的道路及其影响:小奥利弗·温德尔·霍姆斯的遗产》,张芝梅、陈绪刚译,北京大学出版社 2012 年版,第 250~251 页。

罗列数据不具有合理的基础。第三种观点，严格依照审级判断案例的效力，即遵循上级法院先例。这种做法并不符合我国司法体制的实际情况。可以说上述三种观点皆失之偏颇，应当以案例的效力层级为基础探索法官面对类案冲突时选取类案的标准。

第一，类案中各类司法案例的参考位阶是重要的判断依据。

在普通法国家，先例的重要性取决于许多因素。但一般来说，法院越高，先例越强；另外，受到高度评价的法官的决定可能比相对轻量级的判决更有分量。[1]德国法学家罗伯特·阿列克西和拉尔夫·德莱尔将决定先例规范性效力程度的11种可能因素进行了分析，认为其中最重要的因素包括：法院的层级、支持性论据的可靠性以及该先例是否具有持续性，即是否能够代表一种未来发展的趋势。其中，联邦宪法法院的判决是唯一具有正式约束力的，而且具有实质重要的意义；五个联邦最高法院的先例重要性要远高于普通法院。[2]《日本法院法》第4条规定："关于此案件，上级审法院裁判中的判断约束着下级法院。"因此，要作出与先例相反的判决，需要理由充足、论证充分，否则仍应遵循先例。[3]

由此可见，无论是在遵循先例的普通法国家还是先例不具有普遍正式约束力的一些大陆法国家，司法案例的效力或称规

---

[1] Neil Duxbury, *The Nature and Authority of Precedent*, Cambridge University Press, 2008, p. 62.

[2] [德] 罗伯特·阿列克西、拉尔夫·德莱尔：《德国法中的判例》，高尚译，载《中国应用法学》2018年第2期。

[3] 于佳佳：《日本判例的先例约束力》，载《华东政法大学学报》2013年第3期。

范性程度都是有区分的,受制于多种影响因素,包括作出判决的法院层级、合议庭是否一致、是否获得公开发表以及是否遭到广泛的质疑和批评等。但作出判决的法院的级别无疑都是法官应该考量的因素。

第二,建立我国案例效力位阶体系。

考虑到类案选取的简便高效,应当在我国探索一套以案例效力层级为基础,适合中国特色司法制度的"案例效力+法官推理+大数据支撑"的案例应用模式供法官在日常案件的审理中作为标准。具体而言,从案例的法律约束力和事实约束力的区别[1]出发,将类案中的案例区分为指导性案例、公报案例、典型案例、上级法院案例、本法院案例、其他案例共六种案例。根据其效力、发布主体和影响力来进一步划分为具有拘束力、具有参考意义以及不需要回应和参照的三类案例。

第一类,具有拘束力的类案:这一类别中只有指导性案例。2010年公布的最高人民法院《关于案例指导工作的规定》第7条规定:"最高人民法院发布的指导性案例,各级人民法院审判类似案例时应当参照。"因此,指导性案例具有拘束力,法官在检索类案时遇到指导性案例作为类案时,应当进行仔细分析和比对,认为当前案件与指导性案例构成实质相似时,应遵循指导性案例的裁判。

第二类,具有参考意义的类案:此种类案是法官应当重点参照的案件,涵盖了两个领域的具体案例:一是公开的示范性案例,如最高人民法院公报案例、最高人民法院和高级人民法

---

[1] 参见 Karl Larenz, und Claus-Wilhelm Canaris, Methodenlehre der Rechtswissenschaft, 3. Aufl., edn, Berlin/Heidelberg/ New York: Springer, S. 255.

院发布的典型案例；二是上级法院案例和本法院案例。在制作类案检索报告时对于此类案件应当进行重点分析和比对，法官在意欲偏离此类类案的审理时应当承担更重的论证义务。

第三类，不需要回应和参照的案例：上述案例以外的其他案例。比如法官对于其他省份同级及以下审级法院判处的同类案件可以予以参考，但是在案件数量庞大，且存在具有拘束力和具有参考意义的类案时，对于此种类案可以不予回应和参照。

以上是案例效力位阶的总体框架。对于类案中案例的参考位阶应当是：具有拘束力的类案优先于具有参考意义的类案，具有参考意义的类案优先于不需要回应和参照的其他类案。法官应在此基础上综合运用法律推理和司法大数据制作类案检索报告。

（四）建构层面：完善类案分歧提交与解决机制

从《分歧解决机制的实施办法》的表述，以及各巡回法庭近年来的工作职能中不难发现，最高人民法院的未来职能定位就是解决法律适用的分歧。因而当自发性模式无法公正、有效地提供类案解决方案时，就需要探索构建一套针对类案的分歧提交与解决机制。该机制不仅有利于保障全国范围内法律适用的最终统一，还能够推进上下级法院法律意见沟通之畅通，与我国司法体制中的"个案请示"制度有机衔接。其要点包括：

1. 解决分歧的主体和原则

在我国的四级三审审判制度下，结合案例的位阶探讨类案的适用才切实可行。为了既不过于增加最高人民法院相应职能部门的工作负担，又推动最高人民法院探索法律解释者这一新

角色定位。类案分歧提交的审理主体和标准应当作如下安排:

第一,关于受理的主体。现行《分歧解决机制的实施办法》规定,最高人民法院审判委员会是最高人民法院法律适用分歧解决工作的领导和决策机构,最高人民法院审判管理办公室、最高人民法院各业务部门和中国应用法学研究所根据法律适用分歧解决工作需要,为最高人民法院审判委员会决定提供服务和决策参考。最高人民法院相关审判业务部门进行审查。目前为止,关于分歧受理的职权主要在最高人民法院层级作出了规定,但是考虑到全国范围内案例数量庞大,各地区又有各自的经济、社会、文化发展特点,为了更好地推进类案统一法律适用的效果,提高效率,也更好地符合司法规律,应当建立全国范围内的分歧提交与解决机制,具体而言,各审级法院根据案件的情况享有不同的受理权:其一,存在本案先前类案的,提交至本院审判委员会进行衡平;存在本省其他法院类案的,提交至高级人民法院进行衡平。其二,类案中存在指导性案例、公报案例以及最高人民法院类案的,如果意欲偏离其判决,报请本省高级人民法院,由高级人民法院酌情提交最高人民法院相关业务庭对分歧进行解决。

第二,解决分歧的原则。具有分歧解决职责的法院,应当严格依照法律的规定进行法律解释,在贯彻落实社会主义核心价值观的前提下综合考量各地特殊情况,实现司法的实质性统一;同时,对分歧的衡平应当符合司法规律,也即我国作为单一制中央集权制国家,在案例的衡平中切实发挥最高人民法院审判委员会和各业务庭的规范性作用,从而统领全国法院类似案件的裁判。

2. 分歧提交的权利

与以往的个案请示和司法解释不同,类案的分歧提交与解决机制应定位为是对案件中法律问题的分析和答复。当法官面对不需要回应或参照的案例时,有权根据自己对法律的理解和价值判断进行裁决;当法官意欲偏离具有拘束力和具有参考意义的类案时,应当允许法官将当前案件中的法律问题进行提交,由上级或有权法院进行衡平。也即,法官意欲偏离的类案应当是具有拘束力或具有参考意义的类案。

此外,法官应当对案件中的法律问题进行提炼。纯粹的事实问题不应提交,而是通过上诉制度寻求救济。同时,该法律问题在案件中应具有显著的意义。在类案报告和提交报告中应当包含显著性和法律问题为标准,作为自我检查的依据。

综上可知,在上述模式中,需要分歧提交和解决的案件往往呈现出如下特点:其一,在法律适用方面存在不当,或审判理念应当有所发展和完善。其二,法官无法依靠个人理性对这一法律问题形成一致认识,譬如对于盐酸是否属于武器、知假买假是否在产品责任的保护范围内,实践中存在理解不一致的情况。其三,法律职业共同体通过案例效力层级、个案理性分析以及案例间的衡平等方式已经进行了"一致化理解"的努力。在这种情况下,对此类问题的重视是统一法律适用的事半功倍的途径。为了更好地利用类案检索报告机制以及分歧提交机制中得到的案例资源,应当开辟其采纳与退出机制,使之与案例指导制度联通,譬如在提交的案件中开辟上升为指导性案例的通道。与目前指导性案例主要由各省高级人民法院从本省案件中选取"新颖"案件向最高人民法院推送的传统行政化手段相比，分歧类案的提交案件更具有实质的争议性、针对性和代表性。未来可以通过将获得广泛认可的新型典型类案纳入指导性案例的资源库，实现类案与案例指导制度的良性互动。

3. 对类案分歧进行说理

法院肩负着坚守社会公平正义最后一道防线的神圣职责，其工作与人民群众的切身利益息息相关。裁判文书释法说理改革是深化依法治国实践和提升司法能力的基础工程，对提高司法产品质量和审判效率、推进司法公开、展示人民法院公正司法形象、改善人民群众公平正义获得感具有重要意义。当前，推进裁判文书释法说理的改革进程中确实也面临着较大的困难和阻力。我国人民法院的司法改革已经进入攻坚期，随着立案登记制的实施和法官员额制的推进，部分基层法院中员额法官的人均办案量激增，必须直面司法资源的有限性。正因如此，在符合司法规律的前提下推动裁判文书释法说理，从而实现法律效果与社会效果的统一是本轮改革的宗旨。

第八章

面向未来：数字时代以案说理如何走向深处

数字时代极大地丰富了裁判说理的依据和素材，但在便捷司法裁判的同时，也改变了裁判过程的方式和手段。裁判过程的性质决定了决断无可避免，但是这种决断又必须经过正当化和说理的过程。对应到数字时代就是司法程序的设计和数据的应用需要符合人们对司法本质的要求和理解，而这背后反映的还是对法的概念观，以及应对司法疑难案件时法典化和先例法两种进路的选择。实际上，寄希望于设计者对所有法律问题悉数预测难度较大，因此就要依靠裁判者的权衡这一先例法进路，这就是司法必须能动的背后机理。"数字化一切"的潮流对司法的影响，在形式意义上是赋能的，但是在实质意义上却是解构的。探索司法中能动说理的可能与限度，有赖重新定位法官的角色，锚定能动说理的目标与价值，通过增强法官在个案裁判中的职权和明确对个案正义的追求目标，探索可以作为个别化裁判的考量因素。[1]

---

[1] 高尚：《赋能还是解构：数字时代司法如何说理》，载《探索与争鸣》2024年第2期。

第八章 面向未来：数字时代以案说理如何走向深处

一、数字时代的司法变奏

未来是否已来，这是每个人在当下都要直面的问题。法律人亦被裹挟进这场迅猛的技术革命之中。我们期待智慧司法能够解绑法律人，然而从裁判方法内部视角来看，司法不是纯粹的逻辑演绎，它期待很多种逻辑方法，同时它也向大量未知的、新奇的社会命题和真实世界开放。

（一）智慧司法的特点：经由理性降低复杂性与偶然性

智慧法院指的是以确保司法公正高效、提升司法公信力为目标，充分运用互联网、云计算、大数据、人工智能等信息技术，促进审判体系与审判能力现代化，实现人民法院工作的高度智能化运行与管理。[1]国内学者普遍认为，人工智能技术可据不同的信息功能分为信息收集与管理技术和信息处理技术两大类型。[2]前者旨在实现司法业务相关信息的收集工作，并促进信息在司法环节中的顺畅流转。这在我国被称为智慧司法"平台化"建设，其主要运作方式是将司法业务全流程网络化与平台化，对功能整合和系统集成提出较高要求。简而言之就是"信息化"，其本质和最鲜明的特征是"技术赋能"，通过计算机、互联网等信息化手段提升传统业务流程的质效。后者则旨在应用人工智能技术实质性地处理法律案件。这在我国被称为智慧司法"智能化"建设，它关系到科技在司法裁判中的应用，

---

[1] 冯姣、胡铭：《智慧司法：实现司法公正的新路径及其局限》，载《浙江社会科学》2018年第6期。

[2] 张凌寒：《智慧司法中技术依赖的隐忧及应对》，载《法制与社会发展》2022年第4期。

触及了科技与法律推理、科技与审判量刑等司法裁判中的核心问题。简而言之就是"数字化",其本质和最鲜明的特征是"数字赋能",其根本要求是实现"制度重塑"。目前我国各项事业的信息化已经日新月异,而数字化仍处于起步阶段。[1]

理性是现代性的本质特征。现代的社会文化范式形成于16世纪至18世纪末之间。[2]现代化的实质就是理性化。其要素包括三个方面:其一,通过计算以及信息的收集和记录实现对世界的控制;其二,把意义和价值系统化到一个整体一贯的图式中;其三,确立一种依据规则进行日常行为的生活伦理。[3]理性成为现代化的本质,是其背后的生产力、生产关系乃至经济制度共同决定的。投射在更广泛的图景下,就是人们在社会生活方面的理性行为模式:现代人类会趋向于遵守规则,或遵循抽象的道德原则,而不是依冲动、随机性或激情行事。[4]数字时代司法裁判的突出特点与优势就是通过理性的方法实现结果的可预测。正如德国社会学家卢曼认为,通过程序能够实现合法性,降低复杂性与偶然性,稳定人们的期望。[5]使参与者可能在程序结束时承认相关的决定,即便其最初是反对该决定的。

体现到司法的裁判和说理的过程中就意味着法官需要在法

---

〔1〕 李占国:《"全域数字法院"的构建与实现》,载《中外法学》2022年第1期。

〔2〕 [英]博温托·迪·苏萨·桑托斯:《迈向新法律常识:法律、全球化和解放》(第2版),刘坤轮、叶传星译,中国人民大学出版社2009年版,第1页。

〔3〕 [英]韦恩·莫里森:《法理学:从古希腊到后现代》,李桂林等译,武汉大学出版社2003年版,第290页。

〔4〕 [英]韦恩·莫里森:《法理学:从古希腊到后现代》,李桂林等译,武汉大学出版社2003年版,第290页。

〔5〕 Luhmann, Rechtssoziologie, 33ff.

第八章　面向未来：数字时代以案说理如何走向深处

律前提与所得出结论之间保证一种可验证的推导过程。法学本质上是一种论证科学，只有经过充分说理并产生说服力，司法裁判才能为人所接受。[1]换言之，司法正义想要得到呈现，就更需要以看得见且可复制、可推导、可验证分析的方式伸张。这既是现代法治可预测性的要求，也是现代性背后的理性机理在发挥作用。更为重要的是，它是法治国家的根本特征。正是在这一个意义上，勃莱说，我们期待正义，得到的却是法治。因此，裁判过程的本质要求诉诸理性，实现法律解决方案的理性化。[2]大数据的核心恰恰是通过预测与量化实现理性。通过将现象转化为一种可制表分析的进路，量化一切。因此，大数据的实质是技术理性。

（二）智慧法院是实现理性的场域

"智慧法院是依托现代人工智能，围绕司法为民、公正司法，坚持司法规律、体制改革与技术变革相融合，以高度信息化方式支持司法审判、诉讼服务和司法管理，实现全业务网上办理、全流程依法公开、全方位智能服务的人民法院组织、建设、运行和管理形态。"[3]这是最高人民法院信息中心负责同志支持的智慧法院定义。苏力指出其有利之处主要包括三个方面：其一，促进司法透明公开，提升司法公信力；其二，推进司法

---

[1] [德] 托马斯·M.J.默勒斯：《法学方法论》（第4版），杜志浩译，李昊等校，北京大学出版社2022年版，"中文版前言"第1页。
[2] [德] 托马斯·M.J.默勒斯：《法学方法论》（第4版），杜志浩译，李昊等校，北京大学出版社2022年版，第689页。
[3] 许建峰、孙福辉、陈奇伟：《智慧法院体系工程概论》，人民法院出版社2021年版，第2页。

职业化和专业化；其三，有利于统一司法裁判。[1]

"智慧法院"这一提法最早出现在 2016 年，从这一年开始，人民法院信息化建设已经成为智慧法院建设的主要含义。[2]迄今为止，人民法院信息化建设经历了四个阶段：其一，信息化 1.0。我国法院信息化建设始于 1996 年，最高人民法院召开全国法院通信及计算机工作会议，发布了《全国法院计算机信息网络建设规划》。信息化 1.0 围绕法院内部基础设施建设，以电脑办公、司法统计及管理信息化为主要目标，以电脑单机、法院内部局域网为主要应用场景。其二，信息化 2.0。信息化 2.0 以数据互联互通为主要特征，重点转向以当事人为中心的司法服务和改进审判管理上，应用场景从局域网转向互联网。其三，信息化 3.0。从信息化 3.0 开始，智慧法院建设与人民法院信息化建设密切相关。2016 年，最高人民法院发布《人民法院信息化建设五年发展规划（2016—2020）》，宣布以互联互通为主要特征的人民法院信息化 2.0 已经全面建成，并要求全国各级人民法院加快建设以数据为中心的人民法院信息化建设 3.0。信息

---

[1] 苏力：《谨慎，但不是拒绝——对判决书全部上网的一个显然保守的分析》，载《法律适用》2010 年第 1 期。

[2] 中国社会科学院在 2017 年至 2022 年 6 本《法治蓝皮书·法院信息化》的总报告摘要中，均将人民法院信息化作为智慧法院的主要含义、核心含义。参见李林、田禾主编：《中国法院信息化发展报告 No.1》（2017），社会科学文献出版社 2017 年版，第 1~2 页；李林、田禾主编：《中国法院信息化发展报告 No.2》（2018），社会科学文献出版社 2018 年版，第 1~2 页；陈甦、田禾主编：《中国法院信息化发展报告 No.3》（2019），社会科学文献出版社 2019 年版，第 1~2 页；陈甦、田禾主编：《中国法院信息化发展报告 No.4》（2020），社会科学文献出版社 2020 年版，第 1~2 页；陈甦、田禾主编：《中国法院信息化发展报告 No.5》（2021），社会科学文献出版社 2021 年版，第 1~2 页；陈国平、田禾主编：《中国法院信息化发展报告 No.6》（2022），社会科学文献出版社 2022 年版，第 1~2 页。

第八章　面向未来：数字时代以案说理如何走向深处

化3.0以数据为中心，甚至通过信息化建设重塑法院组织、诉讼活动。司法机关"主动到网页和移动端去开辟荒土，不断拆除司法公正的生产围墙，将其推向社会化大生产"[1]。其四，信息化4.0。2021年，最高人民法院发布《人民法院信息化建设五年发展规划（2021—2025）》，宣布人民法院信息化3.0建成并全面支撑审判体系和审判能力现代化，并确定"打造全方位智能化、全系统一体化、全业务协同化、全时空泛在化、全体系自主化"的人民法院信息化建设4.0目标，要求在2025年底全面建成以知识为中心的智慧法院。由此观之，在含义上，智慧法院建设主要与人民法院信息化建设3.0、4.0有关。

人工智能技术由三大基本要素构成：数据、算力、算法。[2]大数据就是以容量大、类型多、存取速度快、应用价值高为主要特征的数据集合。其中，司法大数据具有大数据的一般特征，但也有自身一些特点。例如，较之于标准大数据，容量上司法大数据更小；类型上司法大数据更单一，缺少图片、音频、视频等非结构化数据，甚至缺少"副卷"等裁判尺度真正所在之处；存取速度上司法大数据更慢；应用价值上司法大数据更有限等。[3]

类案检索是司法大数据的一种重要运用。粗略地说，类案检索是法官、公诉机关、当事人、律师等通过互联网平台，检

---

[1] 参见李占国：《互联网司法的概念、特征及发展前瞻》，载《法律适用》2021年第3期；芦露：《中国的法院信息化：数据、技术与管理》，载苏力主编：《法律和社会科学》（第15卷第2辑），法律出版社2017年版，第22~50页。
[2] 郑曦：《人工智能技术在司法裁判中的运用及规制》，载《中外法学》2020年第3期。
[3] 蔡立东、郝乐：《司法大数据辅助审判应用限度研究》，载《浙江社会科学》2022年第6期。

索与自己关心案件相类似案件之裁判文书的活动。类案检索必须依托于司法大数据，例如中国裁判文书网、"法信"系统等，当然是前提性的。2020年7月15日，最高人民法院发布《类案检索意见》，对类案检索相关问题作出了细化规定。对于该司法文件，有两点特征值得提请注意。其一，制定目标。《类案检索意见》第一句话明确了该文件的制定目标，也即"为统一法律适用，提升司法公信力"。这是公正价值的直接表现。其二，强制检索范围。《类案检索意见》第2条规定了强制检索的情形，均具有疑难案件色彩。这相较于《司法责任制实施意见》中要求承办法官一般应当进行类案检索，有一个态度上的转变。

本书将在智慧法院的背景下讨论司法大数据与类案检索。联系在于公正这一价值，具体来说是类案同判，或者统一法律适用、统一裁判尺度。2020年11月16日，习近平总书记在中央全面依法治国工作会议上指出，"公平正义是司法的灵魂和生命"。任何司法改革都离不开公正、效率这两点核心价值关注。在当今中国社会，司法公正的一个具体要求是类案同判。智慧法院的信息化工作为司法大数据奠定了良好基础，类案检索借此得以展开。类案检索是智慧法院建设与发展的核心含义之一。

（三）数字时代挑战司法的可能进路

人工智能掀起的人类"存在危机"造成的轰动效应，不亚于法典化时期成文法典对法律人职业认同感的冲击。裁判过程的性质决定了作出决断是必不可少的，但是这种决断又必须经过正当化和说理的过程。对应到数字时代就是程序的设计和数据的应用需要符合人们对司法本质的要求和理解。特别是在疑难案件的处理中，背后反映的还是法的概念论难题：法究竟是什么，制定法和法律之间是怎样的关系。不同法概念观指向了不同的制度设计思路。因此，在数字时代，裁判和说理应当确立何种目标，又应当兼顾哪些社会价值和功能，是司法能动必然要面对并妥善处理的关键问题。

1. 数字时代对司法裁判的挑战

司法裁判的过程不仅包括作出决断，还包括对决断作出正当性的过程。置于中国法治现代化的语境下就是司法裁判需要有充分的说理。习近平总书记在中国共产党第二十次全国代表大会上的报告中再次强调要"努力让人民群众在每一个司法案件中感受到公平正义"。[1]如何让人们从每个案件中感受到公平正义，这是法治现代化以及能动司法需要正面回应的问题。从技术上讲，人工智能必定可以作出裁判，但是人工智能裁判可能造成的最大风险，就是当事人担心个案的"特殊情况"无法受到特殊和专业化的处理。而这种担忧如果无法得到回应，就会影响人民群众对公平正义的感知。智慧司法时代，数据的量化必然会造成这种问题。司法实践中，常常需要能动司法的法律问题至少包括以下几类：

一是随着社会发展出现的新兴案件。这类情形下法官往往没有可以直接适用的法律，必须且只能通过解释法律来解决新问题。在法律制度发展的历史上，多数开创性的先例就是在新兴问题出现时基于棘手情况应运而生的，比如美国精神损害赔偿的先例麦克洛克林案，就是当事人因在医院看到女儿不治身

---

[1] 习近平：《高举中国特色社会主义伟大旗帜 为全面建设社会主义现代化国家而团结奋斗——中国共产党第二十次全国代表大会上的报告》，2022年10月16日。

亡以及丈夫和其他孩子重伤而获得精神损害赔偿；[1]在当今社会的高速发展中，此类新兴且棘手的案件也时有发生，譬如我国涉及新兴权利的杭州市民郭某诉杭州野生动物世界有限公司的"国内人脸识别第一案"[2]即属此类。

二是机械适用法律可能动摇个案正义的案件。在这类情形中，法律看似可直接适用，但由此带来的结果可能会直接冲击广大民众的公平正义底线。也即考夫曼所说的法律有规定，但无评价的"法外空间"领域。如在曾经轰动国内的许霆案中，许霆的行为看似具有非法侵占的目的盗窃金融机构，但是考虑到银行ATM机本身的故障，以及利用ATM机和直接盗窃银行的主观恶性有极大的区别，因此如何定罪和量刑就必须从人类感情出发，综合考量其中的主观因素。

三是直接涉及价值判断的案件。在这类案件中，无论法院怎样判决都可能引发争议，只能诉诸社会的核心价值（或"重叠共识"[3]）来进行说理。其中既包括涉及社会风俗的各类案件，如泸州二奶案中将遗产遗赠给与自己多年共同生活并且临终前给予照料的情妇，涉及究竟如何处理遗嘱自由和善良风俗之间的关系；[4]也包括需要对基本权利甚至政治因素进行考量的各类宪法诉讼，如德国的吕特案[5]中对言论自由的价值与

---

[1] McLoughlin v. O'Brian [1983] 1 A. C. 410, reversing [1981] Q. B. 599.
[2]《〈中国审判〉2021年度十大典型案例之六：人脸识别第一案》，载 https：//m. thepaper. cn/baijiahao_16626468，最后访问日期：2023年11月21日。
[3] John Rawls, *Political Liberalism*, Columbia University Press, 1993.
[4] 郑永流：《道德立场与法律技术——中德情妇遗嘱案的比较和评析》，载《中国法学》2008年第4期。
[5] BVerfGE 6, 32 (40f).

边界之间的考量，又或者药剂师案对职业自由的保障和限制的评价。[1]

如果把所有这类司法中"疑难"的案件都通过智慧司法来评判，就涉及具体的赋值和设定参数的问题。布鲁斯·布坎南等人早在20世纪70年代就指出，计算机科学家对人类解决问题有两个共同的假设：其一，问题可以被分解成一组子问题；其二，任何子问题的求解都需要一系列由决策规则支配的决策。[2]问题在于，赋值的过程本质上又属于立法和司法工作，无论是将之交给技术人员还是电脑，实际上都存在民主正当性的问题。大数据时代的涵摄活动有些工作可以客观化，交给机器来取代；有些则必须由人来主导和决定。既然决断是不可避免的，那么智慧时代如何解决这样的问题？实践中两种解释思路背后反映的是对法律的两种认识。

2. 数字时代应对疑难案件的两种进路

人工智能的运用以提高司法效率为直接目的。[3]司法案件中，依赖简单演绎推理，寻找法律依据的案件确实占据绝大部分。但是智慧司法时代应当如何应对现实中大量存在的疑难案件，就涉及两种不同的进路及其背后的法律观：

第一种进路依赖纯粹理性，表现为寄希望于通过全知全能的设计者来预设所有的问题。这种进路的终点就是走向法典化。

---

[1] 黄舒芃：《什么是法释义学?：以二次战后德国宪法释义学的发展为借镜》，台大出版中心2020年版，第63~64页。

[2] Bruce G. Buchanan and Thomas E. Headrick, "Some Speculation about Artificial Inteligence and Legal Reasoning", *Stanford Law Review*, Vol. 23, No. 1, 1970, p. 45.

[3] 郑曦：《人工智能技术在司法裁判中的运用及规制》，载《中外法学》2020年第3期。

试图通过尽可能完整、全面、超前的立法来涵括社会生活中的全部情况。

第二种进路依赖事后权衡，表现为不相信立法的全能性，从而将希望寄托于后知后觉的经验，即依赖裁判者的个人判断和权衡，进而走向一种先例法的思路。

这两种进路背后反映的是法律观的分歧：法律到底是什么？法律和制定法是一回事吗？用法哲学的提问方式来表述就是：是否存在制定法之外的法律，更深一步就是哲学上唯名论和唯实论的争论。康德在《纯粹理性批判》的开篇说道："我们的一切知识都以经验开始，这是无可置疑的……因此在时间上，我们没有任何知识先行于经验，一切知识都从经验开始。"[1]康德哲学认为，由纯粹理性是无法得到确实的、无误的、普遍适用的、能扩充我们知识的认识的，因为悟性并无创造性的，能扩充知识的认识能力，它充其量只是认识的反射而已。事实上，无论是预先写好的法律还是预先设定的程序，都不能涵盖全部的问题。法律制定的过程无论如何完备，也不能反映法律的全貌。基于这种认识，《德国基本法》第20条规定应当遵守制定法与法律，此时将法律与制定法并列的做法，就体现出人们不仅要受到制定法，还要受到超制定法的法律的约束，这是典型的第二种进路的思维方式。在立法实践中，德国的立法者曾经试图用具体列举的方式穷尽不正当竞争的所有情形，但最终放弃了，而是选择用一般性规定（法律原则）来确定。

如果认同法律不等同于制定法，那么在智慧司法时代，也

---

[1] [德]康德：《纯粹理性批判》（注释本），李秋零译注，中国人民大学出版社2011年版，第28页。

就不可能通过预先设定全部程序的方式来弥合和消除所有的法律漏洞和分歧。德沃金最初认为歧义性和不确定性可以通过证明责任、推定和其他类似方式予以克服。晚期的著作也很少直接处理语言确定性或规则确定性的问题,转而认为最终的决定可以通过政治道德作出。[1]在智慧司法时代,大数据能够通过算法的方式解决很多问题,也可以通过类似案件类似审判的形式正义处理一些模糊问题,但是疑难案件的最终解决方式还是要依赖法官的个案裁判,因为哪些要素可以作为个别化裁判的考量因素,是机器所无法取代的。而增强法官个案裁判的个案正义之职权就成为未来智慧司法时代的必然趋势和要求。

二、智慧法院的数字化建设

荷兰学者菲特丽丝说道,如今,法律逻辑研究需要面对"两个大脑":一是"人脑",即法官、律师、检察官等法律人是如何进行法律论证的;二是"电脑",即为计算机法律专家系统中法律论证的人工智能逻辑建模。前者的逻辑基础是非形式逻辑,而后者的逻辑基础是形式逻辑。[2]智能时代人工智能已经大举侵入法律职业中,包括书记、记录、证据,甚至裁判文书的写作也在不远的将来将会代替人们的工作。实际上以交通肇事等简易程序中模板早已发挥裁判书撰写的工作。那么智能时代法官的说理就需要解决实质问题,一是法律解释中的概念

---

[1] Ronald Dworkin, *Law's Emprie*, Cambridge, Mass: Harvard University Press, 1986.

[2] [荷]伊芙琳·T. 菲特丽丝:《法律论辩导论——司法裁决辩护理论之概览》(原书第2版),武宏志、武晓蓓译,中国政法大学出版社2018年版,"总序"第4页。

厘定，二是价值判断和正义问题。

司法公正是司法的最高追求，它既要求司法过程遵循正当的法律程序，也要求司法的结果体现公平和正义的精神。从程序层面而言，智慧司法可以促进法律程序的效率化、公开化以及规范化；从实体层面而言，智慧司法有助于实现大数据背景之下的同案参照。[1]我国基于制定法国家的法律传统，法官在运用先例进行类案类判的过程中往往会受到检索、判断和分析技术的限制，然而司法大数据为类案类判提供了丰富的案例检索库，既提高了法官对类似案件的检索效率，还能将数据和数据之间的关联通过技术分析清晰呈现出来。与此同时，近两年智慧法院建设中的云计算、互联网和人工智能等多项现代科学技术都为类案检索建设提供了强大的助力。

(一) 我国司法大数据建设

司法大数据建设可以追溯至 1996 年，迄今已经有二十多年的建设历史。司法大数据建设取得了一系列成果，在既有政策、调研报告中，相关讨论已经很多了。本章主要从政策、平台、实践三个角度进行介绍。

1. 政策出台

2012 年党的十八大报告第三部分首次将信息化纳入全面建成小康社会的目标中。以此为节点，司法机关立即展开了一系列围绕人民法院信息化的改革。《人民法院信息化建设五年发展规划》尤具代表性，从 2016 年开始，该文件每年进行动态更

---

[1] 冯姣、胡铭：《智慧司法：实现司法公正的新路径及其局限》，载《浙江社会科学》2018 年第 6 期。

新,并始终对类案同判保持高度关注。2020年7月31日,最高人民法院发布的《关于深化司法责任制综合配套改革的实施意见》第9条明确要求,完善类案和新类型案件强制检索报告工作机制。2020年9月14日,最高人民法院发布的《关于完善统一法律适用标准工作机制的意见》,同样要求"九、完善类案和新类型案件强制检索报告工作机制"。除了司法改革的政策性文件,最高司法机关也制定了一些关于类案检索的适用性文件。2020年7月15日,最高人民法院发布了《类案检索意见》,对全国各级法院的类案检索工作作出了细化规定。2021年11月13日,最高人民法院发布的《实施办法》也对类案检索作出了细化规定,但属于最高人民法院内部工作办法,对全国各级法院仅具有参照意义。此外,北京、湖南、广西、青海等地方高级人民法院也分别制定了类案检索主题的司法文件。

2. 平台建设

依据最高人民法院2013年发布的《关于人民法院在互联网公布裁判文书的规定》,2014年1月1日起,除四项例外情形,全国各级法院作出的生效裁判文书均应在中国裁判文书网公布。2016年8月29日,最高人民法院《关于人民法院在互联网公布裁判文书的规定》修订版发布,第3条、第4条规定了公开的裁判文书范围,中国裁判文书网的案例数据进一步增加。除了中国裁判文书网,就类案检索而言,"法信"平台值得特别注意。"法信"平台是最高人民法院支持建设的一个司法大数据平台。2017年以来,"法信国际版""法信智答版""法信2.0智推系统"先后上线,类案检索功能不断完善。截至2021年底,"法信"平台总注册用户140万人,总访客量3660.2万人次,总浏览量3.53亿人次，共收录案例1亿余篇。[1]

依托于官方数据平台，私营数据平台也得到了长足发展。例如，北大法宝特别设有"北大法宝类案检索平台"，可供检索"民事""刑事""行政""执行"四个方面的类案。又如，"无讼"也是国内案例检索的著名平台，并特别为以律师为代表的实务法律人青睐。值得注意的是，基于私营企业的盈利倾向，这些私营数据平台不断优化自身功能、不断提升使用体验，已经成为官方数据平台之外的重要数据平台。在数据库的建设方面，呈现出如下技术性特点：

第一，提供丰富的类案检索数据。电子诉讼是智慧法院的重要建设环节，它是指诉讼的电子化、数字化和网络化，比如依托 OCR 文字识别、ASR 语音识别、NLP 自然语义处理等技术，为办案人员提供繁简自动分流、笔录智能生成、类案智能推送、文书智能纠错等审理全流程伴随式智能辅助。电子诉讼既是对互联网时代各类事实、证据数字化的回应，也是减轻了信息爆发时代的诉讼负担。最重要的是，电子诉讼通过改变当事人的诉讼参与方式而增加了公众的诉讼参与程度。由于电子诉讼具有透明性、过程的可回溯性、程序的公开性，它能够让当事人双方都便利地提供信息、查阅诉讼资料。而且电子诉讼在为当事人和法院提供诉讼便利条件的同时，也改善了法院与社会之间的关系，使得诉讼的协同性更加明显。[2]与此同时，类案检索也能够推动智慧法院内部进行信息交流。智慧法院正

---

[1] 参见陈国平、田禾主编：《中国法院信息化发展报告 No.6》(2022)，社会科学文献出版社2022年版，第30~31页。

[2] 王福华：《电子法院：由内部到外部的构建》，载《当代法学》2016年第5期。

在加快建设信息释放功能和数据流动功能,因为司法大数据若处于封闭状态,其信息化效益将难以体现,只有广泛地分享和使用司法大数据,才能更好地实现边际收益递增。例如,通过案件管理系统对诉讼及判决模式进行有效分析,对评估司法表现、合理配置司法资源、政策和制定司法规划提供依据。在更广的范围,检察机关、学者及当事人应当可以通过案件管理系统获得法院的各种政策信息和服务,打破部门制约实现信息共享。这就要求在建立电子档案系统时实现软件或系统的统一化与标准化。因此类案检索对各级法院的案件信息提出的分类整合的要求,间接促进智慧法院通过信息交换节约诉讼资源,提高了司法效率。[1]

第二,促进类案检索的算法升级。近年来,随着人工智能、大数据等科技手段的发展及其与智慧司法的融合,有些案例数据库已经具备了"类案智能检索或推送"的功能。用户可以输入待决案件的基本信息或直接上传裁判文书,来检索相关类案,也就是《类案检索意见》中所称的"案例关联检索"或"以案找案"。例如,北大法宝的类案检索平台就可以依据基本事实、争议焦点、法律适用为主要类案要素,通过智能检索实现上述功能。除前文已经介绍的基本检索功能和高级检索功能外,一些类案检索平台还具备"智能生成报告"功能,用户可在编辑框中输入案情或上传文档式文书,系统可以分析用户输入的案情智能识别案件类型、案由、审理法院、案情要素、相似案例等内容,根据系统建立的相似模型及相似系数,系统结构化展

---

[1] 王福华:《电子法院:由内部到外部的构建》,载《当代法学》2016年第5期。

示案例信息及详细案例相似度，并按照相似度排序展示。[1]

在中国这样一个超过14亿人口、省域经济社会文化差异较大、年均收案高达3000万件的超大型法域，要通过法官个人能力来实现"类案同判"几乎是一件不可完成的工作。然而借助司法大数据和司法人工智能的建设，人工智能可以在不断学习海量数据的过程中对事先输入的规则或者说目标提出更加精准、有效的算法辅助个案裁判。而类案数据库平台也在不断升级迭代，其功能日益丰富。相较于司法程序智能化的"电子法院"建设，类案数据库平台更有助于在实体裁判过程中发挥重要作用，其不仅提升了司法公开度与审判效率，而且降低了司法成本。可以预见到，随着智慧法院的不断建设，个案裁判和类案类判之间的紧张关系将可能化解为不断互相接近的一种共识性的裁判结论。而且类案数据库平台正在借助科技手段，一定程度上突破人类大脑载体对司法经验和知识的垄断，使得司法经验能够以数字存储设备和互联网数据库为媒介，更为高效地在法律职业共同体内部传播，真正让人民群众在当下以及未来的每个司法案件中都能感受到公平正义。

3. 司法大数据实践

从2016年最高人民法院提出建设"智慧法院"开始，地方法院不断有优秀案例产生。这些案例代表了司法大数据建设在实践上的成果，并对其他地方甚至全国相关工作的开展具有借鉴意义。2016年，江苏省高级人民法院指导建立了本省综合检索分析系统，具有"智能检索功能"和"智能分析功能"，为

---

[1] 刘树德、孙海波主编：《类案检索实用指南》，北京大学出版社2021年版，第137页。

类案检索作出了重要探索。[1]2017 年，北京"睿法官"系统取得了大量关注。"睿法官"系统建设坚持"统一裁判尺度，规范办案流程"的宗旨，也为类案检索及其运用作出了探索性贡献。[2]2018 年，"上海民商事、行政案件智能辅助办案系统"具有"法条类案推送""裁判结果预判断""裁判偏离度提示"功能，并在裁判偏离度分析上取得了重要进展，以机动车交通事故责任纠纷类型案件为例，总结出 23 类偏离度分析模型、110 个子模型。[3]2020 年，重庆法院"易审""法智云中心"系统获得了广泛关注。"易审"系统将类案智能推送作为重要功能，"法智云中心"系统集合了重庆市三级法院承办案件的电子档案，便于检索与参考。[4]2021 年，江西法院"数脑创新"建设取得了重要进展，其中"法官 e 助理"系统的要素式推送服务升级更新，提高了类案检索的效率。[5]同样在 2021 年，广州互联网法院的智审系统引发关注，该系统以"T"字为模型搭建检索框架，横向上自动关联本院既判案件，纵向上对接裁判文

---

[1] 李林、田禾主编：《中国法院信息化发展报告 No.1》（2017），社会科学文献出版社 2017 年版，第 101~113 页。

[2] 李林、田禾主编：《中国法院信息化发展报告 No.2》（2018），社会科学文献出版社 2018 年版，第 337~350 页。

[3] 陈甦、田禾主编：《中国法院信息化发展报告 No.3》（2019），社会科学文献出版社 2019 年版，第 135~150 页。

[4] 参见重庆市高级人民法院课题组：《重庆智慧法院新生态让人民群众成为最大受益者》，载孙福辉主编：《智慧法院优秀案例选编》，人民法院出版社 2021 年版，第 562~572 页。

[5] 陈国平、田禾主编：《中国法院信息化发展报告 No.6》（2022），社会科学文献出版社 2022 年版，第 130~146 页。

书公开数据库,提供类案推送。[1]还值得注意的是2021年河南省高级人民法院"智慧画像"系统,该系统目前用于提升工作效率等审判管理工作,但设若再进一步地结合类案检索及其运用,围绕特定法官之裁判的"法官画像"有可能产生。[2]

(二)数字化建设的未来方向

未来,司法大数据的建设将围绕以下方面展开:

第一,类案检索平台的整合与建设。在司法大数据建设初期,出于技术试点等需要,类案检索平台的检索较为分散。随着平台建设的技术成熟且逐渐趋同,几个官方和较有影响力的商业数据库慢慢垄断了数据平台,司法大数据的建设逐渐走向整合与统一。整合后能够有效促进数据标准的统一,都有助于提升数据质量。这些工作在类案检索平台统一后更方便展开。而且在使用体验方面能够有所提升。实践中,各种类案检索平台首页界面、登录账号、检索方法等各异,给法官的使用体验造成了很大影响。整合类案检索平台并专门改善使用体验,很有助于法官们接受这种新技术。

第二,加快核心算法技术的升级。探索公正合理的数据处理算法和透明节制的数据边界。一方面是由于数据来源的冗杂性,具有法律法规、规范性文件制定权的部门太多,具有案件审判权的各级法院也是遍地开花。法律法规和已决案例的公布分散在不同的网站中,不便于法官开展全面的、有体系的检索

---

〔1〕 陈国平、田禾主编:《中国法院信息化发展报告No.6》(2022),社会科学文献出版社2022年版,第207~223页。

〔2〕 陈国平、田禾主编:《中国法院信息化发展报告No.6》(2022),社会科学文献出版社2022年版,第267~281页。

工作。另一方面是因为数据的呈现平台比较驳杂,司法资源库的建设必须和官方机构合作以保证数据的时效性和准确性,如果是一些高校法学院或法律组织等机构组建的数据库,是很难达到法院进行类案检索的权威性要求的。此外,未来智慧法院在类案检索方向的发展上还应当聚焦于探索类案裁判智能化。

第三,类案界定要素的专业化。人工智能匹配类似案件,依据的是相似要素。如何确定相似要素显然具有很强专业性,必须法律专业工作人员,最好是一线法官的亲自参与。例如2019年,浙江省首批智能化项目试点法院之一,上城区基层人民法院抽调五名一线法官与多家科技公司共同进行研发,推出了"凤凰金融智审"系统与AI法官助理"小智"。[1]类案界定要素的确定不可能完全委托科技公司,法院不能仅仅消极地希望购买技术系统,法律专业工作人员需要深度参与类案界定工作。

第四,类案界定过程公开化。类案界定过程主要是算法的运作过程,而界定类案的算法应当强制公开。一方面原因在于私营企业的盈利倾向。在人工智能时代,算法可谓核心的商业秘密之一。对于底层算法的核心部分,除开源软件外,企业通常将其纳入技术秘密的范畴,需要警惕资本的牟利倾向。有学者指出,基于愈发方便的技术和对决策风险的规避,以及科技公司对技术的垄断,司法机关容易走向技术依赖。[2]在基本立场上,司法机关是公正裁判,代表国家解决纠纷;私营企业是盈利最大化,与司法机关合作的需要从属于盈利最大化的需要。

---

[1] 陈国平、田禾主编:《中国法院信息化发展报告 No.6》(2022),社会科学文献出版社2022年版,第228~229页。

[2] 参见张凌寒:《智慧司法中技术依赖的隐忧及应对》,载《法制与社会发展》2022年第4期。

因此，私营企业容易通过案例等数据进行一些司法机关并不希望的活动，对此需要保持警惕。基于私营企业的盈利倾向，只要类案检索技术的开发设计还要委托不同的技术公司，它们存在竞争关系，一般都希望对核心算法严加保密。而司法裁判对于决策透明性的要求特别高，这不仅是因为将直接影响当事人的权利、义务，也是司法责任制改革的必然要求。权衡两者，应当强制私营企业公开用于界定类案的算法。[1]另一方面，算法本身的技术特性需要接受批评。算法确定相似性的一般方式是，首先建立要素间的关联关系，然后统计要素的出现频率，出现频率达到一定程度则具有相似性。显然，这是一种数理形式的途径，也是技术中立性的集中表现。然而，法官比较相似性的一般方式是，综合地比较法律知识、道德情感、生活经验。[2]通过算法界定类案固然是可取的，但是界定过程应当公开。如果法官、律师、专家辅助人等认为类案界定过程存在问题，可以经过论证，质疑算法的相似性界定结论。

近几年各地法院都在积极探索建设智能化裁判辅助系统，不论是民事案件中的简易案件类型化审理、刑事案件中的审判偏离度预警，还是关联法条、类型案件的智能检索、智能推送，都试图在不同方向上为人工智能在司法领域的应用寻找突破点。从目前的实践经验与前沿成果看，以"知识图谱+AI 算法"开发的法律人工智能仍将是主流技术路线，即在深挖司法大数据的基础上，结合人工智能技术，基于法律知识图谱，辅助法官

---

[1] 陈甦、田禾主编：《中国法院信息化发展报告 No.5》（2021），社会科学文献出版社 2021 年版，第 109~110 页。

[2] 参见魏斌：《智慧司法的法理反思与应对》，载《政治与法律》2021 年第 8 期。

快速进行案情梳理、精准推送类案法条、预警审判偏离度、自动生成裁判文书、智能辅助规范量刑,为法官办案提供全方位的智能化辅助。也就是说,司法人工智能技术应以裁判规则相对简单清晰的类型化纠纷为主攻方向,由法官总结梳理该类纠纷的所有裁判规则,形成最小颗粒度的知识图谱,并由算法专家根据业务场景选择算法模型和编制代码,使其具有分析案卷材料、庭审实时归纳争议焦点、同步生成裁判文书等功能,辅助案件当庭宣判、当庭送达、当庭归档,实现司法效率和司法公正的有机统一。[1]

(三)类案检索的信息化挑战

尽管技术中立是一点重要优势,但是仅仅逻辑与数理无法胜任司法的职责。道德与价值判断、生活经验、后果考量,这些都是司法公正的必然要求。在司法裁判中对信息量与处理速度的过度追求,可能还会带来裁判过程中的信息过载、司法决策权力让渡给算法决策系统、司法机关过度依赖技术公司等一系列问题。这些新问题对现有司法制度中的正当程序、权力专属原则等提出了挑战,也就是智慧法院建设中与类案检索相关的"数字化"挑战。

1. 案例公开的风险

类案检索的主体包括法官、公诉机关,也包括当事人、律师等私主体。案例公开是类案检索的前提。案例公开可能带来两方面的风险,在制度设计、上传信息时需要予以考虑。一是

---

[1] 李占国:《"全域数字法院"的构建与实现》,载《中外法学》2022年第1期。

个人信息保护。大数据极易导致对公众隐私的侵入。虽然类案检索制度维护了司法公开的要求，但也在智能技术的帮助下渐渐越过了社会利益和公众隐私之间的边界线。实际上，在网络治理问题中民众对于数据的隐私保护问题的关注甚至高于对网络犯罪的关注。数据显示，涉及国家秘密、商业秘密和个人隐私等的案件数量在案件总量中占比很小，对此类型的案件进行非智能化的处理，并不会对现行司法系统造成过大的压力。[1]目前针对互联网公布裁判文书这一问题，最高人民法院要求公布时应当删除当事人的基本信息，但仅对特定案件或特定人群（例如家事继承案件、刑事被害人、未成年人及法定代理人）要求进行隐名处理。裁判文书选择性上网以及未来是否有必要扩大隐名处理的案件范围这两个问题，都值得进一步探讨。随着个人信息愈发受到重视，相关权利保护力度不断加大、范围不断扩展，案例公开愈发需要思考个人信息保护的问题。二是保护其他信息的需要。重庆法院在司法大数据建设中遇到了这样的困难，"数智说"系统对于盗窃案件的发生地点进行分析后，形成了不同区县的热力图。热力图在法院内部公开时就有部门提出，该分析结论可能引起发生频率高的区县关注甚至异议。[2]不仅个人信息需要保护，也有保护其他信息的需要，这在实务中是必须考虑的。

2. 对平等权的威胁

案例制度的初衷和最终目的是实现平等，但是在案例制度

---

[1] 冯姣、胡铭：《智慧司法：实现司法公正的新路径及其局限》，载《浙江社会科学》2018年第6期。

[2] 陈甦、田禾主编：《中国法院信息化发展报告No.4》（2020），社会科学文献出版社2020年版，第295页。

的发展过程中，由于发展速度的不均衡，很有可能造成由于能力、资源不同带来的实际上的不平等。一方面是保障特定群体权益。类案检索的主体包括当事人，并且必须依赖互联网。第48次《中国互联网络发展状况统计报告》指出，截至2021年6月，50岁以上网民占比为28%，较2020年6月增长5.2%。考虑到我国的实际，这个比重将来会不断扩大。如果在一起具体纠纷中，一方当事人不熟悉案例检索，对另一方当事人而言案例检索却很容易，前者在提出类案生效判决作为论据上就会比较困难。此外，就目前情况来看，律师的业务水平包括信息化程度有所差异，需要重视保障特定群体权益，类案检索可能损害公民诉讼方面的平等权。另一方面，地域间智能检索资源分布不均。我国现有的司法模式是智慧法院建设和传统法院并存的状态，绝大多数欠发达地区的法院仍停留在传统纸质办案阶段，智能司法的数据量也严重不足，还不足以引发大数据的质变效应。案例制度发展中的不均衡现象导致检索系统尚不完善的地区需要冲破建制化基础上的信息壁垒，促进条块分割、自我封闭的信息孤岛逐渐联通。与之相对应，检索系统极度发达的地区需要放缓脚步审查技术应用是否偏离正常运行轨道。

3. 依据类案建立"法官画像"导致投机

我国已经有通过大数据建立法官"智慧画像"的地方实践。尽管目前用于审判管理而非决策，主要旨在提升工作效率，但设若再进一步地结合类案检索及其运用，围绕特定法官之裁判的"法官画像"有可能产生。2019年3月23日，法国立法机关颁布了2019-222号法律（我国学者称之为《司法改革法》），该法第33条第3款被称为司法大数据的"禁令条款"，在世界范围内引发了广泛关注与讨论。具体来说,"禁令条款"禁止基于对特定法官的大数据分析,以判断该法官:其判决与整个司法系统之类似案件的一致性情况,其判决是否有某些一以贯之的标准,其判决是否符合现行法律的规定,其尚未办结的案件可能如何判决。[1]综合考虑该法的立法理由与我国的社会背景,本书认为,如果建立类似"法官画像"并向社会公开,可能造成一些不利的社会后果。例如,原告的目的不限于寻求救济,而是投机地挑选法院起诉;法院为吸引或减少案件,刻意重判或轻判;公众认为司法裁判仅仅是数据分析,进而削减司法权威;法官为避免与在先判决不一致,失于保障个案正义;法官顾虑数据表现而调整判决,失于独立裁判。

4. 司法裁判的主体性

技术伦理问题在智慧司法变革中,人(司法机关)与技术的关系逐渐从技术辅助走向技术主导,进而存在滑向技术依赖的隐忧。这种依赖关系也带来对权力专属原则存疑、质量技术标准缺失、责任链条分配存在困境等挑战。相对应地,技术在智慧司法的3.0阶段主要通过三种方式影响了司法系统:支持、取代与重塑。在支持层面上,技术为司法实践提供了信息与便利性支持;在取代层面上,技术可以部分取代由人类执行的功能和活动;在重塑层面上,技术可以改变法官的工作方式,提供与以往不同的司法保障,革新司法流程和提供预测性分析,甚至在某些司法场景中重塑法官的决策。智能司法还可能导致司法活动逐渐自动化、智能化,以"算法+数据"为基础的人工

---

[1] 参见王禄生:《司法大数据应用的法理冲突与价值平衡——从法国司法大数据禁令展开》,载《比较法研究》2020年第2期。

第八章 面向未来：数字时代以案说理如何走向深处

智能将与法官等自然人主体共同完成部分甚至全部的裁判过程。因此需要对基础理论体系中的主体和责任分配进行重新思考，如何证明法官已尽全面检索案例的义务，假设有算法识别不出的案例特征导致了类案检索的结果有误，法官判决未经充分裁量是否产生相应的司法责任，而该责任又应当如何分配。其中涉及多重因素，从法官的裁量权到算法的可解释性，从司法权力运行监督制约到算法公开等，需要通过场景化规制来实现"负责任的智能裁判"这一目标。[1]

司法智能技术目前还主要停留在辅助法官裁判的阶段，但从其对法官或书记员工作的"1%"的替代开始，人类司法就注定进入了人工智能体参与司法过程的全新时代，这是一个质的变化。除了上文对传统理论中的裁判主体和责任分配的挑战，值得进一步思考的问题还包括法律人工智能给司法制度带来的变化。以金融借款纠纷为例，前期需要法官根据法律法规、典型案例、主流学说与审判实务，绘制该类案件的最小颗粒度的详尽裁判规则图谱，结合人工智能算法形成机器可以执行的代码。在案件审判过程中，通过文字识别将当事人提交的起诉书、答辩状、证据材料中的事实要素提取出来，自动选择具体裁判规则进行分析推理，结合庭审中双方辩论意见归纳争议焦点，最终得出判决结果并生成完整文书。此类智能化已经涉足司法的最核心事务，即事实认定与法律适用，因此也必然会带来司法伦理与理论范式的根本性变革。这些问题也提示司法人员在使用人工智能技术的同时要警惕人的主观能动性的滑坡，要始

---

[1] 李占国：《"全域数字法院"的构建与实现》，载《中外法学》2022年第1期。

终保持对司法公正的信念感和使命感。

《人民法院信息化建设五年发展规划（2019—2023）》提出要"探索类脑智能推理等新技术应用"。最高人民法院提出，要建设基于大数据智能服务的审判支持系统，实现"部分法院基于人工智能、虚拟现实，完善审判支持系统，实现审判支持精准化、高效化"。某种程度上，这些也是我国智慧司法建设的重要目标的一部分，而且此类决策系统的应用并非遥远的未来。目前全国各地的实践中，四川省高级人民法院主导开发了道路交通事故纠纷要素式审判信息系统，通过该系统对道路交通事故案件进行要素分类整理，包括庭审笔录信息的抓取和自动识别、统一裁判规则、一键计算损失数额、自动生成裁判文书等。浙江省高级人民法院组织研发的"凤凰金融智审"系统实现了对金融借贷和民间借贷案件的智能化审判。对于案件数量较大的简易案件，例如道路交通纠纷、金融借贷和民间借贷案件等，法院或可在人工智能技术的辅助下实现类案同判。[1]然而其中也存在着一定的技术伦理风险，假如技术公司深度介入法院的平台建设，可能会导致智能裁判背后隐藏着技术公司参与审判的隐形权力。以杭州互联网法院的成立与运行为例，其技术保障来自阿里巴巴公司的提供，网上诉讼平台是在阿里的技术帮助下建立起来，甚至其管辖范围也主要是阿里名下的纠纷，以至于有人认为杭州互联网法院就是为阿里开设的法院。这种观点较为形象地诠释了人们对于强大技术支撑下司法公正的担忧——

---

[1] 张凌寒：《智慧司法中技术依赖的隐忧及应对》，载《法制与社会发展》2022年第4期。

第八章　面向未来：数字时代以案说理如何走向深处

法院是否会受到技术和商业的牵制或是俘虏？[1]肯定的一点是，智慧法院的建设应当超然于商业技术公司，否则司法的公正性和公信力将无从保障。

总之，《人民法院信息化建设五年发展规划（2021—2025）》明确了智慧法院建设的指导思想、发展目标和具体任务，为人民法院未来五年的信息化建设描绘了宏伟蓝图；《智慧法院建设评价指标体系（2022年版）》让智慧法院建设有了国家标准，为实现"智能化、协同化、泛在化"建设奠定了坚实基础。司法如何面对大数据、云计算和人工智能等技术革新，这是一个时代命题。我国法院信息化建设方兴未艾，正以其鲜明的中国特色引领智慧法院建设的世界潮流，为国际社会提供司法现代化的中国智慧与中国方案。追求正义的司法本质决定了技术是手段，公正是目的。从若干年前的电子商务法庭，到目前的智慧法院和电子诉讼，我国的司法系统始终都充分表达出直面技术变化、社会变化而勇于驾驭变化的态度与能力。智慧法院建设并非只是对法院传统办公办案工具的更新升级，而是对法院形态的一次有力重塑，触及法官思维转变、诉讼制度再造、法院结构调整等一系列深层次问题，需要法律人重新审视法院、法官、公众之间的关系。因此在当前的司法改革背景下，互联网法院的试点并不是机械被动地应对技术革新带来的诉讼变化，而是传统司法积极应对挑战，尝试引入符合司法规律的新技术，并不断探索如何运用技术有效解放和发展司法生产力，促进新时代程序正义、实体正义的实现。

---

[1] 洪冬英：《司法如何面向"互联网+"与人工智能等技术革新》，载《法学》2018年第11期。

三、在形式正义的意义上赋能类案说理：数据的获得更加容易

（一）演绎推理中说理依据无限膨胀

在过去，法官依职权裁判的表现之一就是法官只需要掌握裁判依据就已经足够，甚至在实践中法官往往是依赖当事人双方提出的法律依据进行裁判，不必主动检索法律规定。换言之，前数字时代的司法逻辑默认法官不可能悉数了解所有的正式和非正式法律渊源。但这一情况在如今已经发生了根本性的变化。截至2023年10月，我国现行有效法律299部[1]，行政法规和各类规章更是成千上万，在司法平台上，这些裁判依据都能悉数找到。今时今日，大数据和高科技时代来临，最突出的特点就是数据爆炸，而芯片技术的发展使得人工智能司法能够负担得起这种数据量的激增，使得法官需要接触和处理的材料越来越多，法官主动寻找裁判依据甚至说理依据成为可能。除此之外，还有类案、学理等大量的说理依据需要法官掌握。不同于裁判依据，说理依据是实现说理效果的重要素材，包括案例、学说、天理、人情、习俗等，是个性化说理的重要依据。而说理中选取哪些依据，如何赋予权重，必须由个人来决定。

用大数据可以实现裁判结果的趋同和辐合，但是也会构筑信息茧房。对信息的收集数量与处理速度的追求是智慧司法建设的驱动力量，这隐含了"信息越多越好""技术越先进越好"

---

[1]《现行有效法律目录（299件）》，载http://www.npc.gov.cn/npc/c2/c30834/202311/t20231102_432724.html，最后访问日期：2023年11月22日。

"系统越全面越好"的前提假设。[1]数字化时代的先例使用就指向这一问题:司法数据的多少、搜集整理的能力,是很重要的部分。不仅对律师的依赖越来越高,而且对当事人和法官的要求也越来越高。

从本质上看,法律人工智能兴起并未创造出一种性质上迥异的法律推理,[2]而演绎推理中大前提的急剧增加,势必会给法律人的推理工作带来颠覆性的变化和困难。如何兼顾更多的裁判依据和说理依据,如何在相冲突的依据之间做出选择,究竟是设定一定的参数用解释准据位阶和法律冲突规则一并处理,还是由法官针对个案来判断,将牵涉一系列法律哲学和司法伦理问题。

(二) 类比推理中全样本研究成为可能

正义包含平等的正义和实质的正义。所谓平等的正义偏重同等事务相同处理;实质的正义强调事理上的正义。[3]先例法国家的法官极度推崇先例在平等正义和效率方面的优势:因为遵循往日的决定,不仅使我们从过去经验中获益匪浅,而且减轻了在每出现一件新事物时需思量再三的负担。波洛克也指出,法律要根据人民、议会以及法官迫切的实际需要进行不断重述,重要的是,他们更愿意选择通过重述旧的裁

---

[1] 张凌寒:《智慧司法中技术依赖的隐忧及应对》,载《法制与社会发展》2022年第4期。
[2] 雷磊、王品:《法律人工智能背景下的法律推理:性质与特征》,载《武汉科技大学学报(社会科学版)》2022年第5期。
[3] [德] 卡尔·拉伦茨:《法学方法论》(全本·第6版),黄家镇译,商务印书馆2020年版,第211页。Pawlowski, Hans-Martin, Methodenlehre für Juristen: Theorie der Norm und des Gesetzes: ein Lehrbuch, Heidelberg: Müller, 1981, Rn. 345.

判,而不是通过对每个出现的情况的理性估量来创造新的裁判这种方式。[1]

　　加强司法案例应用在我国已经成为学界和实务界的共识,在司法裁判的过程中加强类案的检索和运用,有利于实现类案类判、统一法律适用和裁判尺度。从程序层面而言,智慧司法可以通过类似案件类似审判的方式促进法律程序的效率化、公开化以及规范化;从实体层面而言,智慧司法有助于实现大数据背景之下的同案参照。[2]过去,由于受制定法传统影响,我国法官在运用先例进行类案类判的过程中常常会受到检索、判断和分析技术的限制。然而近两年智慧法院建设中的云计算、互联网和人工智能等多项现代科学技术都为类案检索建设提供了强大的助力。就如裁判依据和说理依据的爆炸性增长一样,司法大数据也为类案类判提供了丰富的案例检索库,不仅提高了法官对类似案件的检索效率,还能将数据和数据之间的关联通过技术分析清晰呈现出来。可以说,伴随着类案检索机制的发展,大数据的加持使得对案例研究的几乎全样本研究都成为可能。但是裁判说理时如何从浩如烟海的司法案例中对类似案件进行选取和说理,却在考验法律人的智慧。在司法实践中,已有裁判文书在说理部分涉及对类案的运用,但是由于理论的缺失和实践经验的不足,导致这些裁判文书说理的质量参差不齐,其中类案在判决中所发挥的作用也大小各异。

---

　　[1] Pocock, Burke and the Ancient Constitution, 137.
　　[2] 冯姣、胡铭:《智慧司法:实现司法公正的新路径及其局限》,载《浙江社会科学》2018年第6期。

四、在实质正义的意义上解构类案说理：价值判断的理性化与客观化

考夫曼说，一个走向判决的电脑是可能的，但是此时所产生的法律是另外一种"法律"，与法官通过判决所说出来的法律是不同的："法律"在平等原则中被机械地操纵，绝对没有考虑到具体及历史的情境及个别性，一个瞎眼者的漫画图像，一个没有看到"个别个人"的正义女神，一个没有历史及非个人的法律。[1]机器人法官之所以无法代替传统法官，其原因在于裁判说理的过程需要包含逻辑推演和价值判断两个部分，其中涵摄的过程、法律解释的过程、政治道德的融贯，都需要价值判断。人工智能的变革加速了法律代码化的设想，部分实践导致公正和效率价值的失衡。[2]其中价值的引入、价值的位阶、具体化中各种动态要素的权重等问题，数字司法时代带来的方法困难是更加深刻和颠覆性的。具体表现为以下几个方面：

（一）解释位阶的排序难题

在欧洲大陆法典化刚刚兴起之时，萨维尼就提出了文义、目的、体系、逻辑的四种解释方法。但是随着人们对法条主义的进一步认识和反思，拉伦茨、考夫曼以及默勒斯等越来越多的法学家认识到了解释方法的多样性和多变性。在前数字时代，有经验的法官往往是在个案中融贯地选择解释方法并且进行综合使用。因为不同的解释方法会得出截然相反的解释结论，因

---

[1] [德]阿图尔·考夫曼：《法律哲学》（第2版），刘幸义等译，法律出版社2011年版，第143页。

[2] 魏斌：《智慧司法的法理反思与应对》，载《政治与法律》2021年第8期。

此，解释方法之间的位阶如何设定就会成为首要问题。将不同解释方法应用于数字司法中，就需要对位阶进行设定和赋值。

（二）赋值的依据难以证成

未来的数据时代，我们如何应对"算法利维坦"？无论是立法还是司法环节，在对法律规范的含义进行具体化的过程中，都需要对其中具体的要素进行提前设定。在德国，对于每一条款可能涉及的主要问题，是用"（法律）评注"（Kommentar）呈现的。这些提前设定是基于大量司法裁判，而且涵盖的领域是极其广泛和细致的，譬如对重婚罪的法律评注可以细化到对于涉外领域重婚行为的管辖问题；[1]而背信罪的法律评注更是涉及的具体每种情形如何裁判，等等。在智慧司法体系中，司法决策逐渐成为人机共同作出的混合决策。[2]但是在中国，缺少系统和成熟的法律评注预设这些条件的情况下，想要将裁判推向数字司法就需要法官和技术人员提前对可能的情形进行一种预设并赋值。譬如默勒斯教授举的动态平衡法中，通过把扫雪不及时引发他人滑倒中可能涉及的四种要素进行分列讨论，并进行动态平衡和比较，但前提是扫雪中可能涉及的具体要素是较少的。但真正的实践中法律的要素是变化万千的，以刑事案件中出现频次较低、法律规定较为明确的重婚罪为例，我国《刑法》第258条的规定："有配偶而重婚的，或者明知他人有配偶而与之结婚的，处2年以下有期徒刑或者拘役。"法律的规

---

[1] Stefan Wiedner, Leipziger Kommentar StGB Online, Band. 9, Aufl. 13, De Gruyter, 2021, §172, Rdn. 1.

[2] 张凌寒：《智慧司法中技术依赖的隐忧及应对》，载《法制与社会发展》2022年第4期。

第八章 面向未来：数字时代以案说理如何走向深处

定很简洁和明确。但是何为重婚？除了重复进行婚姻登记，举行婚礼是否构成重婚？是否还存在"以夫妻名义共同生活"的事实型婚姻？哪些证据是可以用来证成这种"名义"？在视频中互称老公老婆是否构成重婚的定罪证据？还是说必须以足够造成他人的误解为要求，那么这种误解又怎么证明？如果一位男士在另一位与他有长期同居关系的女士手术单上以家属身份签名，是否构成足以使他人误解双方的夫妻关系？如果双方举办了结婚仪式但是没有进行婚姻登记是否算作结婚？共同抚养子女是不是充分的判断标准？如果双方是否育有孩子尚不是决定性的要素，那么是否构成相对值得参考的要素？可以说，一个看似极为简单的法律概念，在真实生活中都有极多的变化，从而构成法律分歧，需要裁判者仔细推敲并且在说理中有所回答。法官价值判断对司法裁判具有构成性意义。

理论上可以通过对不同的价值规范设定不同的情景参数来进行智慧决策。但是这就涉及对价值的赋值问题。英美法理论中对价值不可通约性多有探讨。在价值的不可通约性之下有两种主流观点：一是不可通约的对象不能被单一的价值刻度所精确衡量；二是如果不存在据以衡量两个对象的统一价值单位，它们就是不可比较的。[1]因此，设定参数的主体、标准是对法哲学既有问题的挑战。此外，即便价值可以通约，预设所有判断的标准也是要以牺牲对新问题、新情况的灵活调整为代价。如果法律只是维护既有秩序，那么或许可以通过预设的方式实

---

[1] [美]张美露：《〈不可比较、不可通约与实践理性〉导论》，于婷译，载郑永流主编：《法哲学与法社会学论丛》（2018年卷·总第23卷），商务印书馆2021年版，第120~156页。

现。但社会生活是不断发生改变的，政治思潮的变化、科技的进步、社会理念的创新都是线性发展的，如果用新理念、新价值引领社会发展，则参数就是无法提前预设的。

（三）类似案件不同点的处理

正义的核心是平等，但这也意味着平等明显不是正义的全部。[1]在实践中需要衡平作为实现个案正义的补充手段，否则"法律"就可能在平等原则中将被机械地操纵。因此，尽管"同案同判"辅助是司法实务部门最为关注和最抱有期待的应用，也是最能够发挥机器学习和司法大数据挖掘能力的应用，但先例绝不是法律的终极渊源。芒罗·史密斯认为："先例法的规则和原则从来也没有被当作终极真理，而只是作为可资用的假说，它们在那些重大的法律实验室——司法法院中被不断地重复检验。"[2]就像英国法学家尼尔·达克斯伯里质疑类似情景是否必须类似处理时所举的例子：当我的大女儿在11岁获得手机作为生日礼物时，小女儿就必须也要获得手机吗？如果我拒绝小女儿的理由是大女儿当时的表现证明11岁的孩子并不能成为一个负责任的手机使用者，那么还应当类似处理吗？我的实质理由和小女儿基于类似案件类似处理的理由又当如何协调呢？以及期刊又是否经常以近期发表过同一话题的稿子而拒绝新的投稿呢？[3]

更为现实的理由在于，类似案件类似审判是司法公正的基

---

[1] [德]阿图尔·考夫曼：《法律哲学》（第2版），刘幸义等译，法律出版社2011年版，第175页。

[2] [美]本杰明·卡多佐：《司法过程的性质》，苏力译，商务印书馆1998年版，第14页。

[3] Neil Duxbury, *The Nature and Authority of Precedents*, Cambridge University Press, 2008, pp. 3, 172.

本要求，但是如何做到类似审判却构成了司法实践中一项巨大的挑战。自类案机制产生起，其背后就隐藏着一种理论预设：找到类似案件，就等于找到了"正确且唯一"的答案。然而，在实践中，并非只有错案才会造成审判结果的不一致，对法律的不同理解也会形成不同的法律意见，这就导致类案检索的结果往往并不唯一。而类案之间彼此冲突，恰恰是实现类案类判最主要的现实障碍。[1]在奉行遵循先例的普通法国家，人们都已经意识到许多曾经是"未公开"的先例现在已经以电子方式提供，这一事实本身就产生了问题，特别是因为在数据库使律师能够很容易地就几乎任何法律问题提出相互对立的、几乎同等可信的先前裁判时，确定什么才是权威性的先例可能会特别困难。[2]

人工智能识别"同案"的方法是利用机器学习和自然语言处理技术，采用由监督学习来训练"同案同判"预测模型，从包含先例数据的裁判文书等法律文本当中抽取文本描述信息，然后再应用这些信息去预测新案例的结果，从而达到"举一反三"的效果。[3]目前各种类案检索平台中案例虽多，但多数是重复的简单案件，而法官真正需要的通常是少数关键案例。在大量检索结果中进行筛选需要很多时间。基于愈发方便的技术和对决策风险的规避，以及科技公司对技术的垄断，司法机关容易走向技术依赖。[4]司法机关的基本立场是公正裁判，代表

---

[1] 高尚：《司法类案的冲突及解决》，载《北方法学》2023年第5期。
[2] Susan W. Brenner, *Precedent Inflation*, New Brunswick, NJ: Transaction, 1992, pp. 175-312.
[3] 魏斌：《智慧司法的法理反思与应对》，载《政治与法律》2021年第8期。
[4] 张凌寒：《智慧司法中技术依赖的隐忧及应对》，载《法制与社会发展》2022年第4期。

国家解决纠纷，而私营企业追逐盈利最大化，与司法机关合作的需要从属于盈利最大化的需要。因此，从方法论视角需要警惕个案的特异性被忽略。

由此导出的问题就是，智慧司法时代的目标是降低复杂性，但是这种复杂性是否真的降低了？依托大数据的类案制度在对法律人进行松绑的同时，赋予了我们更重大的职责和使命。

结 语
向青草更青处漫溯

案例的背后，承载的是一代又一代人渴望被平等对待的法治理想。回首来路，从古早时期司法判决不能被公开发布，到案例逐步被收入各类纸媒供人们翻阅和参考，到类似案件不同对待时给法官施加各式各样的说理义务，再到新千年后如火如荼地开展司法大数据建设，直到在可以想见的未来人工智能和大数据的碰撞后算法以一种更超越我们理解和掌控的方式实现"完美"的类案参照，"青草更青处"已经可以预见和期待。

但是更深的焦虑在困扰着我们：正如 AlphaGo 似乎已经毁掉了围棋这一古老游戏，人类那些所谓艺术、所谓模糊的美感大多数都来源于无知。当我们用 AI 穷尽一切可能之后，虽然借助 AI 我们不再无知，但是事情也就变得索然无味起来。法律人似乎也隐约感觉到自己的工作即将被人工智能全部接管。法律推理以及论证是不是人类独享的办法？程序设计者是否不小心扮演了立法者或者司法者的角色？信息茧房是否存在？法官又当对裁判中各项事实要素的赋值如何说理？谁能对抗算法黑箱和算法利维坦……数据化一切的背后，意味着公正也会被代码体现为合法/不法的正负二值逻辑解构。[1]事实上，大数据在形式意义上赋能了说理，因为提供了更多的说理和裁判的依据以及样本参考，但是在实质意义上可能会解构传统司法的一切。

带着这样一种使人无限怅惘又略带悲情的矛盾认识，本书清楚知道：作为处在制度生发过程中的作品，本书的很多理解和想象都具有局限性，这种局限性是历史时代和个人眼光所共同决定的，它们必然会被实践中进一步生发的规范和经验所印证抑或推翻。但即便如此，笔者仍然希望它能够肩负起一部处在变革与过渡时期作品的责任：在面向未来的同时，关注这种过渡的诸多尝试，也为将案例能够合乎理性地融入法官说理作出一些思考和贡献。基于此，本书尝试提出以下四项推进裁判说理中对类案运用之方法的研究结论，以就教于实践和理论研究的诸大方之家：

第一，对于当事人提出类案要求参照裁判的，法院基于说理义务无论参照与否都应当做出明确回应并落实于文本。出于实现同案同判的需要和加强裁判文书说理性的目的，法官应当对当事人提出的类案进行回应，这种回应须是切实体现在裁判文书当中的、明文记载的判断和说理，且与最终是否决定予以参照无关。考虑到法官的现实工作量和司法裁判的整体效率，目前仅就指导性案例的参照与回应做出了强制性要求，但在实践中，指导性案例所能覆盖的类案范围是有限的，可是当事人往往以自利性为标准而非以案例等级为第一标准选取、主张类案。二者间的冲突也导致了司法实践中当事人"类案类判"主张回应率低的现象，因此对法院参照与否、回应与否、说明与

---

[1] 陈征楠：《法律价值的系统论格局》，载《中国法学》2022年第2期。

否提出更加具体的要求具有必要性。

第二，对于回应说理的详尽程度，可以根据类案的效力高低采取差别化限制，但都应以说理逻辑的完整性作为基本要求。要想将类案作为裁判说理的依据，应对类案的判断、采纳以及类案对本案判决结果的影响均进行必要的说明，将对"所涉在先案例是否属于本案类案""是否决定参照类案""类案裁判要旨及其与本案判决的关联"等问题的回答及其理由均通过裁判文书的文字予以落实。

第三，在实践中总结围绕案例展开说理的技巧和可行的标准化模式，并在法官内部推广学习。司法裁判是一种高度依赖经验的法律活动，其中有很多难以被步骤化、标准化的思维过程，而围绕类案作为裁判说理依据机制的探讨，一个重要的目的就是为了将这些思维过程落实到裁判文书文本的说理表达当中，承载裁判经验的案例能在二者之间实现平衡。

第四，探索案例的类别和对应的适用方式。类似案件类似审判是司法公正的基本要求，但如何做到类似审判却构成了司法实践中一项巨大的挑战。自类案机制产生起，其背后就隐藏着一种理论预设：找到类似案件，就等于找到了"正确且唯一"的答案。然而，在实践中并非只有错案才会造成审判结果的不一致，对法律的不同理解也会形成不同的法律意见，这就导致类案检索的结果往往并不唯一。而类案之间彼此冲突，恰恰是实现类案类判最主要的现实障碍。针对类案之间的冲突问题，主张建立一套兼具建构性与自发性双重模式特点的类案冲突解决模式，其要点是确立类案中各类司法案例的参考位阶和依据。

很高兴地看到，曾经有关案例性质和效力的诸多辩论和争执，最终都将消解在先例的社会维度中：先例应该被理解为一种社会实践，一种部分由在社会群体中运行的非法律规则所构成的论证模式。[1]而公众通过案例说理获得一致对待的社会期望是这些规则有效性的关键。

> *寻梦？撑一支长篙，*
> *向青草更青处漫溯；*
> *满载一船星辉，*
> *在星辉斑斓里放歌。*
>
> ——徐志摩《再别康桥》

---

[1] Nicholas W. Barber, "Why Precedent Works", in Timothy Endicott, Hafsteinn Dan Kristjansson & Sbastian Lewis, *Philosophical Foundations of Precedent*, Oxford University Press, 2023, p. 49.

附件 1

上海市第一中级人民法院类案总结表

期 号	标 题	发布时间
2022 年第 69 期	服务合同纠纷案件的审理思路和裁判要点	2022-11-02
2022 年第 68 期	民事诉讼合并之诉受理的审查思路和裁判要点	2022-09-16
2022 年第 67 期	市场监督管理行政案件的审理思路和裁判要点	2022-08-10
2022 年第 66 期	操纵证券市场犯罪案件的审理思路和裁判要点	2022-05-18
2022 年第 65 期	法定继承纠纷案件的审理思路和裁判要点	2022-05-17
2022 年第 63 期	财产保全执行案件的办理思路和执行要点	2022-02-21
2022 年第 62 期	民间委托理财合同纠纷案件的审理思路和裁判要点	2022-02-17
2022 年第 61 期	股东出资加速到期纠纷案件的审理思路和裁判要点	2022-02-14
2022 年第 60 期	案外人执行异议之诉案件的审理思路和裁判要点	2022-02-10
2022 年第 59 期	离婚后财产纠纷案件的审理思路和裁判要点	2022-02-08

续表

期　号	标　题	发布时间
2022年第57期	刑民交叉案件程序问题的审理思路和裁判要点	2022-01-12
2021年第56期	分配方案执行异议之诉案件的审理思路和裁判要点	2021-11-17
2021年第55期	电信网络诈骗类案件的审理思路和裁判要点	2021-11-11
2021年第54期	借名买房纠纷案件的审理思路和裁判要点	2021-10-29
2021年第53期	行政驳回起诉案件的审理思路和裁判要点	2021-06-22
2021年第52期	以鉴定意见为由申请再审案件的审理思路和裁判要点	2021-05-12
2021年第51期	企业承包经营合同纠纷案件的审理思路和裁判要点	2021-04-06
2021年第50期	行政协议类案件的审理思路和裁判要点	2021-03-30
2021年第49期	企业借贷纠纷案件的审理思路和裁判要点	2021-02-08
2021年第48期	提供劳务者受害责任纠纷案件的审理思路和裁判要点	2021-02-01
2020年第47期	福利待遇纠纷类案件的审理思路和裁判要点	2020-12-17
2020年第46期	道路交通行政处罚案件的审理思路和裁判要点	2020-12-14
2020年第45期	货运车辆挂靠经营合同纠纷的审理思路和裁判要点	2020-12-03
2020年第44期	抚养纠纷类案件的审理思路和裁判要点	2020-11-19
2020年第43期	损害公司利益责任纠纷案件的审理思路和裁判要点	2020-11-16

续表

期　号	标　题	发布时间
2020 年第 42 期	涉营运车辆保险责任案件的审理思路和裁判要点	2020-10-28
2020 年第 41 期	认罪供述得到印证型命案的审理思路和裁判要点	2020-10-16
2020 年第 40 期	共有房屋买卖合同纠纷案件的审理思路和裁判要点	2020-09-25
2020 年第 39 期	夫妻共同债务类案件的审理思路和裁判要点	2020-09-09
2020 年第 38 期	工伤保险待遇纠纷案件的审理思路和裁判要点	2020-08-06
2020 年第 37 期	消费领域惩罚性赔偿案件的审理思路和裁判要点	2020-07-15
2020 年第 36 期	工伤认定行政案件的审理思路和裁判要点	2020-06-05
2020 年第 35 期	仲裁司法审查案件的审理思路和裁判要点	2020-05-29
2020 年第 34 期	轻微暴力致人死亡案件的审理思路和裁判要点	2020-05-25
2020 年第 33 期	追索劳动报酬纠纷案件的审理思路和裁判要点	2020-05-11
2020 年第 32 期	无效房屋租赁合同案件的审理思路和裁判要点	2020-04-17
2020 年第 31 期	变更、追加执行当事人案件的审理思路和裁判要点	2020-03-18
2020 年第 30 期	有限责任公司清算清偿责任纠纷案件的审理思路和裁判要点	2020-02-27
2020 年第 29 期	涉有限责任公司股权执行案件的办理思路和执行要点	2020-02-19

续表

期　号	标　题	发布时间
2020年第28期	股东知情权纠纷案件的审理思路和裁判要点	2020-02-14
2020年第27期	事业单位人事争议案件的审理思路和裁判要点	2020-02-11
2020年第26期	股东资格确认纠纷案件的审理思路和裁判要点	2020-02-03
2020年第25期	劳务派遣合同纠纷案件的审理思路和裁判要点	2020-01-17
2020年第24期	医疗损害责任纠纷案件的审理思路和裁判要点	2020-01-13
2019年第23期	治安行政处罚案件的审理思路和裁判要点	2019-12-13
2019年第22期	申请撤销劳动争议仲裁裁决案件的审理思路和裁判要点	2019-11-25
2019年第21期	人格权纠纷案件的审理思路和裁判要点	2019-11-20
2019年第20期	未成年人校园人身伤害类案件审理思路和裁判要点	2019-11-08
2019年第19期	拆除违法建筑行政案件的审理思路和裁判要点	2019-10-30
2019年第18期	业主撤销权案件的审理思路和裁判要点	2019-09-29
2019年第17期	仲裁裁决执行案件的司法审查要点和裁判思路	2019-08-19
2019年第16期	股东出资纠纷案件的审理思路和裁判要点	2019-08-09
2019年第15期	劳动合同解除纠纷案件的审理思路和裁判要点	2019-07-30
2019年第14期	证券内幕交易犯罪案件的审理思路和裁判要点	2019-07-23

续表

期　号	标　题	发布时间
2019 年第 13 期	确认劳动关系纠纷案件的审理思路和裁判要点	2019-06-18
2019 年第 12 期	竞业限制纠纷案件的审理思路和裁判要点	2019-04-22
2019 年第 11 期	涉租赁房产拍卖执行案件的办理思路和执行要点	2019-04-12
2019 年第 10 期	公司解散纠纷案件的审理思路和裁判要点	2019-03-28
2019 年第 9 期	股权转让纠纷案件的再审审理思路和裁判要点	2019-03-27
2019 年第 8 期	自然人之间民间借贷案件的审理思路和裁判要点	2019-03-15
2019 年第 7 期	房屋租赁合同效力认定的审理思路和裁判要点	2019-03-13
2019 年第 6 期	非法集资类案件的审理思路和裁判要点	2019-02-19
2019 年第 5 期	继承纠纷中涉宅基地房屋拆迁案件的审理思路和裁判要点	2019-01-29
2019 年第 4 期	民商事申请再审案件要素式审查要点	2019-01-15
2018 年第 3 期	第三人撤销之诉中虚假诉讼认定的审理思路和裁判要点	2018-12-17
2018 年第 2 期	政府信息公开行政案件的审理思路和裁判要点	2018-12-11
2018 年第 1 期	民商事管辖权异议案件的审理思路和裁判要点	2018-12-03

附件 2
德国背信罪判决所引用先例情况[1]

序号	引用的先例	被引先例所阐释的问题
1	RGSt 69, 58	德意志帝国法院判决，表明背信罪构成要件的最初起源、依据和使用惯例；对比1871年和1934年两个不同时期对背信罪犯罪主体规定的区别；要求与背信罪的解释必须具体化，以限制其扩大解释，比如：义务人对义务的履行应当有一个确定范围以及履行的自主性；监护人、遗产管理人或者其他财产管理人的职责范围应当由民法规定处理。
2	BGHSt 24, 386； BGHSt 33, 244	联邦最高法院判决，表明背信罪条款在审理信用卡犯罪时的处理方式：从1972年的信用卡判决开始，滥用要件和背叛要件都要满足一个前提，即必须有对财产照料的义务。
3	BGHSt 1, 186； BGHSt 3, 289； BGHSt 4, 170； BGHSt13, 315； BGHSt 41, 224； BGHSt 49, 147	联邦最高法院判决，介绍背信罪的新型案件及处理难点：新判决涉及损害社会义务（如发放贷款、小金库）以及财产危险与损失相等的新型案件；还指明了仅仅违反"背叛"要件的司法实践做法。

---

[1] 附件中的材料来源系作者根据 BVerfGE126, 170 判决书中所引用全部判例进行分析归类而成。原判决书中共引用55次，130则判例，作者根据每次引用之间的关联程度对其进行了整合。

续表

序号	引用的先例	被引先例所阐释的问题
4	BGHSt 46, 30; BGHSt47, 148	联邦最高法院判决,介绍审批贷款类背信犯罪的司法惯例;分析背信罪中背叛要件和其他构成要件之间的关系;如果当事人仅违反"照料"义务,并没有造成财产损失,行为是否构成背信罪;说明在审理银行职员审批贷款的案件中,哪种行为属于未尽到风险审查义务,比如:忽略了信息义务、决策者没有获得必要的权限、不正当或有瑕疵贷款、超越最高贷款额度等。
5	BVerfGE 112, 50; BVerfGE 14, 174; BVerfGE 73, 206; BVerfGE 75, 329; BVerfGE 123, 267; BVerfGE 101, 1; BVerfGE 108, 282; BVerfGE 93, 213; BVerfGE 48, 48; BVerfGE 92, 1	联邦宪法法院判决,涉及内容:检视提起宪法诉讼的条件是否满足;分析由《德国基本法》第103条第2款衍生出的精确化诫命与刑法禁止类推原则之间的关系;阐述宪法法院对刑法条款进行审查和予以精确化诫命的意义;说明在审理违规审批贷款的案件时,应当结合当事人的教育背景、经验和专业知识综合评判。
6	BVerfGE 28, 175; BVerfGE 47, 109; BVerfGE 14, 245	联邦宪法法院判决,分析宪法法院对刑法条款进行解释的必要性:如果立法者在每个构成要件方面都要穷尽描述,则法律太过僵硬,无法适用于个案中不断变化的法律关系和特殊性。
7	BVerfGE 28, 175; BVerfGE 75, 329; BVerfGE 48, 48	联邦宪法法院判决,认为特定的刑罚要件需要达到何种程度的法律确定性不能一概而论,法律的精确性程度以及法律规范的相对人范围,都会对处罚的轻重产生影响。

续表

序号	引用的先例	被引先例所阐释的问题
8	BVerfGE 92, 1; BVerfGE 64, 389; BVerfGE 71, 108; BVerfGE 82, 236; BVerfGE 87, 209; BVerfGE 87, 399; BVerfGE 26, 41; BVerfGE 45, 363; BVerfGE 74, 129; BVerfGE 122, 248	联邦宪法法院判决,强调在进行法律解释时仍然要遵循罪刑法定原则,要关注背信罪进行法律解释与适当的类推适用之间的界限,对背信罪的文义解释需要控制一定的范围内,严禁过宽解释。
9	BGHSt 46, 30; BGHSt 47, 148; BGHSt 50, 331; BGHSt 43, 293; BGHSt 51, 100; BGHSt 52, 323	联邦最高法院判决,介绍司法实践中如何理解"财产"一词的含义,出现了哪些争议;对实践中常见的背信罪类型进行分类解释:在第266条背信罪的基础上,产生了一些特别规定,比如,银行董事会的信贷审批、董事会奖金发放、违规使用公共工具、违反党纪或者特定的腐败形式。
10	BVerfGE 78, 205; BGHSt 47, 187; BVerfGE 50, 331; BGHZ 135, 244	联邦宪法法院和联邦最高法院判决,介绍司法实践中对于不同类型案件的解释困难以及如何解释,如证券法判决。
11	BverfG, Beschluss der 2. Kammer des Zweiten Senats vom 10. März 2009	联邦宪法法院判决,介绍对财产"不利"要件进行解释的特殊难点:由于背信罪不存在未遂情形,只能以实际发生的"不利"为前提,这就可能有"存在不利风险"这种特殊情形。
12	BGH, Urteil vom 6. Mai 1986; BGHSt 15, 342	联邦最高法院先例,表明在实践中对"不利"的评价常要取决于对时间点的把握:比如,财产法益不是看是否对物品的直接掌控,还要看经济利益的多少,以及通过评估确定的占有物品的时间点。

附件 2 德国背信罪判决所引用先例情况

续表

序号	引用的先例	被引先例所阐释的问题
13	RG, Urteil vom 10. Juli 1888; BGHSt 51, 100	德意志帝国法院和联邦最高法院的两则先例,分析背信罪中"故意"要件如何判断。
14	BGHSt 1, 186; BGHSt 3, 289; BGHSt 4, 170; BGHSt 13, 315; BGHSt 24, 386; BGHSt 33, 244	联邦最高法院判决,分析背信罪的构成要件不只限于"背叛",还应包括"滥用",相关先例中涉及对信用证、信用卡犯罪的论证。
15	BGHSt 50, 331; BGHSt 47, 148; BGHSt 47, 187	联邦最高法院判决,展示了捐助、发放贷款和发放奖金等不同情况的先例;说明判断是否违反背信罪中照料义务的评价标准;是否达到"严重"(gravierend)的标准;解释司法实践中银行职员审批贷款是否违规的审查标准;联邦最高法院先例主要依据是《银行法》第 18 条指向的金融服务监管检察官的通函。
16	BGHSt 30, 388; BGH, Beschluss vom 20. März 2008; Beschluss vom 18. Februar 2009; Beschluss vom 20. Oktober 2009	联邦最高法院判决和决议,表明在经济实践中何时以及怎样能够获得一个恰当评价财产状况的合适方法,必须由法院判断。
17	BGHSt 47, 295; BGH, Beschluss vom 17. August 2006; RGSt 73, 283	联邦最高法院、帝国法院判决,指出判断是否存在财产的"不利",需要比较在一个时间段内不同时间点时的财产差额。

· 299 ·

续表

序号	引用的先例	被引先例所阐释的问题
18	RG, Urteil vom 10. Juli 1888; BGHSt 31, 232; BGHSt50, 299; BGH, Beschluss vom 20. Januar 1984–	帝国法院和联邦最高法院判决,分析受害人对于可预期的财产增长"失望"能否被解释为背信罪中的"财产损失":帝国法院将由不作为导致的利息收入的损失视为与构成要件相关的不利益;联邦最高法院在持续性先例中肯定了当行为人在一个特别有利的财产合同中使得第三人的期望落空,则满足背信罪的构成要件。
19	BGHSt 52, 323; BGHSt 51, 100; BGHSt 15, 342; BGH, Beschluss vom 30. Oktober 2003–	联邦最高法院判决,将当前案件与联邦最高法院关于"小金库"的判决相对比,先例表明并不支持对小金库这类案件中的"不利"要件做出否定性评价,因为当把钱存入小金库以后,行为人就有能力并且随时准备将账款挪走。
20	BSGE 55, 277; BSG, Urteil vom 29. Februar 1984	卡塞尔地区社会法院、联邦社会法院判决,分析了诉愿人的决定空间。
21	RGSt 16, 1; BGHSt 51, 100	德意志帝国法院判决和联邦最高法院判决,强调对第266条财产损失的考察,应当与抢劫罪和诈骗罪等其他财产类犯罪的法律解释保持一致。
22	BGHSt 48, 354; BGHSt 51, 100; BGHSt 52, 182; BayObLG, Beschluss vom 20. Juli 1995; OLG Hamm, Beschluss vom 29. April 1999	联邦最高法院、拜仁州高等法院、汉堡州高等法院、卡尔斯鲁厄州高等法院、斯图加特州高等法院的七则判决,得出持续性的司法惯例:所谓"危险的损失"必须是具体的、可计算的危险,并且财产价值确实由于危险的存在而已经有所降低。仅仅出现抽象的危险情况并不足以被认定为犯罪。

续表

序号	引用的先例	被引先例所阐释的问题
23	BGH, Beschluss vom 18. Februar 2009	联邦最高法院决议，表明对"损失"的考察只能以当前实际存在的不利为前提：如果要判断"造成损失的危险"则要承担预测的风险，或者引入一个复杂的经济分析。
24	RGSt 61, 211; RGSt 66, 255; BGH, Urteil vom 27. Februar 1975	德意志帝国法院和联邦最高法院判决，解释如何在"造成损失的危险"与商人的注意义务之间寻求平衡。

附件 3

借名买房类案件的比较分析

案 例	借名原因	出资情况	贷款情况	借名购买意思表示	实际使用情况	房产证持有人	判决归属
刘某兰与马某梅、马某英所有权确认纠纷申请再审民事裁定书	规避二套房限贷政策影响	借名人向第三人借款付首付	大多为借名人还款，两个月由出名人还款	无合约	借名人居住	借名人持有	出名人
商某合同纠纷申诉、申请民事裁定书	国家机关工作人员，"担心会有麻烦"	借名人出资	无贷款	口头合约	出名人居住	出名人持有	以出资比例共有
谭某兴与雷某志、深圳市京达旅业有限公司房屋确权纠纷民事裁定	未提及	借名人出资	有贷款（借名人提供转账汇款表等全套凭证）	有，真实性待确认	出名人付消防改造费、装修费	未提及	借名人
汤某房屋买卖合同纠纷申诉、申请民事裁定书	北京经济适用房购房资格	借名人出资	有（借名人偿还，有《按揭合同》为证）	无	借名人长期实际控制	未提及	借名人

续表

案　例	借名原因	出资情况	贷款情况	借名购买意思表示	实际使用情况	房产证持有人	判决归属
陈某童与王某顺房屋买卖合同纠纷二审民事判决书	房屋拆迁，性质为经济适用房	借名人出资	无	口头合约	借名人装修并居住	借名人持有	借名人
陈某、禤某武物权保护纠纷再审审查与审判监督民事裁定书	经济适用房的购房资格	借名人出资	未提及	借名买房协议书	借名人子女居住	未提及	借名人

· 303 ·

附件 4

知假买假类案件中对类案类判讨论的说明

序号	案号	案例来源	案例类型	是否对案例进行了回应	是否属于待决案件的类似案件	裁判结果
1	（2017）京03民终9047号	当事人	其他法院案例	否		判决结果与所提案例相同
2	（2021）京01民终3510号	当事人	指导性案例	是	否	不予参照并说明理由
3	（2018）京03民终10256号	当事人	本法院先例	否		判决结果与所提案例不同
4	（2018）京01民终5547号	当事人	高级法院案例	否		判决结果与所提案例不同
5	（2018）京01民终3594号	当事人	其他法院案例	否		判决结果与所提案例不同
6	（2017）京02民终8219号	当事人	本法院先例	否		判决结果与所提案例不同

续表

序号	案号	案例来源	案例类型	是否对案例进行了回应	是否属于待决案件的类似案件	裁判结果
7	（2022）京04民终172号	当事人	其他法院案例	否		判决结果与所提案例不同
8	（2019）京0491民初12689号	当事人	其他法院案例	否		判决结果与所提案例相同
9	（2020）京04民终247号	当事人	上级法院案例	否		判决结果与所提案例不同
10	（2019）京04民终280	当事人	本法院先例	否		判决结果与所提案例不同
11	（2019）京02民终15403号	当事人	本法院先例	否		判决结果与所提案例不同
12	（2019）京04民终115号	当事人	本法院先例	否		判决结果与所提案例不同
13	（2019）京04民终39号	当事人	上级法院案例	否		判决结果与所提案例不同
14	（2018）京01民终5584号	当事人	其他法院案例	否		判决结果与所提案例不同
15	（2018）京01民终4932号	当事人	本法院先例	是	否	不予参照并说明理由

续表

序号	案号	案例来源	案例类型	是否对案例进行了回应	是否属于待决案件的类似案件	裁判结果
16	（2017）京01民终3940号	当事人	本法院先例	否		不予参照并说明理由

附件 5

刑事案件中存在类案类判讨论的裁判文书

序号	案号	案例来源	案例类别	文书说理部分是否对案例进行了回应	是否属于待决案件的类似案件	裁判结果
1	（2021）京03刑终116号	当事人	其他法院案例	是	否	不予参考
2	（2021）京02刑终310号	当事人	其他法院案例	是	否	不予参考
3	（2021）京02刑终583号	当事人	其他法院案例	是		判决结果与所提案例不同
4	（2019）京0102刑初923号	当事人	其他法院案例	否	否	不予参考
5	（2020）京0105刑初2056号	当事人	其他法院案例	否		判决结果与所提案例相同

· 307 ·

续表

序号	案号	案例来源	案例类别	文书说理部分是否对案例进行了回应	是否属于待决案件的类似案件	裁判结果
6	（2016）京02刑终315号	法院	其他法院案例		是	类案类判
7	（2016）京02刑终318号	法院	其他法院案例		是	类案类判
8	（2017）京03刑终611号	当事人	其他法院案例	是	否	不予参考
9	（2019）京04刑初32号	当事人	其他法院案例	是	否	不予参考
10	（2020）京03刑申33号	法院	其他法院案例		是	类案类判
11	2020）京04刑初25号	当事人	其他法院案例	是	否	不予参考
12	（2021）京02刑终225号	当事人	其他法院案例	否		判决结果与所提案例不同
13	（2016）京刑终60号	当事人	指导性案例	是	是	类案类判

附件 5　刑事案件中存在类案类判讨论的裁判文书

续表

序号	案号	案例来源	案例类别	文书说理部分是否对案例进行了回应	是否属于待决案件的类似案件	裁判结果
14	（2017）京刑终153号	当事人	指导性案例	是	是	类案类判
15	（2019）京刑终110号	法院	其他法院案例		是	类案类判
16	（2014）海刑初字第1793号	当事人	其他法院案例	是	否	不予参考
17	（2018）京0108刑初1644号	当事人	指导性案例	是	否	不予参照并说明理由
18	（2021）京04刑初6号	当事人	其他法院案例	否		判决结果与所提案例不同
19	（2014）高刑终字第47号	当事人	其他法院案例	否		判决结果与所提案例不同
20	（2019）京0106刑初222号	当事人	其他法院案例	是	否	不予参考
21	（2020）京03刑终591号	当事人	其他法院案例	是	否	不予参考

续表

序号	案号	案例来源	案例类别	文书说理部分是否对案例进行了回应	是否属于待决案件的类似案件	裁判结果
22	（2021）京0112刑初487号	法院	其他法院案例		否	类案类判
23	（2020）京0115刑申3号	当事人	本法院先例	否		判决结果与所提案例不同
24	（2019）京01刑终628号	当事人	本法院先例	否	否	不予参考
25	（2020）京02刑终214号	当事人	其他法院案例	是	否	不予参考
26	（2020）京02刑终612号	当事人	其他法院案例	否	否	不予参考
27	（2019）京刑终115号	当事人	其他法院案例	是	否	不予参考

参考文献

一、中文著作

1. 北大法律信息网组织编写：《北大法宝大数据分析报告（2022—2023）》，北京大学出版社 2023 年版。
2. 陈坤：《基于可驳斥性逻辑的法律推理研究》，中国社会科学出版社 2021 年版。
3. 雷磊、高尚、段沁：《德国判例制度研究》，法律出版社 2023 年版。
4. 何勤华主编：《德国法律发达史》，法律出版社 2000 年版。
5. 胡长清：《中国民法总论》，中国政法大学出版社 1997 年版。
6. 黄舒芃：《什么是法释义学？：以二次战后德国宪法释义学的发展为借镜》，台大出版中心 2020 年版。
7. 姜启波主编：《中国案例指导》（总第 6 辑），法律出版社 2018 年版。
8. 李广宇：《如何裁判行政案件：判例体现的理念与方法·1》，法律出版社 2018 年版。
9. 李林、田禾主编：《中国法院信息化发展报告 No.1》（2017），社会科学文献出版社 2017 年版。
10. 李林、田禾主编：《中国法院信息化发展报告 No.2》（2018），社会科学文献出版社 2018 年版。
11. 陈甦、田禾主编：《中国法院信息化发展报告 No.3》（2019），社会科学文献出版社 2019 年版。

12. 陈甦、田禾主编:《中国法院信息化发展报告 No.4》(2020),社会科学文献出版社 2020 年版。
13. 陈甦、田禾主编:《中国法院信息化发展报告 No.5》(2021),社会科学文献出版社 2021 年版。
14. 陈国平、田禾主编:《中国法院信息化发展报告 No.6》(2022),社会科学文献出版社 2022 年版。
15. 刘成安:《论裁判规则——以法官适用法律的方法为视角》,法律出版社 2012 年版。
16. 刘树德:《裁判文书说理原论》,法律出版社 2023 年版。
17. 刘树德:《无理不成"书":裁判文书说理 23 讲》,中国检察出版社 2020 年版。
18. 刘树德、孙海波主编:《类案检索实用指南》,北京大学出版社 2021 年版。
19. 沈志先主编:《裁判文书制作》,法律出版社 2010 年版。
20. 孙光宁:《案例指导制度的实践经验与发展完善》,法律出版社 2023 年版。
21. 孙华璞、王利明、马来客主编:《裁判文书如何说理:以判决说理促司法公开、公正和公信》,北京大学出版社 2016 年版。
22. 瞿同祖:《中国法律与中国社会》,中华书局 2003 年版。
23. 唐文:《法官判案如何讲理——裁判文书说理研究与应用》,人民法院出版社 2000 年版。
24. 王合静:《民事判决理由研究》,法律出版社 2016 年版。
25. 王利明:《司法改革研究》,法律出版社 2000 年版。
26. 苏力:《道路通向城市——转型中国的法治》,法律出版社 2004 年版。
27. 苏力主编:《法律和社会科学》(第 15 卷第 2 辑),法律出版社 2017 年版。
28. 强世功:《法律人的城邦》,上海三联书店 2003 年版。
29. 喻海松编著:《实务刑法评注》,北京大学出版社 2022 年版。

30. 于同志：《案例指导研究：理论与应用》，法律出版社 2018 年版。
31. 张明楷：《刑法学》（第 6 版），法律出版社 2021 年版。
32. 张骐等：《中国司法先例与案例指导制度研究》，北京大学出版社 2016 年版。
33. 张志铭：《法律解释操作分析》，中国政法大学出版社 1999 年版。
34. 周晓霞：《民事判决理由研究：以一审判决为中心》，法律出版社 2014 年版。
35. 朱晓阳：《小村故事——罪过与惩罚（1931—1997）》，法律出版社 2011 年版。
36. 最高人民法院司法改革领导小组办公室编：《最高人民法院关于加强和规范裁判文书释法说理的指导意见理解与适用》，中国法制出版社 2018 年版。

二、译著

1. ［奥］汉斯·凯尔森，［德］马蒂亚斯·耶施泰特编：《纯粹法学说》（第 2 版），雷磊译，法律出版社 2021 年版。
2. ［比］马克·范·胡克：《法律的沟通之维》，孙国东译，法律出版社 2008 年版。
3. ［英］博温托·迪·苏萨·桑托斯：《迈向新法律常识：法律、全球化和解放》（第 2 版），刘坤轮、叶传星译，中国人民大学出版社 2009 年版。
4. ［英］迈克尔·赞德：《英国法：议会立法、法条解释、先例原则及法律改革》（第 6 版），江辉译，中国法制出版社 2014 年版。
5. ［英］约瑟夫·拉兹：《法律的权威：法律与道德论文集》，朱峰译，法律出版社 2005 年版。
6. ［英］沙龙·汉森：《法律方法与法律推理》（第 2 版），李桂林译，武汉大学出版社 2010 年版。
7. ［英］韦恩·莫里森：《法理学：从古希腊到后现代》，李桂林等译，武汉大学出版社 2003 年版。

8. ［德］阿图尔·考夫曼：《法律哲学》（第 2 版），刘幸义等译，法律出版社 2011 年版。

9. ［德］迪特尔·梅迪库斯：《请求权基础》（第 8 版），陈卫佐等译，法律出版社 2012 年版。

10. ［德］托马斯·M. J. 默勒斯：《法学方法论》（第 4 版），杜志浩译，李昊等校，北京大学出版社 2022 年版。

11. ［德］罗尔夫·旺克：《法律解释》（第 6 版），蒋毅、季红明译，北京大学出版社 2020 年版。

12. ［德］汉斯-格奥尔格·伽达默尔：《诠释学 I：真理与方法》，洪汉鼎译，商务印书馆 2007 年版。

13. ［德］汉斯-格奥尔格·伽达默尔：《诠释学 II：真理与方法》，洪汉鼎译，商务印书馆 2013 年版。

14. ［德］卡尔·恩吉施：《法律思维导论》（修订版），郑永流译，法律出版社 2014 年版。

15. ［德］卡尔·拉伦茨：《法学方法论》（全本·第 6 版），黄家镇译，商务印书馆 2020 年版。

16. ［德］马克斯·韦伯：《经济与社会》（第二卷·上册），阎克文译，上海人民出版社 2010 年版。

17. ［德］康德：《纯粹理性批判》（注释本），李秋零译注，中国人民大学出版社 2011 年版。

18. ［德］罗伯特·阿列克西：《法律论证理论——作为法律证立理论的理性论辩理论》，舒国滢译，中国法制出版社 2002 年版。

19. ［德］莱因哈德·齐默曼：《德国新债法：历史与比较的视角》，韩光明译，法律出版社 2012 年版。

20. ［德］齐佩利乌斯：《法学方法论》，金振豹译，法律出版社 2009 年版。

21. ［荷］伊芙琳·T. 菲特丽丝：《法律论辩导论——司法裁决辩护理论之概览》（原书第 2 版），武宏志、武晓蓓译，中国政法大学出版社 2018

年版。

22. [美] 本杰明·卡多佐:《司法过程的性质》,苏力译,商务印书馆 1998 年版。

23. [美] 布赖恩·比克斯:《法理学:理论与语境》,邱昭继译,法律出版社 2008 年版。

24. [美] Ronald Dworkin:《法律帝国》,李冠宜译,时英出版社 2002 年版。

25. [美] 富勒:《法律的道德性》,郑戈译,商务印书馆 2005 年版。

26. [美] 弗里德里克·肖尔:《像法律人那样思考:法律推理新论》,雷磊译,中国法制出版社 2016 年版。

27. [美] 弗朗西斯·福山:《政治秩序的起源——从前人类时代到法国大革命》,毛俊杰译,广西师范大学出版社 2012 年版。

28. [美] H. W. 埃尔曼:《比较法律文化》,贺卫方、高鸿钧译,清华大学出版社 2002 年版。

29. [美] 乔治·萨拜因:《政治学说史》(下卷),邓正来译,上海人民出版社 2010 年版。

30. [美] 杰弗里·布兰德:《法治的界限:越法裁判的伦理》,娄曲亢译,中国人民大学出版社 2016 年版。

31. [美] 卢埃林:《荆棘丛——关于法律与法学院的经典演讲》,明辉译,北京大学出版社 2017 年版。

32. [美] 迈克尔·J. 格哈特:《先例的力量》,杨飞等译,杨飞校,中国法制出版社 2013 年版。

33. [美] P. S. 阿蒂亚、R. S. 萨默斯:《英美法中的形式与实质——法律推理、法律理论和法律制度的比较研究》,金敏、陈林林、王笑红译,中国政法大学出版社 2005 年版。

34. [美] 理查德·瓦瑟斯特罗姆:《法官如何裁判》,孙海波译,中国法制出版社 2016 年版。

35. [美] 斯蒂文·J. 伯顿主编:《法律的道路及其影响:小奥利弗·温德

尔·霍姆斯的遗产》，张芝梅、陈绪刚译，北京大学出版社 2012 年版。

三、期刊

1. ［德］彼得·哥特瓦尔德：《德国司法判决书中的说理：实践与学说》，曹志勋译，载《苏州大学学报（法学版）》2015 年第 4 期。
2. ［德］罗伯特·阿列克西、拉尔夫·德莱尔：《德国法中的判例》，高尚译，载《中国应用法学》2018 年第 2 期。
3. ［德］斯特凡·科里奥特：《对法律的合宪性解释：正当的解释规则抑或对立法者的不当监护？》，田伟译，载《华东政法大学学报》2016 年第 3 期。
4. 安晨曦：《最高人民法院如何统一法律适用——非正规释法技艺的考察》，载《法律科学（西北政法大学学报）》2016 年第 3 期。
5. 蔡立东、郝乐：《司法大数据辅助审判应用限度研究》，载《浙江社会科学》2022 年第 6 期。
6. 陈界融：《论判决书内容中的法理分析》，载《法学》1998 年第 5 期。
7. 陈景辉：《同案同判：法律义务还是道德要求》，载《中国法学》2013 年第 3 期。
8. 陈兴良：《案例指导制度的法理考察》，载《法制与社会发展》2012 年第 3 期。
9. 陈征楠：《法律价值的系统论格局》，载《中国法学》2022 年第 2 期。
10. 杜宇：《基于类型思维的刑法解释的实践功能》，载《中外法学》2016 年第 5 期。
11. 冯姣、胡铭：《智慧司法：实现司法公正的新路径及其局限》，载《浙江社会科学》2018 年第 6 期。
12. 高尚：《司法类案的判断标准及其运用》，载《法律科学（西北政法大学学报）》2020 年第 1 期。
13. 高尚：《司法类案的冲突及解决》，载《北方法学》2023 年第 5 期。

14. 傅郁林:《民事裁判文书的功能与风格》,载《中国社会科学》2000 年第 4 期。
15. 贺卫方:《中国古代司法判决的风格与精神——以宋代判决为基本依据兼与英国比较》,载《中国社会科学》1990 年第 6 期。
16. 胡仕浩、刘树德、罗灿:《〈关于进一步推进案件繁简分流优化司法资源配置的若干意见〉的理解与适用》,载《人民司法(应用)》2016 年第 28 期。
17. 胡晓进:《美国最高法院判决中的异议》,载《南京大学法律评论》2010 年第 2 期。
18. 胡云腾:《法治与社会发展的信史——读 50 年代以来 6 份裁判文书有感》,载《中国审判》2009 年第 10 期。
19. 胡云腾、于同志:《案例指导制度若干重大疑难争议问题研究》,载《法学研究》2008 年第 6 期。
20. 胡云腾:《论裁判文书的说理》,载《法律适用》2009 年第 3 期。
21. 胡云腾:《一个大法官与案例的 38 年情缘》,载《民主与法制》2017 年第 20 期。
22. 黄泽敏、张继成:《案例指导制度下的法律推理及其规则》,载《法学研究》2013 年第 2 期。
23. 蒋惠岭:《法律统一适用机制再认识》,载《法律适用》2007 年第 3 期。
24. 雷槟硕:《如何"参照":指导性案例的适用逻辑》,载《交大法学》2018 年第 1 期。
25. 雷磊:《法律论证中的权威与正确性——兼论我国指导性案例的效力》,载《法律科学(西北政法大学学报)》2014 年第 2 期。
26. 雷磊:《法律方法、法的安定性与法治》,载《法学家》2015 年第 4 期。
27. 雷磊:《为涵摄模式辩护》,载《中外法学》2016 年第 5 期。
28. 雷磊:《习惯作为法源?——以〈民法总则〉第 10 条为出发点》,载《环球法律评论》2019 年第 4 期。

29. 雷磊：《从"看得见的正义"到"说得出的正义"——基于最高人民法院〈关于加强和规范裁判文书释法说理的指导意见〉的解读与反思》，载《法学》2019年第1期。

30. 雷磊：《重构"法的渊源"范畴》，载《中国社会科学》2021年第6期。

31. 雷磊：《法教义学之内的社会科学：意义与限度》，载《法律科学（西北政法大学学报）》2023年第4期。

32. 雷鑫、黄文德：《当前法院裁判文书存在的问题及原因分析》，载《法律适用》2009年第12期。

33. 李晓兵：《法国宪法委员会1971年"结社自由案"评析——法国的"马伯里诉麦迪逊案"乎?》，载《厦门大学法律评论》2010年第00期。

34. 李学尧、刘庄：《矫饰的技术：司法说理与判决中的偏见》，载《中国法律评论》2022年第2期。

35. 李友根：《司法裁判中政策运用的调查报告——基于含"政策"字样裁判文书的整理》，载《南京大学学报（哲学·人文科学·社会科学版）》2011年第1期。

36. 李占国：《"全域数字法院"的构建与实现》，载《中外法学》2022年第1期。

37. 李占国：《互联网司法的概念、特征及发展前瞻》，载《法律适用》2021年第3期。

38. 凌斌：《法官如何说理：中国经验与普遍原理》，载《中国法学》2015年第5期。

39. 龙宗智：《刑事判决应加强判决理由》，载《现代法学》1999年第2期。

40. 刘树德：《刑事司法语境下的"同案同判"》，载《中国法学》2011年第1期。

41. 卢佩：《司法如何统一？——以德国联邦最高法院判例为实证分析对象》，载《当代法学》2014年第6期。

42. 罗灿：《美国裁判文书说理的微观察——从费尔南德斯案的司法意见书切入》，载《人民司法》2015 年第 7 期。

43. 金枫梁：《裁判文书援引学说的基本原理与规则建构》，载《法学研究》2020 年第 1 期。

44. 马秀娟、李麒：《论我国古代的判词说理》，载《理论探索》2013 年第 1 期。

45. 彭海青：《论刑事判决书的说理》，载《湘潭大学学报（哲学社会科学版）》2007 年第 5 期。

46. 秦前红、黄明涛：《法院如何通过判决说理塑造法院的权威——以美国最高法院为例》，载《中国刑事法杂志》2012 年第 3 期。

47. 彭宁：《最高人民法院司法治理模式之反思》，载《法商研究》2019 年第 1 期。

48. 屈茂辉：《类推适用的私法价值与司法运用》，载《法学研究》2005 年第 1 期。

49. 沈宗灵：《佩雷尔曼的"新修辞学"法律思想》，载《法学研究》1983 年第 5 期。

50. 舒国滢：《菲利普·赫克的法律漏洞填补论与法律（诫命）更正论》，载《上海政法学院学报（法治论丛）》2022 年第 6 期。

51. 四川省高级人民法院、四川大学联合课题组：《中国特色案例指导制度的发展与完善》，载《中国法学》2013 年第 3 期。

52. 苏力：《判决书的背后》，载《法学研究》2001 年第 3 期。

53. 苏力：《谨慎，但不是拒绝——对判决书全部上网的一个显然保守的分析》，载《法律适用》2010 年第 1 期。

54. 孙光宁：《类案检索的运行方式及其完善——以〈关于统一法律适用加强类案检索的指导意见（试行）〉为分析对象》，载《南通大学学报（社会科学版）》2022 年第 1 期。

55. 孙光宁：《指导性案例参照适用中的案件事实相似性判断》，载《国家检察官学院学报》2022 年第 3 期。

56. 孙海波：《类案检索在何种意义上有助于同案同判?》，载《清华法学》2021年第1期。

57. 孙海波：《重新发现"同案"：构建案件相似性的判断标准》，载《中国法学》2020年第6期。

58. 孙海龙：《在每一篇裁判文书中体现公平正义——如何提高裁判文书质量》，载《人民司法》2013年第23期。

59. 孙万怀：《公开固然重要，说理更显公正——"公开三大平台"中刑事裁判文书公开之局限》，载《现代法学》2014年第2期。

60. 孙万怀：《判例的类比要素：情景、中项与等值——以刑事裁判为视角》，载《中外法学》2020年第6期。

61. 唐师瑶、王升远：《中日刑事裁判文书的法律语言比较研究》，载《修辞学习》2006年第4期。

62. 童兆洪、章恒筑：《判决理由改革论》，载《浙江大学学报（人文社会科学版）》2002年第2期。

63. 王福华：《电子法院：由内部到外部的构建》，载《当代法学》2016第5期。

64. 汪海燕、陶文婷：《刑事案件类案检索机制研究——由解释学检视展开》，载《山西大学学报（哲学社会科学版）》2021年第5期。

65. 王立梅：《裁判文书直接引用学者观点的反思》，载《法学论坛》2020年第4期。

66. 王申：《法官的理性与说理的判决》，载《政治与法律》2011年第12期。

67. 汪世荣：《中国古代判词研究》，载《法律科学（西北政法学院学报）》1995年第3期。

68. 王宇煮：《司法责任制背景下行政案件类案检索机制研究》，载《社会科学战线》2021年第10期。

69. 魏斌：《智慧司法的法理反思与应对》，载《政治与法律》2021年第8期。

70. 吴兆祥：《〈关于裁判文书引用法律、法规等规范性法律文件的规定〉的理解与适用》，载《人民司法》2009 年第 23 期。

71. 武树臣：《裁判自律引论》，载《法学研究》1998 年第 2 期。

72. 武树臣：《法律涵量、法官裁量与裁判自律》，载《中外法学》1998 年第 1 期。

73. 夏锦文、徐英荣：《裁判文书法理依据蓄积深藏之缘由——以民事疑难案件的裁判为分析对象》，载《法学》2012 年第 10 期。

74. 夏克勤：《民事裁判文书说理实证调查——基于 900 篇民事裁判文书的分析》，载《中国应用法学》2018 年第 2 期。

75. 薛峰：《公开上网倒逼裁判文书说理》，载《民主与法制》2014 年第 5 期。

76. 杨贝：《裁判文书说理的量化评价——以 2017 年北京市判决书论证质量调查为例》，载《中国应用法学》2018 年第 2 期。

77. 杨立新：《论法理作为民事审判之补充法源——以如何创造伟大判决为视角》，载《中国法律评论》2022 年第 4 期。

78. 于佳佳：《日本判例的先例约束力》，载《华东政法大学学报》2013 年第 3 期。

79. 于同志：《论指导性案例的参照适用》，载《人民司法》2013 年第 7 期。

80. 于晓青：《法官的法理认同及裁判说理》，载《法学》2012 年第 8 期。

81. 张凌寒：《智慧司法中技术依赖的隐忧及应对》，载《法制与社会发展》2022 年第 4 期。

82. ［美］张美露：《〈不可比较、不可通约与实践理性〉导论》，于婷译，载郑永流主编：《法哲学与法社会学论丛》（2018 年卷·总第 23 卷），商务印书馆 2021 年版。

83. 张骐：《论类似案件的判断》，载《中外法学》2014 年第 2 期。

84. 张骐：《论类似案件应当类似审判》，载《环球法律评论》2014 年第 3 期。

85. 张骐：《论裁判文书的对话性》，载《中国应用法学》2022 年第 1 期。
86. 张骐：《司法推理价值判断的观念与体制分析》，载《浙江社会科学》2021 年第 2 期。
87. 张雅维：《刑民法律冲突视角下的重婚罪认定》，载《山东社会科学》2020 年第 6 期。
88. 张志铭：《司法判决的结构和风格——对域外实践的比较研究》，载《法学》1998 年第 10 期。
89. 张志铭：《司法判例制度构建的法理基础》，载《清华法学》2013 年第 6 期。
90. 周光权：《刑事案例指导制度的发展方向》，载《中国法律评论》2014 年第 3 期。
91. 周少华：《同案同判：一个虚构的法治神话》，载《法学》2015 年第 11 期。
92. 周振杰：《判例制度的核心精神及其实践机制——基于德国法的分析》，载《江西社会科学》2022 年第 9 期。
93. 邹兵建：《非法持有枪支罪的司法偏差与立法缺陷——以赵春华案及 22 个类似案件为样本的分析》，载《政治与法律》2017 年第 8 期。
94. 郑永流：《道德立场与法律技术——中德情妇遗嘱案的比较和评析》，载《中国法学》2008 年第 4 期。
95. 郑曦：《人工智能技术在司法裁判中的运用及规制》，载《中外法学》2020 年第 3 期。
96. 朱福惠：《我国人民法院裁判文书援引〈宪法〉研究》，载《现代法学》2010 年第 1 期。

四、报纸

1. 孙航：《全面落实司法责任制 统筹推进人民法院司法体制综合配套改革》，载《人民法院报》2018 年 7 月 26 日，第 1 版。
2. 贺小荣：《民事裁判文书的规范化及其改革方向》，载《人民法院报》

2004 年 1 月 7 日。

3. 胡云腾:《裁判文书说理的多维思考》,载《法制日报》2011 年 8 月 24 日,第 9 版。

4. 胡云腾:《论裁判文书说理与裁判活动说理》,载《人民法院报》2011 年 8 月 10 日,第 5 版。

5. 刘树德:《增强裁判说理的当下意义》,载《人民法院报》2013 年 12 月 27 日,第 5 版。

6. 刘树德:《裁判文书说理是深化司法公开改革的点睛之笔》,载《人民法院报》2015 年 3 月 5 日,第 4 版。

7. 王利明:《成文法传统中的创新——怎么看案例指导制度》,载《人民法院报》2012 年 2 月 20 日,第 2 版。

8. 王迎龙:《司法责任制是依法独立行使审判权之保障》,载《人民法院报》2015 年 11 月 3 日,第 2 版。

9. 许明龙:《"己所不欲,勿施于人"与道德黄金律》,载《中华读书报》2012 年 6 月 13 日,第 10 版。

10. 张骐:《释法析理 写出来看》,载《人民法院报》2018 年 7 月 1 日,第 2 版。

11. 张倩:《自成一体的德国判例制度》,载《人民法院报》2016 年 2 月 26 日,第 8 版。

12. 周道鸾:《中国内地裁判文书改革可参考境外经验》,载《人民法院报》2003 年 12 月 15 日。

五、外文文献

1. A. M. Honoré, "Ratio Decidendi: Judge and Court", 71 *LQR* (1955).

2. Arthur Kaufmann, Analogie und,, Natur der Sache ", Karlsruhe (1965).

3. Brun-Otto Bryde: Vom richtigen Umgang mit Richterrecht, in Jahrbuch des Öffentlichen Rechts der Gegenwart, Neue Folge/Band 68, Mohr Siebeck (2020).

4. Cf. A. L. Goodhart, *Precedent in English and Continental Law*, Stevens and

Sons, Ltd. (1934).
5. Ch. Perelman, *Justice, Law and Argument: Essays on Moral and Legal Resoning*, Dordrecht (1980).
6. Claus-Wilhelm Canaris, Die Feststellung von Lücken im Gesetz, 2. Aufl., Berlin: Duncker & Humblot (1983).
7. Daniel Effer-Uhe, Die Bindungswirkung von Präjudizien-Eine Untersuchung aus dem Blickwinkel von Prinzipientheorie und Fuzzy-Logik (2008).
8. Daniel Effer-Uhe, Präjudizienbindung, Rechtssicherheit und Vertrauenschutz, in Jahrbuch des Öffentlichen Rechts der Gegenwart, Neue Folge/Band 68, Mohr Siebeck (2020).
9. David A. Strass, "Must Like Cases Be Treated Alike?", in *Chicago Public Law And Legal Theory Working Paper*, No. 24 (2002).
10. Ernst-Walter Hanack, Der Ausgleich divergierender Entscheidungen in der oberen Gerichtsbarkeit, Hamburg · Berlin: R. v. Decker's Verlag · G. Schenck (1962).
11. Franz Bydlinski, Grundzüge der Juristischen Methodenlehre, facultas wuv, 2. überarbeitete Aufl., Wien (2012).
12. Gunthar Teubner, *Law as an Autopoietic System*, Oxford (1993).
13. Graf, in: Beck'scher Online - Kommentar GVG, 9. Edition, München (2020).
14. Ingeborg Puppe, Kleine Schule des juristischen Denkens, 3. Aufl. Vandenboeck & Ruprecht (2008).
15. John Rawls, *Political Liberalism*, Columbia University Press (1993).
16. J. L. Montrose, "Judicial Law Making and Law Applying", 3 *Butterworth's South African L. Rev.* (1956).
17. Neil MacCormick, *Legal Reasoning and Legal Theory*, Clarendon Press (1978).
18. Neil MacCormick, *Rhetoric and the Rule of Law: A Theory of Legal Reasoning*, Oxford University Press (2005).

参考文献

19. Martin Kriel, Theorie der Rechtsgewinnung, Berlin: Duncker & Humblot (1976).
20. Hans-Joachim Strauch, Die Bindung des Richters an Recht und Gesetz-eine Bindung durch Kohärenz, Kritische Vierteljahresschrift für Gesetzgebung und Rechtswissenschaft, 85 (2002).
21. James B. Freeman, *Dialectis and the Macrostructure of Arguments: A Theory of Argument Structure*, Berlin-New York: Foris- de Gruyter (1991).
22. J. W. Harris, "Towards Principles of Overruling – When Should a Final Court of Appeal Second Guess?", *Oxford Journal of Legal Studies*, Vol. 10 No. 2 (1990).
23. Julius Stone, "The Ratio of the Ratio Decidendi", *The Modern Law Review*, Volume 22 (1959).
24. Karl Larenz, Über die Bindungswirkung von Präjudizien, in: Hans W. Fasching/Winfried Kralik (Hrsg.), Festschrift für Hans Schima zum 75. Geburtstag, 1969.
25. Karl Larenz, *Methodenlehre der Rechtswissenschaft*, 6. Aufl., Berlin, Springer (1991).
26. Karl-Friedrich Lenz, Zukünftiges Recht: Eine Allgemeine Prozessrechtslehre (2002).
27. Karl Engisch, Einführung in das juristische Denken, 10. Aufl., Stuttgart (2005).
28. Karl Engisch, Die Idee der Konkretisierung in Recht und Rechtswissenschaft unserer Zeit, Heidelberg (1953).
29. Karl Larenz, Methodenlehre der Rechtswissenschaft, 5. Aufl., Berlin: Springer (1983).
30. Karl Llewellyn, *The Case Law System in America*, The University of Chicago Press (1989).
31. Kotz/Oğlakcıoğlu,, Münchener Kommentar zur StPO, Band 3/2, München:

C. H. Beck（2018）.
32. Lothar Kuhlen, Die Abweichung einer Entscheidung von einer anderen und die Betrachtung des Einzelfalles, Juristische Arbeitsblätter（1986）.
33. Mehrdad Payandeh, Judikative Rechtserzeugung: Theorie, Dogmatik und Methodik der Wirkungen von Präjudizien, Mohr Siebeck（2017）.
34. Mußgnug, R., Das allgemeine Verwaltungsrecht zwischen Richterrecht und Gesetzesrecht, in Richterliche Rechtsfortbildung, Festschrift der Juristischen Fakultät zur 600-Jahr-Feier der Ruprecht-Karls-Universität Heidelberg（1986）.
35. Neil Duxbury, *The Nature and Authority of Precedent*, Cambridge University Press（2008）.
36. Neil MacCormick & Robert S. Summers eds., *Interpreting Precedents: A Comparative Study*, Dartmouth Publishing Company Limited（1997）.
37. O. W. Holmes, Jr., *The Common Law*, Boston: Little, Brown & Co.（1881）.
38. Raimo Siltala, *A Theory of Precedent: From Analytical Positivism to a Post-Analytical Philosophy of Law*, Oxford University Press（2000）.
39. Robert Alexy, Die Gewichtsformel, in: Joachim Jickli, Peter Kreutz, Dieter Reuter（Hrsg.）, Gedächtnisschrift für Jürgen Sonnenschein, Berlin（2003）.
40. Ronald Dworkin, *Taking Rights Seriously*, London: Duckworth（1978）.
41. Schmidt-Aßmann, Demokratische Willensbidung-Die Staatsorgane des Bunder, in: Josef Isensee und Paul Kirchhof（Hrsg.）, Handbuch des Staatsrechts der Bundesrepublik Deuuschland, Band II, 3. Aufl.（2004）.
42. Stefan Wiedner, Leipziger Kommentar StGB, Band. 9, Aufl. 13, De Gruyter（2021）.
43. Susan W. Brenner, Precedent Inflation, New Brunswick, NJ: Transaction（1992）.
44. Voßkuhle, in Bauer/Czybulka/Kahl/ Voßkuhle, Umwelt, Wirtschaft und Recht（2002）.

45. Timothy Endicott, Hafsteinn Dan Kristjansson & Sbastian Lewis, *Philosophical Foundations of Precedent*, Oxford University Press (2023).

46. Wolfgang Fikentscher, Eine Theorie der Fallnorm als Grundlage von Kodex- und Fallrecht (code law and case law), Zeitschrift für Rechtsvergleichung (zfRV) (1980).

六、司法案例

1. Gilham v. Ministry of Justice [2019] UKSC 44.
2. BVerfGE 4, 352.
3. BVerfGE 50, 205.
4. BVerfGE128, 193.
5. BVerfGE 119, 247.
6. BVerfGE 110, 226.
7. BVerfGE 34, 269.
8. BVerfGE35, 263.
9. BGHZ 3, 308.
10. BGHSt39, 1.
11. BGHZ 85, 64.
12. BVerfGE 82, 30.
13. BVerfGE 126, 170, 198.
14. AG Emden, Urt. v. 11. 2. 1975, 5 C 788/74, NJW 1975, 1363f.
15. Donoghue v. Stevenson.
16. BVerfG, Beschl. v. 24. 3. 1987.
17. BGHZ 88, 344.
18. NJW 1985, 2823.
19. NJW 1983, 751.
20. BGHZ 64, 220.
21. BVerfGE 62, 1, 38.

22. RGZ 107, 78.
23. RG, Urt. v. 13. 3. 1936, V 185/35, RGZ 150, 1, 4.
24. BGHZ 64, 220.
25. BGHSt 34, 94.
26. BGHSt 47, 81.
27. RGZ 76, 130.
28. I ZR 188/11.
29. 2 AZR 541/09.
30. Spicer v. Spicer, 79 Eng. Rep. 451（1620）.
31. Brown v. board of Education（1954）.
32. Toy Biz, Inc. v. United States, 26 CIT 816.
33. Joyce Rosemary Bruce v. Robert Preston Boardwine, Record No. 1250-14-3.
34. Dewitt Truck Brokers, Inc. v. W. Ray Flemming Fruit Company and W. Ray Flemming, 540 F. 2d 681.
35. Bole v. Horton（1673）Vaugh. 360, 382.
36. Flower v. Ebbw Vale Steel, Iron & Coal Co. Ltd［1934］2 KB 132, 154, CA, per Talbot J.
37. United States v. Crawley, 837 F. 2d 291, 292-293（7th Cir. 1988）（Posner J.）.
38. London Jewellers Ltd. v. Attenborough［1934］2 KB 206, 222, CA.
39. 平成 26 年（オ）第 1023 号。
40. HCJ 4541/94,《米勒诉以色列国防部案》，赵英男编译，载最高人民法院中国应用法学研究所编：《人民法院案例选》［2018 年第 9 辑（总第 127 辑）］，人民法院出版社 2018 年版。
41. 《德国联邦宪法法院对背信罪判决的合宪性审查》，高尚编译，载最高人民法院中国应用法学研究所编：《人民法院案例选》［2017 年第 10 辑（总第 116 辑）］，人民法院出版社 2018 年版。
42. 《Webster 诉 Blue Ship 茶室公司案》，褚宁、张长清编译，载最高人民法院中国应用法学研究所编：《人民法院案例选》［2018 年第 7 辑（总第 125 辑）]，人民法院出版社 2018 年版。
43. 李石头、成都图腾铂金酒店管理有限公司买卖合同纠纷再审审查与审判监督民事裁定书。
44. 江苏省无锡市中级人民法院民事判决书（2014）锡民终字第 1235 号。
45. 山东省青岛市城阳区人民法院民事判决书（2019）鲁 0214 民初 9592 号。

声　明　1. 版权所有，侵权必究。
　　　　2. 如有缺页、倒装问题，由出版社负责退换。

图书在版编目（CIP）数据

案例在裁判说理中的运用 / 高尚著. -- 北京：中国政法大学出版社，2025.1. -- ISBN 978-7-5764-1835-4

Ⅰ. D926.134

中国国家版本馆 CIP 数据核字第 20249XT180 号

出 版 者	中国政法大学出版社
地　　址	北京市海淀区西土城路 25 号
邮寄地址	北京 100088 信箱 8034 分箱　邮编 100088
网　　址	http://www.cuplpress.com（网络实名：中国政法大学出版社）
电　　话	010-58908289(编辑部) 58908334(邮购部)
承　　印	固安华明印业有限公司
开　　本	880mm×1230mm　1/32
印　　张	10.75
字　　数	240 千字
版　　次	2025 年 1 月第 1 版
印　　次	2025 年 1 月第 1 次印刷
定　　价	59.00 元